职业教育·城市轨道交通类专业
新形态一体化 系列教材

城市轨道交通电工电子基础

(含活页式工作手册)

陈 杨 主编

杨启超 主审

人民交通出版社股份有限公司

北 京

内 容 提 要

本教材为职业教育·城市轨道交通类专业新形态一体化系列教材。全书共9个项目,包括电工基础、电气控制和电子技术三个部分的内容。其中电工基础部分包括项目1　城市轨道交通供电系统,项目2　机械式万用表的制作,项目3　荧光灯照明电路的安装与测试,项目4　三相电功率的测量,项目5　单相变压器的特性测试;电气控制部分包括项目6　三相异步电动机的控制;电子技术部分包括项目7　直流稳压电源的制作,项目8　放大电路的安装与测试,项目9　常用集成门电路的参数测试。

本教材按照活页式、工作手册式教材编写理念,以完成工作任务为目标,融"教、学、做"于一体。教材语言简练、通俗易懂、图文并茂,教材内容由浅及深、由易到难,循序渐进,教学内容的设计注重学生知识运用能力和实践能力的培养,体现了以学生为中心的教学思想,让学生通过完成任务,在"做中学",在"学中做";同时在任务实施过程中培养规范操作、团队协作等职业素养,符合职业院校学生的学习习惯和特点。

本教材可作为城市轨道交通类专业电工电子基础课程教材,也可供相关企业培训使用。

* 教材配有丰富的教学资源,包括PPT课件、课程标准、教学视频、题库等,仅向任课教师提供,有需求者可通过加入"职教轨道教学研讨一群(QQ群:129327355)"获取课件。

图书在版编目(CIP)数据

城市轨道交通电工电子基础:含活页式工作手册/陈杨主编. — 北京:人民交通出版社股份有限公司, 2023.6

ISBN 978-7-114-18739-1

Ⅰ.①城… Ⅱ.①陈… Ⅲ.①城市铁路—轨道交通—电工技术—教材②城市铁路—轨道交通—电子技术—教材 Ⅳ.①U239.5

中国国家版本馆CIP数据核字(2023)第067160号

职业教育·城市轨道交通类专业新形态一体化系列教材
Chengshi Guidao Jiaotong Diangong Dianzi Jichu(Han Huoyeshi Gongzuo Shouce)

书　名:	城市轨道交通电工电子基础(含活页式工作手册)
著 作 者:	陈　杨
责任编辑:	杨　思
责任校对:	孙国靖　宋佳时
责任印制:	刘高彤
出版发行:	人民交通出版社股份有限公司
地　　址:	(100011)北京市朝阳区安定门外外馆斜街3号
网　　址:	http://www.ccpcl.com.cn
销售电话:	(010)59757973
总 经 销:	人民交通出版社股份有限公司发行部
经　　销:	各地新华书店
印　　刷:	北京建宏印刷有限公司
开　　本:	787×1092　1/16
印　　张:	16.25
字　　数:	380千
版　　次:	2023年6月　第1版
印　　次:	2024年2月　第2次印刷
书　　号:	ISBN 978-7-114-18739-1
定　　价:	48.00元(含活页式工作手册)

(有印刷、装订质量问题的图书,由本公司负责调换)

"教育、科技、人才是全面建设社会主义现代化国家的基础性、战略性支撑。"随着我国国民经济的发展和城市人口的增加、城市规模的扩大,各大城市的轨道交通快速发展。城市轨道交通车站及运行区间的机电设备、通信系统、供电系统、车辆的电气系统等都和电工电子密切相关。

电工电子基础是职业教育城市轨道交通类专业学生必修的一门重要的专业基础课。编者以习近平新时代中国特色社会主义思想为指导,深入贯彻党的二十大精神,根据教育部颁布的城市轨道交通类专业最新教学标准、《"十四五"职业教育规划教材建设实施方案》等文件,结合职业院校电工电子基础课程教学基本要求,以夯实基础、突出重点、强化应用为编写思想,组织编写本教材。

本教材采用"项目引领、任务驱动"的职业教育教学模式,按照活页式、工作手册式教材编写理念,融"教、学、做"于一体,并且体现了以学生为本的教学思想,让学生通过完成任务,在"做中学",在"学中做"。教材语言简练、通俗易懂、图文并茂,教材内容由浅及深、由易到难,循序渐进,符合职业教育院校学生的学习习惯和特点。全书包括9个项目,每个项目以实践应用为主线,将理论知识融入项目实施过程。一方面,通过学习电工和电子部分的基本理论和基本分析方法,夯实理论基础;另一方面,通过电路元器件的识别与检测、电路的连接与测量等相关技能训练,强化实践应用能力。

教材选材合理,深浅适度,主要内容包括电工基础、电气控制和电子技术三个部分。电工基础部分包括5个项目:项目1 城市轨道交通供电系统,主要介绍城市轨道交通供电系统以及城市轨道交通车辆电气控制系统和安全用电常识;项目2 机械式万用表的制作,主要介绍直流电路的基本理论、分析方法及电路连接与测试;项目3　荧光灯照明电路的安装与测试,主要介绍单相交流电路的基本理论、分析方法及电路的连接与测试;项目4　三相电功率的测量,主要介绍三相交流电路的基本理论、分析方法及电路的连接与测试;项目5　单相变压器的特性测试,主要介绍变压器的基本理论、分析方法及电路的连接与测试。电气控制部分包括1个项目:项目6　三相异步电动机的控制,主要介绍三相异步电动机、低压电器的基本理论、基本控制电路的连接与控制。电子技术部分包括3个项目:项目7　直流稳压电源的制作,主要介绍半导体器件的基本理论、识别与检测和直流稳压电源的基本理论、分析方法及电路连接与调试;项目8　放大电路的安装与测试,主要介绍基本放大电路的基本理论、分析方法及电路的连接与测试;项目9　常用集成门电路的参数测试,主要介绍数字电路的基本理论、分析方法及电路的连接与测试。

本教材可作为城市轨道交通类专业电工电子基础课程教材,也可供相关企业培训使用。

教材配有丰富的教学资源,包括PPT课件、课程标准、教学视频、题库等,仅向任课教师提供,有需求者可通过加入"职教轨道教学研讨一群(QQ群:129327355)"获取课件。

本教材由包头铁道职业技术学院陈杨主编。其中,项目1、项目3、项目4由包头铁道职业技术学院徐帅编写,项目2、项目6、项目7由包头铁道职业技术学院陈杨编写,项目5、项目8、项目9由包头铁道职业技术学院段瑞英编写。本教材由湖南高铁时代数字化科技有限公司杨启超主审。

在教材编写过程中,编者参考了大量的文献资料,在此对相关文献的作者表示衷心的感谢。

由于编者水平有限,书中难免存在不少欠缺和错漏之处,恳请广大读者提出宝贵意见,以便再版时修改、完善。

编　者
2023年4月

目 录
Contents

教学指南 ·· 001
项目1　城市轨道交通供电系统 ·· 007
　　项目概述 ·· 008
　　学习清单 ·· 008
　　微课堂自主学习 ·· 008
　　　学习活动1　了解城市轨道交通供电系统 ························· 009
　　　学习活动2　了解城市轨道交通车辆电气控制系统 ············ 012
　　　学习活动3　熟悉安全用电 ··· 013
项目2　机械式万用表的制作 ··· 020
　　项目概述 ·· 021
　　学习清单 ·· 021
　　微课堂自主学习 ·· 021
　　任务2.1　测量直流电路 ··· 022
　　　学习活动1　建立电路模型 ··· 022
　　　学习活动2　分析电路基本物理量 ·································· 024
　　　学习活动3　识别电路元器件 ·· 029
　　　学习活动4　描述电路工作状态 ····································· 035
　　　学习活动5　使用常用电工仪器仪表 ······························· 038
　　　学习活动6　应用电路基本定律 ····································· 043
　　任务2.2　制作机械式万用表 ··· 049
　　　学习活动　连接电阻 ··· 049
项目3　荧光灯照明电路的安装与测试 ·································· 054
　　项目概述 ·· 055

学习清单		055
微课堂自主学习		055
学习活动 1	表示交流电	056
学习活动 2	分析单一参数的交流电路	061
学习活动 3	分析 RLC 电路	067

项目 4　三相电功率的测量　074

项目概述　075
学习清单　075
微课堂自主学习　075
　　学习活动 1　三相交流电的产生和表示　076
　　学习活动 2　三相负载的连接　079
　　学习活动 3　计算三相交流电路的功率　083

项目 5　单相变压器的特性测试　084

项目概述　085
学习清单　085
微课堂自主学习　085
　　学习活动 1　理解磁场的基本物理量和定律　086
　　学习活动 2　熟悉磁性材料　087
　　学习活动 3　分析磁路和磁路定律　089
　　学习活动 4　掌握交流铁芯线圈　092
　　学习活动 5　识别单相变压器　093

项目 6　三相异步电动机的控制　098

项目概述　099
学习清单　099
微课堂自主学习　099
任务 6.1　认识三相异步电动机　100
　　学习活动 1　理解三相异步电动机的结构和工作原理　100
　　学习活动 2　使用三相异步电动机　107
　　学习活动 3　运行三相异步电动机　110
　　学习活动 4　拆装三相异步电动机　117
任务 6.2　三相异步电动机的控制　120
　　学习活动 1　识别常用低压电器　120

　　学习活动2　三相异步电动机的点动和连续运行控制 ……… 127
　　学习活动3　三相异步电动机的正反转控制 …………………… 129

项目7　直流稳压电源的制作 …………………………………………… 131

　项目概述 ……………………………………………………………… 132
　学习清单 ……………………………………………………………… 132
　微课堂自主学习 ……………………………………………………… 132
　任务7.1　半导体二极管和三极管的识别 ………………………… 133
　　学习活动1　识别半导体二极管 ………………………………… 133
　　学习活动2　识别半导体三极管 ………………………………… 140
　任务7.2　直流稳压电源的制作 …………………………………… 146
　　学习活动1　分析整流电路 ……………………………………… 146
　　学习活动2　分析滤波电路 ……………………………………… 150
　　学习活动3　分析稳压电路 ……………………………………… 153

项目8　放大电路的安装与测试 ………………………………………… 157

　项目概述 ……………………………………………………………… 158
　学习清单 ……………………………………………………………… 158
　微课堂自主学习 ……………………………………………………… 158
　　学习活动1　分析共发射极放大电路 …………………………… 159
　　学习活动2　比较共集电极和共基极放大电路 ………………… 165
　　学习活动3　分析多级放大电路 ………………………………… 172

项目9　常用集成门电路的参数测试 …………………………………… 176

　项目概述 ……………………………………………………………… 177
　学习清单 ……………………………………………………………… 177
　微课堂自主学习 ……………………………………………………… 177
　　学习活动1　区分数制与码制 …………………………………… 178
　　学习活动2　探索逻辑函数 ……………………………………… 184
　　学习活动3　分析逻辑门电路 …………………………………… 195

参考文献 ………………………………………………………………… 200

活页式工作手册(单独装订)

    工作手册 1   电路中电压、电势的测量

    工作手册 2   电路定律的验证

    工作手册 3   机械式万用表的制作

    工作手册 4   单一参数的交流电路参数测量

    工作手册 5 RLC 电路参数测量及电路的谐振研究

    工作手册 6   荧光灯照明电路的安装及功率因数的提高

    工作手册 7   三相交流电路电压、电流的测量

    工作手册 8   三相交流电功率的测量

    工作手册 9   单相变压器特性测试

    工作手册 10   三相异步电动机的点动和连续运行控制电路连接

    工作手册 11   三相异步电动机的正反转控制电路连接

    工作手册 12   半导体二极管、三极管的识别和检测

    工作手册 13   直流稳压电源的制作

    工作手册 14   放大电路的制作与测试

    工作手册 15   常用集成门电路的参数测试

教学指南

一、课程性质

"城市轨道交通电工电子基础"作为城市轨道交通类专业学生必修的一门专业课程,在城市轨道交通类专业课程体系中具有重要地位,在学生专业技能培养和职业素养养成方面具有重要作用。根据本专业人才培养方案的要求,设置该课程教学内容。该课程以学生能力培养为核心,采用任务驱动的项目教学法组织教学,培养具备城市轨道交通类专业技术人员所必需的电工电子基本理论、电路分析方法等专业知识,以及电路的连接、测试、故障排除等专业技能,逐步培养对实际电路的分析和应用能力,为学习本专业其他课程奠定基础。同时,实现课程教学与课程育人的有效结合,培养理想信念坚定,具有良好的人文素质、职业道德和创新意识,精益求精的工匠精神,较强的就业能力和可持续发展能力,能够胜任城市轨道交通列车司机和检修工等岗位的工作,厚德强技的高素质技能人才。

二、课程目标

(一)思想政治目标

(1)弘扬爱国主义精神、坚定理想信念、增强民族自豪感,鼓励学生为中华民族伟大复兴、实现中国梦贡献自己的力量。

(2)遵循客观现实和发展规律,批判、理性地看待问题,做社会主义马克思主义的践行者。

(3)弘扬中华民族传统美德,使学生懂得做人做事的基本道理,帮助学生塑造健全的人格,形成正确的人生观、价值观。

(4)培养职业认同感和自豪感,逐步形成职业道德,工作责任心,安全、规范操作意识,质量意识,团队合作意识和吃苦耐劳的劳动精神。

(5)逐步培养"敬业、专注、精益、创新"的工匠精神。

(6)培养勤于思考、自主学习的习惯,逐步培养可持续发展意识。

(二)知识和技能目标

(1)能正确描述城市轨道交通供电系统的作用、组成。

(2)能正确描述城市轨道交通车辆电气控制系统的组成。

(3)能正确描述电流对人体的伤害以及触电方式,学会触电急救方法。

(4)能正确描述电路的概念、组成及各部分的作用。

(5)能正确理解电路基本物理量的定义和计算方法。

(6)能正确描述电阻的串联、并联、混联的特点。

(7)能正确理解并应用欧姆定律、基尔霍夫定律,能熟练利用支路电流法求解电路参数。

(8)熟悉电路的工作状态及电气设备的额定值。

(9)认识常用电工仪表,并能使用电工仪表测量电路参数。

(10)能读懂电路图,并按照电路图安装、制作 MF-47 型机械式万用表。

（11）能用三角函数表示法和相量表示法表示正弦交流电，并能正确理解正弦交流电的三要素。

（12）会分析单一参数的正弦交流电路，能正确分析电流与电压的关系以及电路中的功率。

（13）会分析 RLC 串、并联电路，能进行电路参数的计算。

（14）能正确理解功率因数，并掌握提高功率因数的意义及方法。

（15）能正确理解串联谐振的概念、条件和特点。

（16）能读懂电路图，并按照电路图安装荧光灯照明电路。

（17）能使用常用电工仪表测量交流电路参数，并能根据测量结果排除电路故障。

（18）了解三相交流电的产生，会表示三相交流电。

（19）能正确分析三相电源及负载的星形连接和三角形连接电路，并能计算电路的电压、电流和功率。

（20）能读懂电路图，并按照电路图连接三相交流电路，能测量三相交流电路的参数。

（21）能正确理解磁场的基本物理量和基本定律。

（22）能正确理解磁性材料的特性。

（23）能正确认识变压器的结构、参数、工作原理和运行特性。

（24）能正确测试变压器的参数。

（25）能正确描述常用低压电器的结构、工作原理及特性。

（26）能正确认识三相异步电动机的结构、参数，能正确拆卸和装配三相异步电动机。

（27）能正确描述三相异步电动机的工作原理及特性，并正确测试三相异步电动机的工作特性。

（28）会分析三相异步电动机的启动、调速、反转、制动。

（29）能正确分析并连接三相异步电动机的点动、连续运行和正反转电路，并测量三相异步电动机运行参数。

(三) 职业能力目标

（1）认识实际电路中的基本电工电子器件及设备，能读懂电工和电气控制电路图，并能正确分析电路，判断和排除一般的电路故障。

（2）初步具备独立完成或通过团队协作完成城市轨道交通车辆电气电路图的识读和电路一般故障处理，为城市轨道交通车辆电气设备、电气检修等课程学习及跟车实习提供有力支撑。

三、设计思路

(一) 确定课程目标的思路

强化学生的自学能力、分析与解决实际电路问题的能力和专业技能习得是教学活动中的重点。

(二) 设计课程内容的依据

设计课程内容的依据是满足本专业人才培养方案的要求以及学生今后的职业领域和岗位要求。

(三) 建议教学模式

利用教学资源,结合课堂教学,完成基础知识的学习,利用电工电子实验实训室设备完成实践环节的教学。实践性教学分组完成任务,每人动手操作。

结构模式:课前展示课程教学任务,课中开展项目教学内容,课后总结项目教学心得。教师在系统讲授时,要传授学生学习的方法,以增强学生的学习效果。同时按照项目教学的内容,有步骤地进行部分实践训练,注重理论知识的应用,进一步提高理解问题、分析问题的能力。针对学生在项目教学过程中的差异,师生一起总结,着力解决学生个性化的问题,使学生的个人综合素质进一步得到提升。

(四) 建议学时数

建议学时数为 48 学时。

序号	项目	课时分配		
		讲授	实操	小计
1	城市轨道交通供电系统	2	—	2
2	机械式万用表的制作	6	3	9
3	荧光灯照明电路的安装与测试	3	3	6
4	三相电功率的测量	3	2	5
5	单相变压器的特性测试	4	1	5
6	三相异步电动机的控制	3	3	6
7	直流稳压电源的制作	5	2	7
8	放大电路的安装与测试	3	1	4
9	常用集成门电路的参数测试	3	1	4
	小计	32	16	48

四、实施建议

(一) 教学建议

在整体思路上,重点突出电路的分析和基本技能训练,尽量与生产实际结合,激发学生学习该课程的兴趣,增强职业的针对性。在教学中应坚持基础知识、基本技能的教学,重视学生自学能力的培养。授课前利用微课等教学资源,让学生进行课前自学,在课上着重解决学生自学时遇到的问题,以保证教学的效果。

（二）教学评价

该课程构建了融入课程思政的课程考核评价体系，采用多元化的评价主体，多维度、过程性的评价方式，使学生在掌握知识技能的同时，能够具备良好的价值取向、家国情怀、道德品质、职业素养等，努力成为胜任城市轨道交通车辆驾驶和检修岗位的高素质技能人才。

序号	考核模块	权重	考核内容	权重	考核指标	权重	思政考核要点
1	知识	30%	电工电子基础知识的理解	40%	小组展示成果	30%	学好专业知识，培养自主学习的能力，严谨、认真的治学精神
					平时作业	40%	
					线上线下讨论	30%	
			电工电子基础知识的应用	60%	阶段性测试	30%	运用电工电子基础知识，勤于思考，善于分析、解决实际电路问题
					行业调研	40%	
					案例研究成果	30%	
2	技能	40%	实践能力	50%	操作熟练程度	40%	坚定"四个自信"，贯彻新发展理念，培养完成工作的能力
					项目成果展示	60%	
			创新能力	30%	课堂提问的创新思维	30%	掌握电工电子新技术、新工艺、新规范，发挥主观能动性，利用专业能力更好地服务社会
					学习过程中的创新成果	50%	
					接受新思想的开放意识	20%	
			协作能力	20%	小组讨论贡献率	30%	培养团队合作意识和大局意识，在实践演练中能与人协同配合，完成工作
					小组合作配合	30%	
					小组展示成果	40%	
3	素质	30%	敬业精神	40%	课堂出勤率	25%	具有家国情怀，树立为人民服务的意识，传承工匠精神
					任务完成率	30%	
					讨论参与度	25%	
					反思和改进	20%	
			职业道德	30%	遵守学校纪律	30%	树立社会主义核心价值观，诚信做人，培养诚实守信的自觉性
					考试无作弊	30%	
					作业无抄袭	20%	
					互评公正性	20%	
			社会适应能力	30%	对新环境的适应能力	50%	树立坚定的理想信念，处理好自我价值和社会价值的关系
					对新知识的接受程度	50%	

五、教材的结构框架

课程	项目	教学重点	教学难点	
城市轨道交通电工电子基础	城市轨道交通供电系统		认识城市轨道交通车辆供电系统	项目引领 任务驱动 综合实践
	机械式万用表的制作	直流电路的测试；机械式万用表的制作	分析和运用直流电路	
	荧光灯照明电路的安装与测试	单相交流电路的测试；荧光灯照明电路的安装及功率因数的提高	分析和运用单相交流电路	
	三相电功率的测量	三相交流电路的分析；三相交流电路的测试	分析和运用三相交流电路	
	单相变压器的特性测试	单相变压器的认识；单相变压器的特性	分析和运用变压器	
	三相异步电动机的控制	三相异步电动机的认识；三相异步电动机的控制	使用和控制三相异步电动机	
	直流稳压电源的制作	半导体器件的识别；直流稳压电源的制作	分析和制作直流稳压电源	
	放大电路的安装与测试	放大电路的认识；放大电路的制作与测试	分析、制作和测试放大电路	
	常用集成门电路的参数测试	逻辑门电路的认识；常用集成门电路的参数测试	分析和测试逻辑门电路	

城市轨道交通供电系统

项目 1

项目概述

　　城市轨道交通供电系统是为城市轨道交通运营提供电能的系统,不仅为城市轨道交通车辆提供牵引用电,还为城市轨道交通其他设施提供电能,具备安全可靠、技术先进、功能齐全、调度方便和经济合理等特点。在本项目中,通过对城市轨道交通供电系统、城市轨道交通车辆电气控制系统以及安全用电等相关知识的学习,读者可以了解城市轨道交通车辆供电、用电系统的基本组成并具备安全用电的意识。

 学习清单

知识清单	1. 了解城市轨道交通供电系统的作用、组成。 2. 了解城市轨道交通车辆电气控制系统的组成。 3. 了解电流对人体的伤害以及触电方式
能力清单	1. 能认识城市轨道交通供电系统,并描述其作用、组成。 2. 能认识城市轨道交通车辆电气控制系统,并描述其组成。 3. 能进行触电急救
素质清单	在完成学习活动的过程中,培养勤于思考、自主学习的习惯

 微课堂自主学习

请同学们扫描二维码观看教学视频,完成课前预习。

学习活动1　了解城市轨道交通供电系统

一、城市轨道交通供电系统概述

城市轨道交通供电系统是城市轨道交通的动力来源,为轨道交通运营提供所需电能,在为线路上运行的车辆提供所需要的牵引动力的同时,也为车站、区间、车辆段、控制中心等建筑物的机电设备(包括通风、空调、照明、通信、给排水、防灾报警、电梯等)提供所需的电能。在城市轨道交通的运营中,供电一旦中断,不仅会造成城市轨道交通运输系统的瘫痪,还会危及乘客生命与财产安全。因此,城市轨道交通供电系统的安全、可靠运行是城市轨道交通正常运营的重要保证和前提。

我国电力生产由国家经营管理,因此,无论干线电气化铁路、工矿电力牵引用电,还是城市轨道交通电力牵引用电,均由国家统一电网供给。城市轨道交通作为城市电网的用户,直接从城市电网取得电能,通过城市电网一次电力系统和轨道交通供电系统实现输送和变换,最后以适当的电压等级、一定的电流形式(直流或交流)供给用电设备。

二、城市轨道交通供电系统的组成

城市轨道交通作为城市电网的一个重要用户,其供电系统主要由外部供电系统、牵引供电系统、动力照明供电系统和电力监控系统组成,如图1-1所示。其中,外部(一次)供电系统是从发电厂经升压、高压输电网、区域变电所至主降压变电所的部分。牵引供电系统就是主降压变电所(当它不属于电力部门时)及其以后部分,包括牵引变电所和牵引网两大部分。动力照明供电系统包括降压变电所与动力照明配电系统。

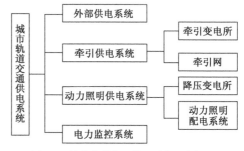

图1-1　城市轨道交通供电系统组成框图

1. 外部供电系统

图1-2所示为外部供电系统示意图,其中,发电厂生产电能,但一般与用户距离较远,必须将输电电压升高,以减少线路的电压损失和能量损耗,因此在发电厂的输出端连接升压变压器以提高输电电压。目前,我国最普遍的输电电压等级为110～220kV。通常,高压输电线到了各城市或工业区以后,区域变电所将电能转配或降低一个等级,再向附近各用电中心送电。城市轨道交通牵引用电既可以从区域变电所高压线路得电,也可以从下一级电压的城市地方电网得电,这取决于系统和城市地方电网具体情况及牵引用电容量大小。

城市轨道交通外部供电系统的供电方式有集中式供电、分散式供电和混合式供电三种。

(1)集中式供电

集中式供电结构示意图如图1-3所示,就是在城市轨道交通沿线,根据用电容量和线路长短,建设专用的主变电所,主变电所进线电压一般为110kV,降压后变成35kV或10kV,给牵引变电所与降压变电所供电。主变电所设有两路独立的进线电源。集中式供电,有利于城市轨道交通供电形成独立体系,便于管理和运营。上海、广州、南京等地的地铁部分线路采用集中式供电方案。

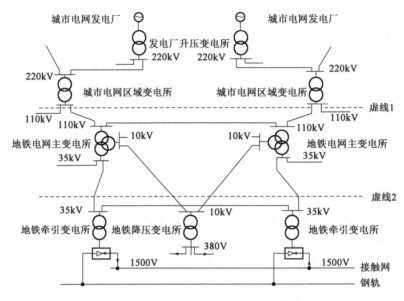

图 1-2　城市轨道交通外部供电系统示意图

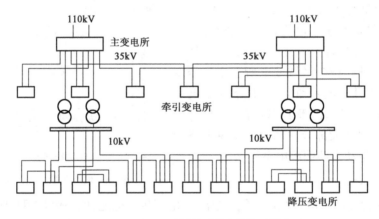

图 1-3　三级电压制集中式供电结构示意图

(2)分散式供电

分散式供电结构示意图如图 1-4 所示,就是在地铁沿线直接由城市电网引入多路电源构成供电系统,一般为 10kV 电压级。分散式供电要保证每座牵引变电所和降压变电所均获得双路电源,要求城市轨道交通沿线有足够的电源引入点及备用容量。沈阳地铁部分线路、长春轻轨部分线路、大连轻轨部分线路、北京地铁八通线、北京地铁 5 号线等采用分散式供电方案。

(3)混合式供电

混合式供电就是将前两种供电方式结合起来,一般以集中式供电为主,个别地段引入城市电网电源作为集中式供电的补充,使供电系统更加完善和可靠。北京地铁 1 号线、青岛地铁部分线路采用混合式供电方案。

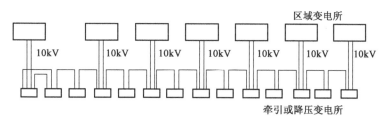

图1-4 分散式供电结构示意图

2. 牵引供电系统

城市轨道交通牵引供电系统主要包括主变电所、牵引变电所、馈电线、接触网及回流线,如图1-5所示。城市电网的三相高压交流电110～220kV经主变电所降低为10～35kV,此电压即为牵引变电所的进线电压。牵引变电所再将10～35kV的三相高压交流电变成适合电动车辆的低压直流电。馈电线将牵引变电所的低压直流电输送到接触网系统上,接触网系统负责将牵引变电所馈出的电能输送到列车上,一般有架空接触网和接触轨两种形式。从电压等级看,国内有DC1500V和DC750V两种等级,DC1500V一般采用架空接触网形式,DC750V一般采用接触轨形式。接触网是沿列车走行轨架设的供电线路,接触轨是沿线路敷设的与轨道平行的附加轨,电动车辆通过其集电靴与架空接触网(或接触轨)直接接触而获得电能。走行轨构成牵引供电回路的一部分,回流线将轨道回流返回牵引变电所。

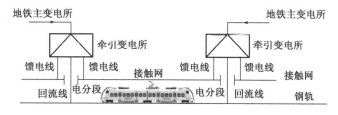

图1-5 城市轨道交通牵引供电系统示意图

3. 动力照明供电系统

动力照明供电系统主要由降压变电所、动力照明配电系统(包括配电室、配电线路)组成,如图1-6所示。其作用是为除城市轨道交通列车以外的其他所有城市轨道交通用电负荷提供电能,包括车站和区间各类照明,扶梯、风机、水泵等动力机械设备,以及通信、事故照明和计算机系统等一级负荷。在动力照明供电系统中,降压变电所一般每个车站设置一个,有时也可几个车站合设一个,还可将降压(动力)变压器附设在某个牵引变电所,构成牵引与动力混合变电所。在引入电源方面,每座降压变电所均从中压环网引入两路电源,有条件时可从相邻变电所或城市电网引一路备用电源,对于特别重要的负荷(如控制系统的计算机等负荷),还应设蓄电池作为备用电源。

4. 电力监控系统

电力监控系统又称为电力SCADA(Supervisory Control and Data Acquisition)系统或者远动系统,它是贯穿整个供电系统的监视控制部分,是控制技术在电力系统中的应用。电力监控系统由控制中心、通信通道和被控站系统组成,对全线变电所及沿线供电设备实行集中监视、控制和测量。典型的电力监控系统由以下四部分组成:位于控制中心的电力调度中心主站系统(即中央监控系统)、位于变电所的远程终端(RTU,即变电所综合自动化系统)、通信网络、位于供电维修基地的供电复示系统。

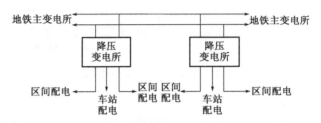

图1-6　城市轨道交通动力照明供电系统示意图

学习活动2　了解城市轨道交通车辆电气控制系统

一、城市轨道交通车辆电气控制系统的组成

城市轨道交通车辆电气控制系统包括车辆上的各种电气设备及其控制电路。图1-7所示

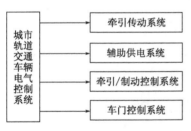

图1-7　城市轨道交通车辆电气控制系统组成框图

是城市轨道交通车辆电气控制系统的组成框图,城市轨道交通车辆电气控制系统主要由牵引传动系统、辅助供电系统、牵引/制动控制系统和车门控制系统四个部分组成。

其中,牵引传动系统是列车牵引动力和电气制动动力得以实现的载体。

辅助供电系统为城市轨道交通车辆提供辅助供电,其主要为下列系统提供电源:为主传动系统提供通风冷却中压电源和控制通信低压电源,为制动系统的空气压缩机提供中压电源和控制通信低压电源,为全车提供客室正常照明、应急照明,为空调系统提供中压电源和控制通信低压电源,为列车的自动控制系统、通信及列车综合管理系统提供低压电源。

牵引/制动控制系统是列车实现牵引和制动控制相关功能的控制电路系统,通过电器的组合实现一定的逻辑功能,通过单元模块的控制程序运算,再经过列车通信控制系统的实时响应,最终实现对列车的有效控制。

车门是乘客乘车必须接触的车辆部件,关系到乘客的人身安全。因此,在城市轨道交通车辆中,车门控制系统具有开关门控制、监测车门的状态、紧急状态下的开门控制以及故障情况下的车门切除等功能,从车辆客室车门系统与列车牵引的联锁、车门状态指示、关门到位指示等几个方面,保障列车的运行安全及乘客的人身安全。

二、城市轨道交通车辆电气部件

城市轨道交通车辆电气控制系统中的各种电气部件包括:服务于乘客的车体内固定附属

装置,如客室照明、通风、空调等;服务于车辆运行的设备,如蓄电池箱、继电器箱、主控制箱、电动空气压缩机组等;保障列车安全、正常、舒适运行的其他系统,如列车诊断系统、列车自动控制系统(ATC)等。

庞巴迪公司与中车长春轨道客车股份有限公司生产的地铁车辆的主要电气设备配置如图 1-8 所示。该车辆为两个动力单元六节编组,图中给出了该车辆各车上的主要电气设备,其中 PH 箱(整合高压器的牵引箱)位于 B 车底架下部,高速断路器位于 PH 箱中高压区,PA 箱(整合辅助逆变器的牵引箱)位于 C 车底架下部,主要由 C 车的牵引逆变器和辅助逆变器组成。

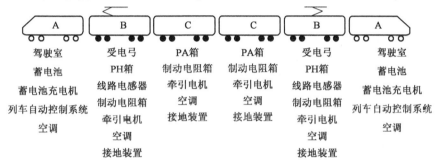

图 1-8　地铁车辆的主要电气设备配置

学习活动 3　熟悉安全用电

一、基本概念

(一)"地"和对地电压

电气上所谓的"地"是指电势等于零的地方。大地是一个电阻非常低、电容量非常大的物体,拥有吸收无限电荷的能力,而且在吸收大量电荷后仍能保持电势不变,并趋于零。因此,"地"通常作为电气系统中的参考电势体,只要是电势为零的地方就称为电气上的"地"。对地电压是指电气装置的接地部分与零电势"地"之间的电势差。

(二)接地

将电气设备的某些部分与大地间作良好的电气连接,称为接地。直接与大地紧密接触的金属导体称为接地体或接地极,通常采用圆钢或角钢,也可采用铜棒或铜板。连接于电气设备接地部分与接地体间的金属导线称为接地线。在电力系统中,应用较多的接地方式有工作接地、保护接地和保护接零。

(1)工作接地

电力系统根据运行要求,将中性点接地的方式称为工作接地,如图 1-9 所示。当某一相出现接地故障时,相当于单相短路,接地电流较大,保护装置迅速动作,立即切断故

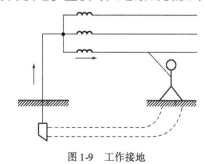

图 1-9　工作接地

障设备。工作接地时,触电电压接近相电压(220V),对人身安全有威胁。

(2)保护接地

将电气设备的金属外壳与接地装置进行电气连接的方式称为保护接地,如图1-10所示。电气设备采用保护接地时,即使带电导体因绝缘损坏而碰壳,人体触及带电的外壳时,由于人体相当于与接地装置并联,而人体电阻远大于接地装置电阻,因此通过人体的电流微乎其微,保证了人身的安全。

(3)保护接零

将电气设备的金属外壳与电力系统的中性点直接进行电气连接的方式称为保护接零,如图1-11所示。保护接零时,一旦电气设备的某一相因绝缘损坏而碰壳,就会造成该相短路,保护装置动作,自动切断电源,避免触电事故的发生。

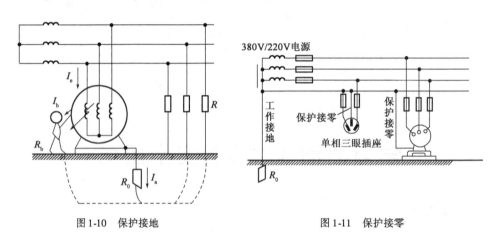

图1-10　保护接地　　　　　　　　图1-11　保护接零

(三)接地电流和接地电阻

当由于某种原因有电流流入接地体时,电流就通过接地体以半球形向大地散开,这一电流称为接地电流(或流散电流),接地电流流散的范围称为散流场。当系统一相接地,可能导致系统发生短路,这时的接地电流称为接地短路电流。

接地装置的对地电压与接地电流之比为接地电阻。

当流入大地中的电流通过接地体以半球形向大地散开时,由于这个半球形的球面在离接地体越近的地方电流越小,越远的地方电流越大,因此在离接地体越近的地方电阻越大,越远的地方电阻越小。实验证明:在距单根接地体或碰地处20m以外的地方,实际已没有什么电阻存在,该处的电势已趋近于零。

(四)接地装置

接地装置由接地体和接地线组成。

二、电流对人体的伤害

当人体接触带电体时,电流流过人体,称为触电。安全电压是指不使人直接致死或致残的电压,一般环境条件下允许持续接触的"安全特低电压"是36V。行业规定安全电压为不高于36V,持续接触安全电压为24V。人体接触带电体电压超过安全电压时,电流会对人体产生不同程度的损伤,这种损伤包括电击和电伤两种。

1. 电击

电击是电流通过人体,使人的内部机体组织受到损伤。严重的电击会使人的心脏、肺部、神经系统的正常工作受到影响,甚至危及生命,数十毫安的工频电流即可使人遭到致命的电击。电击致伤的部位主要在人体内部,而在人体外部不会留下明显痕迹。

如果通过人体的电流只有20～25mA(有效值),一般不会直接引起心室颤动或心脏停止跳动。但如果电流持续时间较长,仍会导致心室颤动或心脏停止跳动,因为这时呼吸中止会导致机体缺氧。

50mA以上的工频交流电流通过人体,一般既可能引起心室颤动或心脏停止跳动,也可导致呼吸中止。但是,前者的出现比后者早得多,即前者是主要的伤害。

当通过人体的电流超过数安时,由于刺激强烈,可能先使呼吸中止。数安的电流流过人体,还可能导致严重烧伤甚至死亡。

电休克是人体受到电流的强烈刺激,发生强烈的神经系统反射,使血液循环、呼吸及其他新陈代谢发生障碍,以致神经系统受到抑制,出现血压急剧下降、脉搏减弱、呼吸衰竭、意识不清的现象。电休克状态可以延续数十分钟到数天。若得到有效的治疗则有可能痊愈,也可能由于重要生命机能完全丧失而死亡。

2. 电伤

电伤是电流对人体外部造成的局部损伤,是电流的热效应、化学效应、机械效应等对人体造成的伤害,一般造成电伤的电流比较大。电伤在机体表面留下明显伤痕的同时,其伤害作用可能深入体内。

电伤的危险程度取决于受伤面积、受伤深度、受伤部位等因素。电伤包括电烧伤、电烙印、皮肤金属化、电光眼等多种伤害。

电烧伤是最常见的电伤。大部分电击事故会造成电烧伤。电烧伤可分为电流灼伤和电弧烧伤。电流越大,通电时间越长,电流途经的电阻越小,则电流灼伤越严重。由于人体与带电体接触的面积一般不大,加之皮肤电阻又比较高,皮肤与带电体的接触部位产生较多的热量,使得皮肤受到严重的灼伤。当电流较大时,可能灼伤皮下组织。

因为接近高压带电体时会发生击穿放电,所以电流灼伤一般发生在低压电气设备上,往往数百毫安的电流即可导致灼伤,数安的电流将造成严重的灼伤。

电烙印是电流通过人体后,在接触部位留下的瘢痕。瘢痕处皮肤硬变,失去原有弹性和色泽,表层坏死,失去知觉。

皮肤金属化是金属微粒渗入皮肤造成的。受伤部位变得粗糙而张紧。皮肤金属化多在弧光放电时发生,而且一般都伤在人体的裸露部位。当发生弧光放电时,与电弧烧伤相比,皮肤金属化不是主要伤害。

电光眼表现为角膜和结膜发炎。在发生弧光放电时,红外线、可见光、紫外线都可能损伤眼睛。若放电时间较短,则紫外线是引起电光眼的主要原因。

3. 影响电流对人体危害程度的因素

(1) 通过人体电流的大小

不同的电流会引起人体不同的反应,人们通常把电击电流分为感知电流、摆脱电流和致命电流等。

感知电流是指人体能够感觉到的最小电流,成年男子平均感知电流约为 1.1mA,成年女子约为 0.7mA。感知电流阈值定为 0.5mA,并与时间因素无关。

摆脱电流是指人触电后能自行摆脱的最大电流,对于不同的人,摆脱电流也不相同,成年男子平均摆脱电流约为 16mA,成年女子约为 10.5mA。从安全角度考虑,规定成年男子的允许摆脱电流阈值为 9mA,成年女子为 6mA。

致命电流是指在较短的时间内危及生命的电流,50mA 的电流通过人体 1s,足以致命,因此致命电流为 50mA。在有防止触电保护装置的情况下,人体允许通过的电流一般可按 30mA 考虑。

(2) 电流通过人体的持续时间

电击时间越长,电流对人体造成的热伤害、化学伤害及生理伤害就越严重。电流持续时间的长短和心室颤动有密切的关系。一般,最短的电击时间是 8.3ms,超过 5s 的很少。从 5s 到 30s,引起心室颤动的极限电流基本保持稳定,并略有下降。更长的电击时间,对引起心室颤动的影响不明显,而对窒息的危险性有较大的影响,从而使致命电流下降。

另外,电击时间延长,人体电阻因出汗等原因而降低,导致电击电流进一步增大,这也使电击的危险性随时间的延长而增大。

三、触电方式与急救措施

(一) 触电方式

人体触电一般有单相触电、两相触电、跨步电压触电、接触电压触电等几种方式。

1. 单相触电

单相触电是在人体与大地之间互不绝缘的情况下,人体的某一部位触到三相电源线中的任意一根导线,电流从带电导线经过人体流入大地而造成的触电伤害。单相触电又可分为中性点接地和中性点不接地两种情况。

(1) 中性点接地电网的单相触电

在中性点接地的电网中,发生单相触电的情形如图 1-12a) 所示。这时,人体所触及的电压是相电压,在低压动力和照明线路中为 220V。电流经相线、人体、大地和中性点接地装置而形成通路,触电的后果往往很严重。

(2) 中性点不接地电网的单相触电

在中性点不接地的电网中,发生单相触电的情形如图 1-12b) 所示。当站立在地面的人手触及某相导线时,由于相线与大地间存在电容,因此另外两相中,有对地的电容电流流入大地,并全部经人体流入人手触及的相线。一般说来,导线越长,对地的电容电流越大,其危险性越大。

2. 两相触电

两相触电,也称为相间触电,是指在人体与大地绝缘的情况下,同时接触到两根不同的相线,或者人体同时接触到电气设备的两个不同相的带电部位时,电流由其中一根相线经过人体到另一根相线,形成闭合回路,如图1-13所示。两相触电比单相触电更危险,因为此时加在人体上的是线电压。

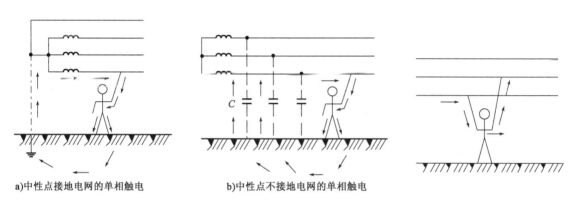

a) 中性点接地电网的单相触电　　b) 中性点不接地电网的单相触电

图1-12　单相触电示意图　　　　　　　图1-13　两相触电示意图

3. 跨步电压触电

当电气设备的绝缘损坏或线路的一相断线落地时,落地点的电势就是导线的电势,电流会从导线落地点(或绝缘损坏处)流入大地。离落地点越远,电势越低。根据实际测量,在离导线落地点20m以外的地方,由于入地电流非常小,地面的电势近似等于零。如果有人走近导线落地点,由于人的两脚电势不同,在两脚之间出现电势差,这个电势差称为跨步电压。离电流入地点越近,则跨步电压越大;离电流入地点越远,则跨步电压越小。离电流入地点20m以外,跨步电压很小,可以看作为零。跨步电压触电情况如图1-14所示。当发现跨步电压威胁时应赶快把双脚并在一起,或赶快单脚跳着离开危险区,否则,因触电时间长,也会导致触电死亡。

高压设备发生接地时,室内不得接近故障点4m以内,室外不得接近故障点8m以内。进入上述范围的人员必须穿绝缘靴,接触设备的外壳和构架时应戴绝缘手套。雷雨天气,需要巡视室外高压设备时,应穿绝缘靴,并且不得靠近避雷器和避雷针。这些都是为了防止跨步电压触电。

4. 接触电压触电

电气设备的金属外壳,本不应该带电,但由于设备使用时间过长,内部绝缘器件老化,造成击穿,或由于安装不良,设备的带电部分碰壳,或其他原因使电气设备的金属外壳带电时,若碰到带电外壳,人就会触电。这种触电称为接触电压触电,如图1-15所示。

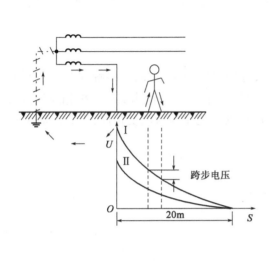 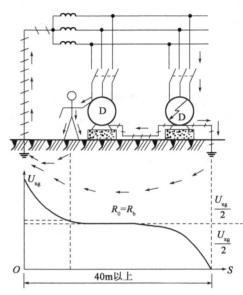

图 1-14　跨步电压触电示意图　　　　图 1-15　接触电压触电示意图

常见的接触电压触电有如下几种：

(1)直接触碰带电的导体。这种触电往往是由于用电人员缺乏用电知识或在工作中不按有关规章和安全工作距离办事等,直接触碰裸露在外面的导电体。这种触电是最危险的。

(2)由于某些原因,电气设备绝缘受到了破坏而导致漏电,但用电人员没有及时发现或疏忽大意,触碰了漏电的设备。

(3)高压送电线路处于大自然环境中,由于受到锋利物的摩擦或与其他带电导线并架等,受到感应,在导线上带了静电,工作人员没有注意到或未采取相应措施,上杆作业时触碰带有静电的导线而触电。

(二)急救措施

触电急救的基本原则是动作迅速、方法正确。

1.迅速脱离电源

人体触电以后,可能由于痉挛或失去知觉等而紧抓带电体,不能自己摆脱电源,因此抢救触电者的首要步骤就是使触电者尽快脱离电源。

使触电者脱离电源的方法：

(1)立即将闸刀打开或将插头拔掉,切断电源。要注意,普通的电灯开关(如拉线开关)只能关断一根线,有时关断的不是相线,并未真正切断电源。

(2)找不到开关或插头时,可用绝缘的物体(如干燥的木棒、竹竿、橡胶手套等)将电线拨开,使触电者脱离电源。

(3)用绝缘工具(如带绝缘的电工钳、木柄斧头以及锄头等)切断电线来切断电源。

(4)遇高压触电事故,立即通知有关部门停电。

总之,要因地制宜,灵活运用各种方法,快速切断电源,防止事故扩大。

2. 现场急救方法

当触电者脱离电源后,应根据触电者的具体情况迅速对症救护,力争在触电后 1min 内进行救治。国内外一些资料表明,触电后在 1min 内进行救治的,90%以上有良好的效果;而超过 12min 再开始救治的,基本无救活的可能。现场急救的主要方法是口对口人工呼吸法和人工胸外按压心脏法,严禁打强心针。

(1)口对口人工呼吸法

口对口人工呼吸法是用人工的方法来代替肺的呼吸活动,使空气有节律地进入肺部和排出二氧化碳,维持正常的通气功能。触电者呼吸停止,但心跳尚存时,采用口对口人工呼吸法进行急救。其操作步骤如图1-16所示,先使触电者仰卧,松开衣领、裤带等,并清理口腔中的异物;然后用一只手将触电者下颌抬起,使头部尽量后仰,颈部伸直,并将其舌根抬起,保持呼吸道通畅;接着用另一只手拇指、食指捏紧触电者鼻翼,深吸一口气后,紧贴其嘴巴大口吹气,使其胸部膨胀;之后救护人换气,放松触电者嘴鼻,使其自动呼气,开始可先连续操作3~4次,然后以每5s吹一次的频率进行吹气、放松的循环。

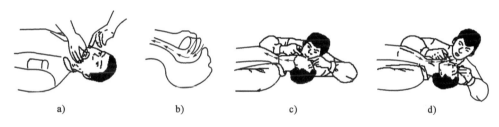

图1-16 口对口人工呼吸操作步骤

(2)人工胸外按压心脏法

人工胸外按压心脏法是指有节律地按压心脏,用人工的方法代替心脏的自然收缩,使心脏恢复搏动功能,维持血液循环。当触电者虽有呼吸但心脏停止时,应采用人工胸外按压心脏法进行急救,其操作步骤如图1-17所示。将触电者仰卧于硬地面上,救助者跪在触电者身旁,用一手掌根部放在其胸骨的中下1/3交界处,另一只手重叠于前一只手的手背上,两肘伸直,借救助者的体重、肘及臂力,快速、有节奏地垂直向下按压触电者胸骨,施压的力量应足以使触电者胸骨下沉3~4cm,然后迅速解除重压,使其胸骨靠弹性自行复位,如此反复进行,每分钟80次左右。

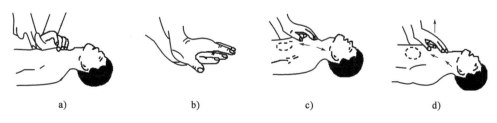

图1-17 人工胸外按压心脏法操作步骤

机械式万用表的制作

项目 2

项目概述

万用表是一种多功能、多量程的便携式仪表,是电工电子领域必备的仪表之一,主要用来检测电流、电压及电阻值等电气参数,在电气设备的安装、维修、检测中应用广泛。MF-47 型万用表采用高灵敏度的磁电系整流式表头,造型大方,设计紧凑,结构牢固,携带方便,具有良好的电气性能和机械强度。通过 MF-47 型机械式万用表的制作技能实训及相关知识的学习,读者可以掌握直流电路的基本知识、分析方法等理论知识,以及实际元器件的识别、检测,电路图的读图,电路的安装、调试等实践技能。

学习清单

知识清单	1. 掌握电路的概念、组成及各部分的作用。 2. 理解电压、电流的参考方向。 3. 掌握电压、电流、电功率、电能等电路的基本物理量。 4. 掌握电阻的串联、并联、混联的特点。 5. 掌握欧姆定律、基尔霍夫定律。 6. 理解电路的工作状态及电气设备的额定值。 7. 理解电势的概念以及电势和电压的关系。 8. 掌握常用电工仪表的使用方法
能力清单	1. 能根据电压、电流的参考方向,正确判断电压、电流的实际方向。 2. 能计算串联、并联、混联电路的等效电阻。 3. 能运用欧姆定律和基尔霍夫定律求解电路参数。 4. 能运用支路电流法分析、求解电路参数。 5. 能熟练计算电路中的电势。 6. 认识常用电工仪表,并能使用电工仪表测量电路参数。 7. 能读懂电路图,并按照电路图安装、制作 MF-47 型万用表。 8. 任务完成后能按照管理规定清理现场
素质清单	1. 在完成任务的过程中,树立团队协作的意识,安全、规范操作意识和吃苦耐劳的劳动精神。 2. 培养勤于思考、自主学习的习惯

微课堂自主学习

请同学们扫描二维码观看教学视频,完成课前预习。

任务2.1 测量直流电路

学习活动1 建立电路模型

一、电路的组成及作用

(一)电路的基本组成

所谓电路,就是由电气设备或元器件以一定方式连接起来构成的闭合回路,电路是电流流通的路径。图 2-1 为简单的手电筒电路及其电路模型。

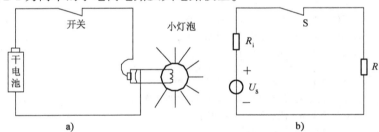

图 2-1 手电筒电路及其电路模型

电路的组成包括以下三个基本部分。

(1)电源

电源是电路中提供电能的装置,其作用是将非电能转换成电能。例如:干电池和蓄电池将化学能转换成电能,风力发电机将风能转换成电能。电源是电路中能量的来源,为电流流动提供能量。

(2)负载

负载是电路中取用电能的装置,其作用是将电能转换成非电能。例如:电炉将电能转换成热能,白炽灯将电能转换成光能和热能,电动机将电能转换成机械能。负载是电路中的用电器,将电源提供的电能转换成其他形式的能量。

(3)中间环节

中间环节将电源和负载连接起来构成闭合回路,其作用是传递、分配和控制电能,包括控制设备(如各种开关、熔断丝等)、器件、测量仪表(如电流表等)、连接导线(如各种铜、铝电缆线等)。

(二) 电路的作用

电路种类繁多、功能各异,但总体而言,电路的作用主要有以下两方面:

(1) 电能的传输和转换

实现该作用的电路称为强电电路,如图 2-2 所示,电力系统中,发电厂将发电机组发出的电能经过升压变压器进行升压后,通过输电线进行远距离输电,再经过降压变压器进行降压后,供给用户使用,带动电灯、电动机、电炉等各类用电负载。

(2) 信号的产生、传递和处理

实现该作用的电路称为弱电电路,图 2-3 所示为常见的扩音器电路,先由话筒将声音信号转换成电信号,经放大电路对输入的电信号进行放大处理后传递到扬声器,再由扬声器将放大了的电信号还原为声音信号。

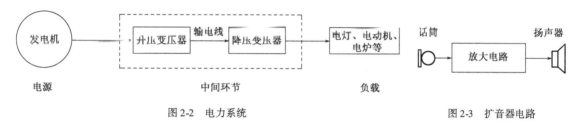

图 2-2　电力系统　　　　　　　　　　图 2-3　扩音器电路

二、电路模型

在集中参数电路中,为了便于进行分析和计算,在一定条件下,忽略实际元件的次要性质,突出其一种主要特性,将实际元件加以近似化、理想化,这种理想化的元件称为理想元件。理想元件主要有电阻元件(主要特性是将电能转换成热能)、电感元件(主要特性是将电能转换为磁场能储存起来)、电容元件(主要特性是将电能转换成电场能储存起来)、电压源(主要特性是输出特定的电压)、电流源(主要特性是输出特定的电流)等,如表 2-1 所示。

常用理想元件　　　　　　　　　　表 2-1

元件名称	图形符号	元件名称	图形符号
电阻	─[R]─	电感	─⌒⌒⌒─ L
电容	──┤├── C	电压源	$+U_s-$ ─◯─
电流源	I_s →◯─		

由理想元件构成的电路称为实际电路的电路模型,简称电路。图2-1a)所示为手电筒的实际电路,若把小灯泡看成电阻元件,用 R 表示,考虑干电池内部自身消耗的电能,把干电池看成电阻元件 R_i 和电压源 U_S 串联,连接导线看成理想导线(其电阻为零)。这样,手电筒的实际电路就可以用如图 2-1b) 所示的电路模型来表示。

只要电路模型建立得足够精确,通过对电路模型分析研究所获得的结论,就可以正确地反映实际电路的情况,因此电路理论研究的都是电路模型,本教材后续内容介绍的电路都是电路模型。

学习活动 2 分析电路基本物理量

一、电流

1. 电流的基本概念

电路中带电粒子沿着导体定向运动即形成电流,其大小等于在单位时间内通过导体横截面的电量。

设在 Δt 时间内,通过导体横截面的电量为 ΔQ,则在 Δt 时间内的电流用公式表示为

$$i(t) = \frac{\Delta Q}{\Delta t} \tag{2-1}$$

式(2-1)表明,电流等于通过导体横截面的电量随时间的变化率。式中 Δt 为很小的时间间隔,其国际单位为 s(秒),电量 ΔQ 的单位为 C(库仑,简称库),电流 $i(t)$ 的单位为 A(安培,简称安)。常用的电流单位还有 mA、μA、kA 等,它们与 A 的换算关系分别为

$$1\text{kA} = 10^3 \text{A}$$
$$1\text{mA} = 10^{-3} \text{A} \tag{2-2}$$
$$1\mu\text{A} = 10^{-6} \text{A}$$

若电流的大小及方向不随时间变化,任何时刻在单位时间内通过导体横截面的电量均相等,即通过导体横截面的电量随时间的变化率为某一常数,则该电流称为直流,记为 DC 或 dc,用大写字母 I 表示。显然,对于直流电来说,式(2-1)可以写作

$$I = Q/t = 常数 \tag{2-3}$$

2. 电流的参考方向

电流的实际方向规定为正电荷定向移动的方向。在分析电路时,简单电路的电流方向很容易判断,即在电源外部电流由正极流向负极,在电源内部电流由负极流向正极。但是复杂电路中,某一段电路里电流的实际方向很难立即判断出来,而在进行电路参数求解时,需要先知道电流的方向,因此为了方便分析电路,引入电流的参考方向这一概念。

在一段电路或一个电路元件中任意选定一个电流方向,这个方向就称为电流的参考方向。选定参考方向后,对电路进行分析计算,根据计算结果的正负可以判断出电流的实际方向。如果计算出电流为正,表明电流的实际方向与选定的参考方向一致;如果计算出电流为负,表明

电流的实际方向与选定的参考方向相反。本教材中用虚线箭头表示电流的实际方向,用实线箭头表示电流的参考方向,如图 2-4 所示;参考方向也可以用双下标表示,如 i_{AB} 表示其参考方向由 A 点指向 B 点。图 2-4a)中,$i>0$,电流的实际方向与参考方向一致;图 2-4b)中,$i<0$,电流的实际方向与参考方向相反。需要注意的是,电流的参考方向是任意选定的,而实际方向是客观存在的;本教材中在电路中标出的电流方向都是参考方向。

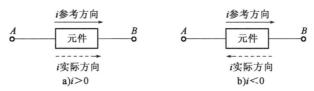

图 2-4 电流的参考方向与实际方向

二、电压

1. 电压的基本概念

电压是电路分析中所必需的一个基本物理量。电路中 A、B 两点之间的电压,在数值上等于单位正电荷因受电场力作用从 A 点移动到 B 点所做的功,用公式表示为

$$u = \frac{dW}{dQ} \tag{2-4}$$

式中,dQ 是由 A 点移动到 B 点的电量,单位为 C;dW 是移动 dQ 的过程中所做的功,单位为 J(焦耳,简称焦);u 为电路中 A、B 两点之间的电压。电压的国际单位为 V(伏特,简称伏),常用的单位还有 kV、mV、μV 等。它们与 V 的换算关系为

$$\begin{align} 1\text{kV} &= 10^{3}\text{V} \\ 1\text{mV} &= 10^{-3}\text{V} \\ 1\mu\text{V} &= 10^{-6}\text{V} \end{align} \tag{2-5}$$

若电压的大小和方向不随时间变化,则该电压称为直流电压,用大写字母 U 表示。对于直流电压,式(2-4)可以写作

$$U = W/Q = 常数 \tag{2-6}$$

2. 电压的参考方向

电压的实际方向规定为电场力做功使正电荷移动的方向,亦即从高电势点指向低电势点,是电压降的方向。和电流一样,电路中两点间的电压也可任意选定一个参考方向,并由参考方向和电压计算结果的正负值来反映该电压的实际方向。电路图中,电压的参考方向一般用正负极性表示(电压参考方向由"+"极性指向"-"极性),如图 2-5 所示,也可用双下标(电压参考方向由 A 点指向 B 点)或实线箭头表示。

电压的实际方向可以根据 u 的正负来判断,如图 2-6 所示。当 $u>0$ 时,表明电压的实际方向与选定的参考方向一致,此时 A 点的电势高于 B 点电势;当 $u<0$ 时,则表明电压的实际方向与选定的参考方向相反,此时 B 点的电势高于 A 点电势。

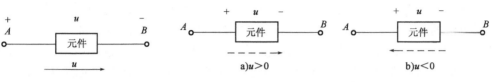

图 2-5 电压的参考方向表示法　　　　图 2-6 电压的参考方向

三、电功率与电能

1. 电功率

电功率所表示的物理意义是电路元件或设备在单位时间内吸收或发出的电能。如图 2-7 所示,任意二端元件(可推广到一般二端网络)的电功率 P 可由式(2-7)计算:

$$P = \pm UI \tag{2-7}$$

式(2-7)中,电功率 P 的国际单位为 W(瓦特,简称瓦),常用的单位还有 mW、kW,它们与 W 的换算关系是 $1\text{mW} = 10^{-3}\text{W}$,$1\text{kW} = 10^3\text{W}$。

如图 2-7a)所示,当电压 U 与电流 I 的参考方向相同时,称 U 与 I 关联参考方向,式(2-7)右边选取"+"号;如图 2-7b)所示,当电压 U 与电流 I 的参考方向相反时,称 U 与 I 非关联参考方向,式(2-7)右边选取"−"号。在此规定下,当 $P>0$ 时,表明元件吸收电功率(消耗电能);当 $P<0$ 时,表明元件发出电功率(提供电能);当 $P=0$ 时,表明元件既不吸收电功率也不发出电功率。

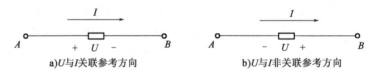

图 2-7 电功率公式的说明

判断图 2-8 中元件的电功率情况(即指出元件是吸收电功率还是发出电功率)。

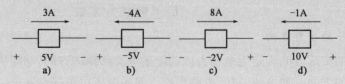

图 2-8 学中练 2-1 图

解:图 2-8a)中,电压 U 与电流 I 关联参考方向,故使用公式 $P=UI$,其中 $U=5\text{V}$,$I=3\text{A}$,$P=UI=5\times3=15(\text{W})>0$,表明该元件吸收电功率。

图 2-8b)中,U 与 I 非关联参考方向,故使用公式 $P=-UI$,其中 $U=-5\text{V}$,$I=-4\text{A}$,$P=-UI=-(-5)\times(-4)=-20(\text{W})<0$,表明该元件发出电功率。

图 2-8c)图中,U 与 I 非关联参考方向,故使用公式 $P = -UI$,其中 $U = -2V$,$I = 8A$,$P = -UI = -(-2) \times 8 = 16(W) > 0$,表明该元件吸收电功率。

图 2-8d)图中,U 与 I 关联参考方向,故使用公式 $P = UI$,其中 $U = 10V$,$I = -1A$,$P = UI = 10 \times (-1) = -10(W) < 0$,表明该元件发出电功率。

2. 电能

电能是指在一定的时间内电路元件或设备吸收或发出的电能量,用符号 W 表示,其计算公式为

$$W = Pt = UIt \tag{2-8}$$

式(2-8)中,电能 W 的国际单位为 J,电能的常用单位为 kW·h(千瓦时),1kW·h 即功率为 1000W 的供能或耗能元件,在 1h 内所发出或消耗的电能。通常所说的 1 度电就是 1kW·h。

有 8 盏功率为 40W 的电灯,每天使用时间为 5h,如果平均每月按 30 天计算,试计算该电灯每月消耗多少电能。

解:该电灯每月工作时间为

$$t = 5 \times 30 = 150(h)$$
$$W = Pt = 0.04 \times 150 \times 8 = 48(kW \cdot h)$$

该电灯每月消耗的电能为 48kW·h。

四、电势

1. 电势参考点

电路中,每一点都有一定的电势,就如同空间的每一处都有一定的高度一样。计算高度先要确定高度的起点。例如:某建筑物高度是 50m,这个高度是从地平面算起的。分析电路中的电势,也要先指定某一点 O 作为计算电势的起点,称为参考点,也就是零电势点,即 O 点电势为零,记为 $U_O = 0$。高于参考点的电势为正,低于参考点的电势为负。

零电势点可以任意选定,但习惯上,一般选大地为参考点,即视大地的电势为零。在电子仪器和设备中,常把金属机壳或电路的公共接点作为零电势点,在电路图中用符号"⊥"表示。

2. 电势的定义

电路中某一点 a 的电势 U_a,是该点到电势参考点 O 的电压(a、O 两点间的电势差),即

$$U_a = U_{aO} \tag{2-9}$$

计算 a 点电势时,从 a 点到参考点 O,任意选择一条路径,计算路径中电压的代数和即可。

在图2-9所示电路中，若 $R_1=10\Omega$，$R_2=20\Omega$，$R_3=30\Omega$，$U_{S1}=180V$，$U_{S2}=80V$，$I_1=6A$，$I_2=-2A$，$I_3=4A$。

试求：

(1) 以 B 点为参考点，求 A、B、C、D 四点的电势 U_A、U_B、U_C、U_D，以及 C、D 两点之间的电压 U_{CD}；

(2) 以 D 点为参考点，求 U_A、U_B、U_C、U_D 和 U_{CD}。

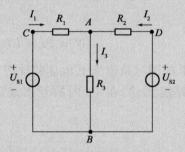

图2-9 学中练2-3图

解：(1) 以 B 点为参考点，则 B 点电势 $U_B=0$

$U_A=U_{AB}=I_3R_3=4\times30=120(V)$

$U_C=U_{CB}=U_{S1}=180(V)$

$U_D=U_{DB}=U_{S2}=80(V)$

$U_{CD}=U_C-U_D=180-80=100(V)$

(2) 若以 D 点为参考点，则 $U_D=0$

$U_A=U_{AD}=-I_2R_2=-(-2)\times20=40(V)$

$U_B=U_{BD}=-U_{S2}=-80(V)$

$U_C=U_{CD}=I_1R_1-I_2R_2=6\times10-(-2)\times20=100(V)$

$U_{CD}=U_C-U_D=100-0=100(V)$

从以上例题可以看出，电路中某点的电势大小与参考点的选取相关，电势参考点变化时，各点电势值也发生变化。而电路中任意两点间的电压与电势参考点的选取无关，电势参考点变化时，两点之间的电压不变。因此，可以说，电势是相对的，电压是绝对的。

如图2-10所示电路，已知 $R_1=2\Omega$，$R_2=4\Omega$，$R_3=3\Omega$，$U_{S1}=9V$，$U_{S2}=27V$，求 I、U_{AB}、U_{BC}、U_{CD}、U_A、U_B、U_C、U_D。

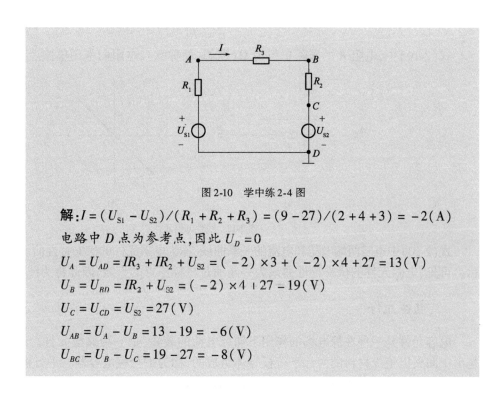

图2-10 学中练2-4图

解：$I = (U_{S1} - U_{S2})/(R_1 + R_2 + R_3) = (9-27)/(2+4+3) = -2(A)$

电路中 D 点为参考点，因此 $U_D = 0$

$U_A = U_{AD} = IR_3 + IR_2 + U_{S2} = (-2) \times 3 + (-2) \times 4 + 27 = 13(V)$

$U_B = U_{BD} = IR_2 + U_{S2} = (-2) \times 4 + 27 = 19(V)$

$U_C = U_{CD} = U_{S2} = 27(V)$

$U_{AB} = U_A - U_B = 13 - 19 = -6(V)$

$U_{BC} = U_B - U_C = 19 - 27 = -8(V)$

学习活动3 识别电路元器件

一、电阻元件

电阻元件可分为线性电阻和非线性电阻两类，这里只讨论线性电阻。所谓线性电阻，是指电阻元件的端电压与流过的电流呈线性关系，即电阻元件的电阻值 R 为常数。图2-11所示是一些常用的线性电阻元件。

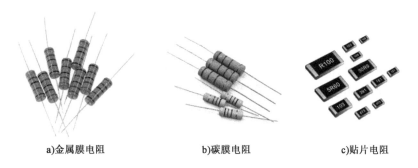

a) 金属膜电阻　　　　b) 碳膜电阻　　　　c) 贴片电阻

图2-11 常用线性电阻元件

图2-12a) 中所示的电阻 R，其端电压与电流关联参考方向，由欧姆定律可得线性电阻元件端电压与电流的关系为

$$u = Ri \tag{2-10}$$

式(2-10)中,电阻 R 的国际单位为 Ω(欧姆,简称欧),电阻的常用单位还有 $k\Omega$、$M\Omega$ 等。

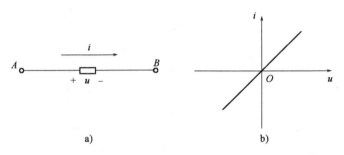

图 2-12 线性电阻元件

式(2-10)中电阻两端电压和电流的关系曲线,称为电阻元件的伏安特性曲线,如图 2-12b)所示。可见,电阻元件的伏安特性曲线为一条通过坐标原点的直线,因此称为线性电阻元件。

二、电容元件

电容元件是一种在静电场的作用下储存电荷的装置,是一种储能元件。最基本的电容器是由中间夹以绝缘材料的两片平行板导体组成的,称为平行板电容器。平行板称为极板,绝缘材料称为电介质。图 2-13a)、b)、c)所示分别是基本电容器的结构、符号,以及一些常用电容器的外观。

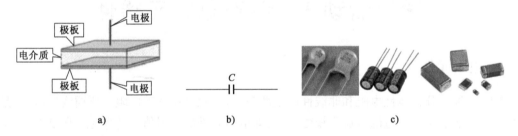

图 2-13 电容器的结构、符号和外观

电容器的两片极板上所储存的电荷与其两端所加电压 u 成正比,比例系数为

$$C = \frac{q}{u} \tag{2-11}$$

式中,C 称为电容量,简称电容,是电容元件的参数,是表征电容元件储存电荷能力的物理量,电容量越大,储存的电荷就越多。线性电容的电容量 C 是常数,在数值上等于在单位电压的作用下,极板上储存的电量。电容量的国际单位是 F(法拉,简称法),由于法拉的单位太大,工程上常用的电容量单位有 μF、nF、pF。

三、电感元件

电感元件是由导线绕制而成的圆柱线圈,当线圈中通以电流 i,在线圈中就会产生磁通 Φ,并将电能转换成磁场能储存起来,是一种储能元件。

当线圈内阻的数值很小,可以忽略时,一个实际的电感线圈就可以看作理想电感元件,如图 2-14 所示。当在电感线圈两端连接外加电压 u 时,线圈中将有电流 i 流过,根据右手螺旋定则,如果四指指向电流的方向,大拇指所指方向即为线圈中磁通 Φ 的方向。变动的外加电压 u 产生变动的励磁电流 i,变动的励磁电流 i 产生线圈中变动的磁场,磁场中的磁通 Φ 将会使线圈产生感应电动势 e_L。同样由右手螺旋定则,如果大拇指指向磁通的方向,四指所指方向即为感应电动势的方向,由此可以确定线圈中感应电动势 e_L 的方向与线圈中励磁电流 i 的方向一致。根据电磁感应定律,单匝线圈中的感应电动势为

$$e_L = -\frac{\mathrm{d}\Phi}{\mathrm{d}t} \tag{2-12}$$

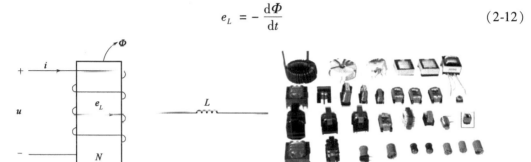

图 2-14 电感器的结构、符号和外观

式(2-12)表示感应电动势正比于磁通的变化率。式中,感应电动势 e_L 的国际单位为 V,磁通 Φ 的单位为 Wb(韦伯,简称韦)。

当线圈的匝数为 N 时,N 匝线圈的感应电动势为

$$e_L = -N\frac{\mathrm{d}\Phi}{\mathrm{d}t} = -\frac{\mathrm{d}\Psi}{\mathrm{d}t} \tag{2-13}$$

式中,Ψ 是 N 匝线圈的磁通,$\Psi = N\Phi$。

由于线圈中磁通 Φ 的大小与励磁电流 i 的数值有关,因此线圈的感应电动势可以改写为

$$e_L = -N\frac{\mathrm{d}\Phi}{\mathrm{d}t} = -N\frac{\mathrm{d}\Phi}{\mathrm{d}t}\frac{\mathrm{d}i}{\mathrm{d}i} = -N\frac{\mathrm{d}\Phi}{\mathrm{d}i}\frac{\mathrm{d}i}{\mathrm{d}t} = -L\frac{\mathrm{d}i}{\mathrm{d}t} \tag{2-14}$$

式(2-14)表明感应电动势正比于电流的变化率,比例系数 L 为电感量,简称电感,是电感元件的参数,表征电感元件产生磁通、储存磁场能的能力,$L = N\frac{\mathrm{d}\Phi}{\mathrm{d}i}$。由于空心线圈中介质的磁导率是常数,因此线圈中磁通对励磁电流的变化率亦为常数,即 $\mathrm{d}\Phi/\mathrm{d}i$ 是常数,当空心线圈绕制完成后,线圈的电感量 L 即为定值,与电流的大小无关,这种电感称为线性电感。而带铁芯的线圈的电感量随电流大小的变化而变化,这种电感称为非线性电感。在本教材中只讨论线性电感的特性。

电感的国际单位为 H(亨利,简称亨),其常用单位还有 mH、μH。

四、电源

电源是将非电能转换成电能的元件或装置,它的作用是给外电路提供电能或电信号。干电池、蓄电池、发电机等都是常见的实际电源。

任何一个电源都可以用两种不同的电路模型来表示。一种是用电压的形式来表示,称为电压源;一种是用电流的形式来表示,称为电流源。

(一) 电压源

电压源是实际电源的一种理想化元件,它能向外电路提供确定的电压。所谓确定的电压,既可以是按一定规律变化的,也可以是恒定的。电压按一定规律变化时,其规律是由电源的制造工艺决定的。输出电压恒定的理想电压源也称为恒压源,如蓄电池。理想电压源的图形符号及外特性曲线如图 2-15 所示,由理想电压源的输出特性可以看出,电源输出电压的数值恒定。这表示理想电压源输出电压的数值与电源中流过的电流大小没有关系,同时,电源中流过的电流数值大小不由电源本身决定,而由外电路的参数决定。

与理想电压源不同,实际电压源的内阻不能忽略,实际电压源可以用一个理想电压源 U_S 与内阻 R_0 串联来表示,如图 2-16a)所示,称为实际电压源的电路模型,简称电压源模型。图中 U 是电压源输出端口电压,即向外电路提供的电压;R_0 是负载电阻;I 是负载电流,也是电压源发出的电流。

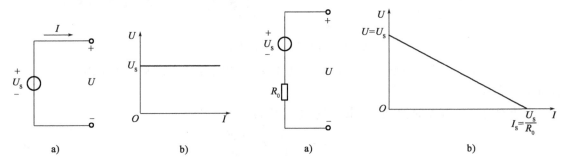

图 2-15 理想电压源的图形符号及外特性曲线　　图 2-16 实际电压源的电路模型及外特性曲线

由图 2-16a)所示电路,可得

$$U = U_S - IR_0 \tag{2-15}$$

式(2-15)即电压源输出端口的伏安关系式,称为电压源的外特性方程。由此可作出电压源的外特性曲线,如图 2-16b)所示。式(2-15)表示,当实际电压源输出的电流数值增大时,电源内阻上的压降损耗增大,电源的端电压数值将下降,电源输出的电流数值越大,电源两端的电压下降得越多。

(二) 电流源

电流源是实际电源的一种抽象模型,它能向外电路提供较为稳定的电流。所谓稳定的电流,既可以是按一定规律变化的,也可以是恒定的。输出电流恒定时,也称其为恒流源。图 2-17 所示为理想电流源的图形符号及外特性曲线,由理想电流源的输出特性可以看出,电流源输出的电流 I 数值恒定,I 数值的大小与电源两端的电压 U 没有关系,电源两端电压 U 的大小是由外电路参数决定的。

考虑电源内阻的影响,实际电流源可以用一个理想电流源 I_S 与内阻 R_0 并联的结构来表示,如图 2-18a)所示,称为实际电流源的电路模型,简称电流源模型。

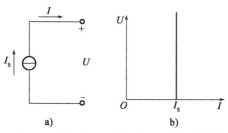

图 2-17 理想电流源的图形符号及外特性曲线

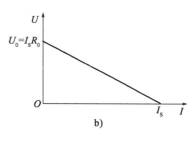

图 2-18 实际电流源的电路模型及外特性曲线

由图 2-18a) 所示电路,可得

$$I = I_s - \frac{U}{R_0} \tag{2-16}$$

式(2-16)即电流源输出端口的伏安关系式,称为电流源的外特性方程。由此可作出电流源的外特性曲线,如图 2-18b) 所示。由式(2-16)可以看出,当实际电流源的端电压 U 增大时,电源内阻 R_0 上分走的电流也增大,电源输出的电流 I 将减小。对实际电流源来说,内阻 R_0 的数值越大,电流源输出电流 I 就越接近理想电流源的电流 I_s。

(三) 电源等效变换

通过前面的讨论可知,一个实际的电源可以用理想电压源(电动势) U_s 和内阻 R_0 的串联,也就是用电压源模型来描述;也可以用理想电流源 I_s 与内阻 R_0 的并联,也就是用电流源模型来描述。如果这两种电路模型描述的是同一个电源,那么它们的外特性应一致,也可以说这两个电路模型是等效的。由此可见,在一定条件下,电压源模型可以用电流源模型来等效替换,电流源模型也可以用电压源模型来等效替换。值得注意的是,所谓的等效,是指对同一个负载 R_L 而言,两种形式供电,负载 R_L 上的电压 U 和流过 R_L 的电流 I 应分别相等,如图 2-19 所示。也就是说,等效是对外电路而言的,电压源和电流源内部是不等效的。

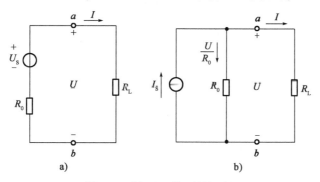

图 2-19 实际电源模型等效变换

由式(2-15)电压源模型的外特性方程和式(2-16)电流源模型的外特性方程可知,使电压源和电流源对外电路等效的条件是

$$U_s = I_s R_0 \quad \text{或} \quad I_s = \frac{U_s}{R_0} \tag{2-17}$$

利用两种电源模型的等效变换,可以简化部分电路,从而解决一些电路分析问题。

将图 2-20 中的电流源和电压源进行等效变换。

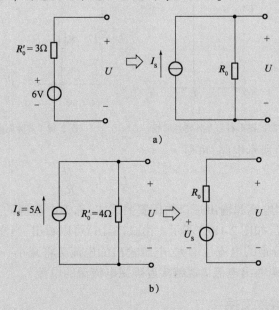

图 2-20 学中练 2-5 图

解： 将图 2-20a)的电压源模型等效变换为电流源模型：

$$I_S = \frac{U_S}{R_0'} = \frac{6}{3} = 2(\text{A})$$

$$R_0 = R_0' = 3\Omega$$

把图 2-20b)的电流源模型等效变换为电压源模型：

$$U_S = R_0' I_S = 4 \times 5 = 20(\text{V})$$

$$R_0 = R_0' = 4\Omega$$

电路如图 2-21a)所示，用电源等效变换的方法求电路中的 I。

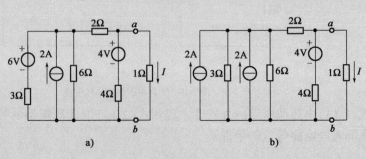

图 2-21

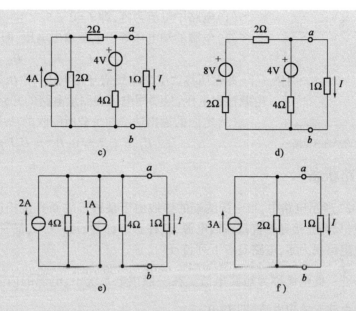

图 2-21 学中练 2-6 图

解：图 2-21b) 中把 6V、3Ω 电压源等效为 2A、3Ω 的电流源；图 2-21c) 合并电流源；图 2-21d) 将 4A、2Ω 电流源等效为 8V、2Ω 的电压源；图 2-21e) 将 8V、2Ω 的电压源等效为 2A、4Ω 的电流源；图 2-21f) 合并电流源，可求得电流为

$$I = \frac{2}{2+1} \times 3 = 2(\text{A})$$

利用电压源与电流源等效变换时还需注意：

(1) 在进行电源变换时，要使变换后的 U_S 和 I_S 方向一致，即理想电流源流入节点的一端与理想电压源的正极对应。

(2) 理想电压源与理想电流源之间不能进行等效变换。

学习活动 4　描述电路工作状态

电源与负载相连接，根据所接负载的情况，电路有三种工作状态：空载、短路、有载。现以图 2-22 所示简单直流电路为例来分析电路的各种状态，图中理想电压源 U_S 和内阻 R_0 串联，组成实际电压源模型，U_1 是电源端电压，U_2 是负载端电压，R_L 是负载等效电阻。

一、空载状态

空载状态又称为断路或开路状态，如图 2-22 所示，当开关 S 断开或连接导线折断时，电路就处于空载状态，此时电源和负载未构成通路，外电路所呈现的电阻可视为无穷大，电路具有下列特征：

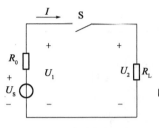

图 2-22 简单直流电路

(1) 电路中电流为零,即 $I=0$。
(2) 电源的端电压等于电源输出电压,即

$$U_1 = U_S - R_0 I = U_S \tag{2-18}$$

此电压称为空载电压或开路电压,用 U_0 表示。因此,要想测量电源输出电压,只要用电压表测量电路的开路电压即可。

(3) 电源的输出功率和负载所吸收的功率均为零,即

$$P_1 = U_1 I = 0, P_2 = U_2 I = 0 \tag{2-19}$$

二、短路状态

在图 2-22 所示电路中,当电源两端的导线由于某种事故而直接相连时,电源输出的电流不经过负载,只经连接导线直接流回电源,这种状态称为短路状态,简称短路。短路时外电路所呈现的电阻可视为零,电路具有下列特征:

(1) $I_S = \dfrac{U_S}{R_0}$,此电流称为短路电流。在一般供电系统中,电源的内阻很小,故短路电流很大。但对外电路无输出电流,即 $I=0$。

(2) 电源和负载的端电压均为零,即

$$U_1 = U_S - R_0 I_S = 0 \tag{2-20}$$
$$U_2 = 0 \tag{2-21}$$
$$U_S = R_0 I_S \tag{2-22}$$

式 (2-20) 表明,电源的电动势全部落在电源的内阻上,因而无输出电压。

(3) 电源的输出功率和负载所吸收的功率均为零,这时电源发出的功率全部消耗在内阻上,即

$$P_1 = U_1 I = 0, P_2 = U_2 I = 0 \tag{2-23}$$
$$P_{U_S} = U_S I_S = \dfrac{U_S^2}{R_0} = I_S^2 R_0 \tag{2-24}$$

由于电源电动势发出的功率全部消耗在内阻上,电源会发热以致损坏。所以在实际工作中,应经常检查电气设备和线路的绝缘情况,以防发生电压源短路的事故。此外,通常还在电路中接入熔断器等保护装置,以便在发生短路时能迅速切除故障,达到保护电源及电路器件的目的。

三、有载状态

当开关 S 闭合时,电路中有电流流过,电源输出功率,负载取用功率,这种状态称为有载状态。此时电路有下列特征:

(1) 电路中的电流为 $I = \dfrac{U_S}{R_0 + R_L}$,当 U_S 和 R_0 一定时,电流大小由负载电阻 R_L 的大小决定。

(2) 电源的端电压为

$$U_1 = U_S - R_0 I \tag{2-25}$$

电源的端电压总是小于电源的输出电压,这是因为电源的输出电压 U_S 减去内阻压降 $R_0 I$

后才是电源的端电压 U_1。

若忽略线路上的压降,则负载的端电压等于电源的端电压,即 $U_1 = U_2$。

(3)电源的输出功率为

$$P_1 = U_1 I = (U_S - R_0 I)I = U_S I - R_0 I^2 \tag{2-26}$$

式(2-26)表明,电源发出的功率 $U_S I$ 减去内阻上消耗的功率 $R_0 I^2$ 才是供给外电路的功率。若忽略连接导线上的电阻所消耗的功率,则负载所吸收的功率为

$$P_2 = U_2 I = U_1 I = P_1 \tag{2-27}$$

电源内阻及负载电阻上所消耗的电能转换成热能散发出来,使电源设备和各种用电设备的温度升高。电流越大,温度越高。当电流过大时,设备的绝缘材料会因过热而加速老化,使用寿命缩短,甚至损坏。另外,当电压过高时,也可能使设备的绝缘被击穿而损坏;反之,电压过低将使设备不能正常工作,如电动机不能启动、电灯亮度低等。

为了保证电气设备和器件能安全、可靠、经济地工作,制造商规定了每种设备和器件在工作时所允许的最大电流、最高电压和最大功率,称为电气设备和器件的额定值,常用下标符号"N"表示,如额定电流 I_N、额定电压 U_N 和额定功率 P_N。这些额定值常标记在设备的铭牌上,故又称为铭牌值。

电气设备应尽量在额定状态工作,额定状态又称为满载状态。电流和功率低于额定值的工作状态称为轻载;高于额定值的工作状态称为过载。在一般情况下,设备不应过载运行。在电路设备中常装设自动开关、热继电器等,用来在过载时自动切断电源,确保设备安全。

在如图 2-23 所示电路中,已知 $U_S = 24\text{V}, R_0 = 2\text{k}\Omega, R_L = 4\text{k}\Omega$。试求以下三种情况下电路中的电流和负载的端电压:(1) $R_L = 4\text{k}\Omega$;(2) R_L 处断路;(3) R_L 短路。

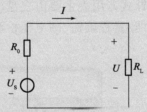

图 2-23 学中练 2-7 电路

解:(1)当 $R_L = 4\text{k}\Omega$ 时,电路中的电流和负载的端电压分别为

$$I = \frac{U_S}{R_0 + R_L} = \frac{24}{2+4} = 4(\text{mA})$$

$$U = IR_L = 4 \times 4 = 16(\text{V})$$

(2)当 R_L 处断路时,$R_L = \infty$,电路中的电流和负载的端电压分别为

$$I = 0$$

$$U = U_S = 24(\text{V})$$

(3) 当 R_L 短路时，$R_L=0$，电路中的电流和负载的端电压分别为

$$I = \frac{U_S}{R_0} = \frac{24}{2} = 12(\text{mA})$$

$$U = 0$$

学习活动 5　使用常用电工仪器仪表

一、万用表

万用表是一种多功能、多量程的便携式仪表，主要用来检测电流、电压及电阻值等电气参数。功能强大的万用表还设有一些其他扩展功能，如可测量温度、频率、三极管放大倍数等参量。万用表的种类多种多样，在电工技术领域常用的万用表主要可以分为指针式万用表和数字式万用表(简称数字万用表)两大类。

(一) 指针式万用表

指针式万用表是一种模拟式万用表，是利用一台灵敏的磁电式直流电流表(微安表)作为表头。测量时，通过一种功能旋钮设置不同的测量项目和挡位，表头指针直接在表盘上指示测量结果。其最大特点是能够直观地检测出电流、电压等参数的变化过程和变化方向。

1. 指针式万用表的结构

指针式万用表检测的项目虽有不同，但其结构组成基本相同。图 2-24 为 MF-47 型指针式万用表的基本结构。指针式万用表主要由表盘(刻度盘)、指针、指针调零旋钮、三极管检测插孔、电阻调零旋钮、功能/量程旋钮、高电压检测插孔(2500V)、大电流检测插孔(10A)等组成。

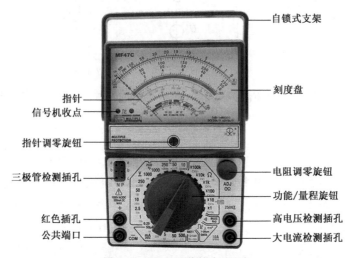

图 2-24　MF-47 型指针式万用表

2. 指针式万用表常用测量方法

(1) 电阻测量

选挡与调零:测电阻时先选择合适的电阻挡,然后将表笔短接,调节电阻调零旋钮使指针回零(每次换挡都应重新进行调零)。

测量与读数:将表笔接电阻两端,进行读数。电阻值为电阻值刻度盘读数乘当前选择的电阻挡位倍数。

挡位:选择使指针指在满刻度的 1/3 ~ 2/3 间的挡位,以减小测量误差。

表笔极性:万用表中电池在测电阻时起作用,电池"+"与面板上"-"相连。利用万用表电阻挡判别二极管、整流元件正反向或仪器正负端时应注意表笔极性,电流从黑表笔流出,经外接元件从红表笔返回。

测量电路中电阻:必须断电测量。当不能确定被测电阻是否有并联电阻存在时,必须先使电阻一端与电路断开,如电路中有电容应先行放电,然后进行测量。

检查电解电容漏电阻:转动开关置 $R \times 1k$ 挡,红表笔接电容负极,黑表笔接电容正极。

(2) 交、直流电压测量

测电压时,表笔必须并接在被测电路中,否则极易烧坏电表。测直流电压时注意被测电量极性,正端接红表笔,负端接黑表笔。

测量 1000V 以下电压时,选至所需的直流电压挡或交流电压挡(注意区分交、直流),红表笔接"+"端,在刻度盘第 2 圈读数,刻度值按量程折算。

测量 1000 ~ 2500V 电压时,选至 1000V 直流电压挡或 1000V 交流电压挡,红表笔接"2500V"端。

测量电压时需要注意:

①应选择使指针偏转角度较大的挡位,以提高测量精度。同时,为减小万用表的分流作用,在保证指针偏转角度不太小的情况下尽量选择高量程挡进行测量,这时万用表的等效内阻较大,对被测电路影响小。

②交流电压挡刻度指示的是正弦信号有效值,仅适用于 45Hz ~ 1kHz 正弦信号的测量,否则测量误差很大,结果只能作为参考。

③测高电压时,不能在测量的同时换挡,如需换挡应先断开表笔,换挡后再重新连接测量,否则会损坏万用表。

(3) 电流测量

测电流时,表笔必须串联在被测电路中,否则极易烧坏电表。注意被测电量极性,正端接红表笔,负端接黑表笔。

测量 500mA 以下直流电流时,选至所需的直流电流挡,红表笔接"+"端,在刻度盘第 2 圈读数,刻度值按量程折算。

测量 500mA ~ 5A 直流电流时,挡位选至扩展电流挡,红表笔接"5A"端。

测量电流时需要注意:

①应选择使指针偏转角度较大的挡位,以提高测量精度。

②测量大电流时,不能在测量的同时换挡,如需换挡,应先断开表笔,换挡后再重新连接测

量,否则会损坏万用表。

(二)数字式万用表

数字式万用表采用先进的数字显示技术,测量时,通过功能旋钮设置不同的测量项目和挡位,并通过液晶显示屏将所测量的电压、电流、电阻等测量结果直接显示出来。其特点就是显示清晰、直观,读取准确,图 2-25 所示是数字式万用表。

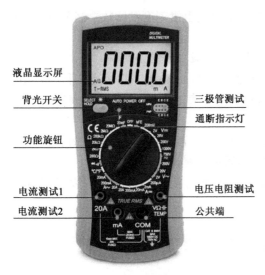

图 2-25　数字式万用表

(1)电阻测量

电阻的测量比较简单,将红表笔插入"VΩ"插孔,黑表笔插入"COM"插孔,根据电阻的大小选择适当的电阻挡,红、黑两表笔分别接触电阻两端,观察读数即可。

特别要注意,测量在路电阻时(在电路板上的电阻),应先把电路的电源关断,以免导致读数抖动。禁止用电阻挡测量电流或电压(特别是 220V 交流电压),否则容易损坏万用表。在路检测时,注意电阻不能有并联支路。

电阻挡选得比较大时(如测量 10MΩ 的电阻)应先将两支表笔短路,显示的值若为 1MΩ,则每次测量完毕,需将测量结果减去此值,才是实际电阻值(电阻挡高时,误差会比较大)。

(2)交、直流电压测量

红表笔插入"VΩ"插孔,根据电压的大小选择适当的电压测量量程,黑表笔接触电路"地"端,红表笔接触电路中待测点。特别要注意,数字式万用表测量交流电压的频率很低(45～500Hz),中高频率信号的电压幅值应采用交流毫伏表来测量。

(3)电流测量

根据测量电流的大小选择适当的电流测量量程,并将红表笔插入"A"插孔。测量直流时,红表笔接触电压高的一端,黑表笔接触电压低的一端,正向电流从红表笔流入万用表,再从黑表笔流出。当不清楚所要测量电流的大小时,先用最大的量程来测量,再逐渐减小量程来精确测量。

二、兆欧表

兆欧表(图 2-26)是一种测量高电阻的仪表,用来测量电气设备或供电线路的绝缘电阻值。它是一种可携带式的仪表,兆欧表的表盘刻度以 MΩ 为单位。

1. 兆欧表的选用

一般根据不同的电气设备选择兆欧表的电压及测量范围。一般选择原则是:额定电压在 500V 以下的电气设备,应选用 500～1000V 的兆欧表;额定电压在 500V 以上的电气设备,应选用1000～2500V的兆欧表；瓷瓶、母线、刀闸，应选用2500V以上的兆欧表。

兆欧表测量范围的选择原则是：要使测量范围适应被测绝缘电阻的数值，以免读数时产生较大的误差。有些兆欧表的读数不是从零开始，而是从1MΩ或2MΩ开始，这种表就不适宜用于测定处在潮湿环境中的低压电气设备的绝缘电阻，因为这种设备的绝缘电阻有可能小于1MΩ，使仪表无法读数，容易误认为绝缘电阻为零，得出错误结论。

2. 使用兆欧表测量电阻时的步骤

（1）兆欧表的选择：根据电气设备的额定电压选择合适的兆欧表。

（2）测量前的准备：测量前将被测设备切断电源，并短路接地放电3～5min，特别是电容量大的，更应充分放电以消除残余静电荷引起的

图2-26 兆欧表

误差，保证正确的测量结果以及人身和设备的安全；被测物表面应擦干净，绝缘物在潮湿环境下或表面有污染物都对绝缘的影响较大，而测量的目的是了解电气设备内部的绝缘性能，一般都要求测量前用干净的布或棉纱擦净被测物，否则达不到测量的目的。

兆欧表在使用前应平稳放置在远离大电流导体和有外磁场的地方，测量前对兆欧表本身进行检查。开路检查：两根线不要绞在一起，摇动发电机使转速达到额定转速，指针应指在"∞"位置。短路检查：将表笔短接，缓慢转动发电机手柄，看指针是否到"0"位置。若达不到零位或无穷大，说明兆欧表有问题，必须进行检修。

（3）接线：一般兆欧表上有三个接线柱，"L"表示"线"或"相线"接线柱，"E"表示"地"接线柱，"G"表示屏蔽接线柱。一般情况下用有足够绝缘强度的单相绝缘线将"L"和"E"接线柱分别接到被测物导体部分和被测物的外壳或其他导体部分（如测相间绝缘）。

在特殊情况下，如被测物表面受到污染无法擦干净、空气太潮湿或者有外电磁场干扰等，就必须将"G"接线柱接到被测物的金属屏蔽保护环上以消除表面漏电或干扰对测量结果的影响。

（4）测量：摇动发电机使转速达到额定转速（120r/min）并保持稳定。一般以1min以后的读数为准，当被测物电容量较大时，应延长测量时间，以指针稳定不变时为准。

（5）拆线：在兆欧表停止转动和被测物放电以前，不能用手触及被测物和进行拆线工作，必须先将被测物对地短路放电，再停止兆欧表的转动，防止电容放电，损坏兆欧表。

注意：测量电动机的绝缘电阻时，"E"接线柱接电动机的外壳，"L"接线柱接电动机的绕组。

三、电烙铁

1. 电烙铁的结构

电烙铁是电子制作和电器维修的必备工具，主要用途是焊接元件及导线。电烙铁的种类及规格有很多，按照机械结构，电烙铁分为外热式和内热式；按照功能，电烙铁分为无吸锡式和吸锡式；电烙铁还有不同的功率。

外热式电烙铁（图2-27）一般由烙铁头、烙铁芯、外壳、手柄、插头等部分组成。烙铁头安

装在烙铁芯内,用以热传导性好的铜为基体的铜合金材料制成。烙铁头的长短可以调整(烙铁头越短,烙铁头的温度就越高),且有凿形、锥形、圆斜面形等不同的形状,以满足不同焊接面的需要。

内热式电烙铁(图2-28)由连接杆、手柄、弹簧夹、烙铁芯、烙铁头五个部分组成。烙铁芯安装在烙铁头的里面,较外热式电烙铁而言,具有发热快、热效率高(热效率可达85%~95%)的优点。烙铁芯采用镍铬电阻丝绕在瓷管上制成,一般20W电烙铁的电阻为2.4kΩ左右。

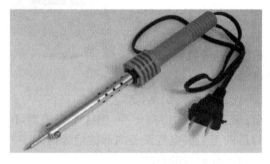

图2-27 外热式电烙铁

图2-28 内热式电烙铁

2. 电烙铁的选取

在使用电烙铁时,需要根据被焊工件的大小,合理地选择电烙铁的功率及种类,这样可以提高焊接质量和效率。

(1)一般在焊接集成电路、印制电路板时,应选用20~35W内热式电烙铁。

(2)一般在焊接导线及同轴电缆时,应选用45~75W外热式电烙铁或50W内热式电烙铁。

电烙铁的功率越大,热量越高,烙铁头的温度越高。如果使用的电烙铁功率过大,容易烫坏元器件(一般半导体三极管节点温度超过200℃时就会被烧坏),或者使印制导线从基板上脱落;而如果使用的电烙铁功率太小,焊锡不能充分熔化,焊剂不能挥发出来,导致焊点不光滑、不牢固,易产生虚焊。

3. 电烙铁的使用

(1)焊前准备

准备好电烙铁以及镊子、剪刀、斜口钳、尖嘴钳、焊料(一般使用焊锡丝)、助焊剂(一般使用松香)等工具。

对烙铁头进行预处理,在烙铁架的小盒内准备松香及清洁块(用水浸透),接通电烙铁电源后片刻,烙铁头温度达到松香的熔化温度(约150℃)时,将烙铁头插入松香,使铁头表面涂上松香,再与焊锡丝接触,使烙铁头表面均匀地涂上一层焊锡。

一手握焊锡丝,另一手握电烙铁,保持随时可焊状态。

(2)焊接

将烙铁头与被焊工件和焊盘接触,对被焊工件和焊盘进行预热,预热时间1~2s。

当被焊工件升温达到焊锡的熔化温度时,从被焊工件和电烙铁接触面引入焊锡丝,待焊点上的焊锡全部熔化并完全浸润焊接部位后(焊锡供给量要合适,润湿角为15°~45°,不能呈"馒头"状),移开焊锡丝,待形成光亮的焊点时,电烙铁头沿着元器件的引脚轻轻往上一提离开焊点,脱离时动作要迅速,以免焊点表面拉出毛刺。焊接时间不宜过长,过长会烧坏器件,一般每个焊点在1~2s内完成。

焊接完成后,将电烙铁放在烙铁架上。

在焊接时需要掌握好焊接的温度和时间。焊接要有足够的热量和温度。若温度过低,焊锡流动性差,很容易凝固,形成虚焊;若温度过高,将使焊锡流淌,焊点不易存锡,焊剂分解速度加快,使金属表面加速氧化,并导致印制电路板上的焊盘脱落。尤其在使用天然松香做助焊剂时,锡焊温度过高,焊点很易氧化脱皮而产生炭化,造成虚焊。

学习活动 6　应用电路基本定律

一、欧姆定律

线性电阻元件两端的电压与通过它的电流成正比,这一结论就是欧姆定律。如图 2-29 所示,当电阻 R 的电流和电压参考方向关联时,欧姆定律的表达式为

$$u = Ri \tag{2-28}$$

当电阻 R 的电流和电压参考方向非关联时,欧姆定律表示为

$$u = -Ri \tag{2-29}$$

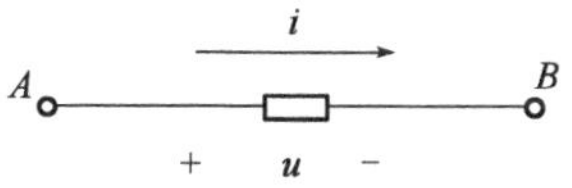

对直流电路而言,式(2-28)、式(2-29)可写为

$$U = \pm IR \tag{2-30}$$

图 2-29　线性电阻元件

式(2-30)中,当 U 与 I 关联参考方向时,取"+",反之取"-"。

二、基尔霍夫定律

欧姆定律和基尔霍夫定律都是用于电路分析和计算的基本定律。基尔霍夫定律包含两条定律,分别是基尔霍夫电流定律(KCL)和基尔霍夫电压定律(KVL)。两条定律应用于不同的电路结构。

先说明有关电路结构的几个基本名词。

(1)支路:由一个或几个电路元件串联构成的无分支的一段电路,称为支路。同一支路上,流过各元件的电流的大小、方向相同。如图 2-30 所示,该电路的支路数目为3。

(2)节点:电路中三条或三条以上支路的连接点,称为节点。如图 2-30 所示,电路有 a、b 两个节点。

(3)回路:电路中任意一个闭合的路径称为回路。如图 2-30 所示,电路的回路数目为3。

(4)网孔:不含有分支的闭合回路。图 2-30 所示的电路有2个网孔。

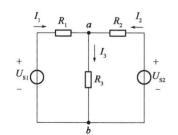

图 2-30　基尔霍夫电流定律示例

1. 基尔霍夫电流定律

基尔霍夫电流定律反映了电路中任一节点各支路电流之间的约束关系。该定律内容为:在

任一瞬时,流入任一节点的电流之和必然等于流出该节点的电流之和。

对于图 2-30 所示电路中的节点 a,应用基尔霍夫电流定律可写出 $I_1 + I_2 = I_3$,也可改写为 $I_1 + I_2 - I_3 = 0$,即

$$\sum I_k = 0 \tag{2-31}$$

式中,I_k 是连接于该节点的各支路电流,$k = 1, 2, \cdots, n$(设有 n 条支路连接于该节点)。因此,基尔霍夫电流定律也可叙述为在任一瞬时,通过电路中任一节点的各支路电流的代数和恒等于零。

在应用基尔霍夫电流定律时,首先要假定各支路电流的参考方向,例如:假定流入节点的电流为正,则流出节点的电流为负,反之亦然。这里流入或流出都是根据参考方向来说的。

基尔霍夫电流定律不仅适用于电路的节点,还可推广应用于电路中任一假设的闭合面,即通过电路中任一假设闭合面(也称为广义节点)的各支路电流的代数和恒等于零。如图 2-31a)所示,将半导体三极管用虚线圈起来,看作一个闭合面,对于流入或流出其三个电极的电流而言,应用基尔霍夫电流定律可得 $I_B + I_C = I_E$。

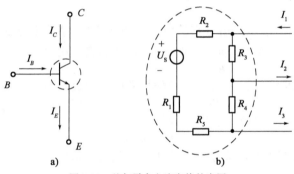

图 2-31 基尔霍夫电流定律的应用

如图 2-31b)所示电路中,将虚线包围的电路看作一个闭合面,应用基尔霍夫电流定律可得 $I_1 = I_2 + I_3$。

图 2-32 所示是某电路中的一个节点 A,已知电流 $I_1 = 1\text{A}$,$I_2 = -3\text{A}$,$I_3 = 2\text{A}$,试求电流 I_4。

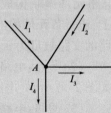

图 2-32 学中练 2-8 图

解:对于图中节点 A,选定电流流入节点为正,根据基尔霍夫电流定律可得

$$I_1 + I_2 + I_3 - I_4 = 0$$

所以 $I_4 = I_1 + I_2 + I_3 = 1 + (-3) + 2 = 0(\text{A})$。

如图2-33所示,两个电路A和B通过两根导线连接在一起,已知电流$I_1 = 1A$,试求电流I_2。

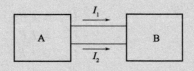

图2-33　学中练2-9图

解:在图中做一个闭合面包围电路B(图2-34),选定电流流入闭合面为正,根据基尔霍夫电流定律可得

$$I_1 + I_2 = 0$$

所以$I_2 = -I_1 = -1(A)$。

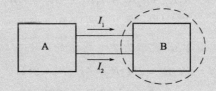

图2-34　做闭合面包围电路B

2. 基尔霍夫电压定律

基尔霍夫电压定律反映了电路中任一回路各支路电压之间的约束关系。该定律的内容为:任一瞬时,沿任一闭合回路绕行一周,回路中各支路电压的代数和恒等于零,即

$$\sum U_k = 0 \tag{2-32}$$

式中,U_k是组成该回路的各支路电压,$k = 1, 2, \cdots, n$(设有n条支路组成该回路)。

图2-35是某电路的一部分,各支路电压的参考方向和回路的绕行方向如图所示,应用基尔霍夫电压定律列方程时,首先必须假定各支路电压的参考方向,并指定回路的绕行方向(逆时针或顺时针),当支路电压与回路绕行方向相同时取"+"号,相反时取"-"号。

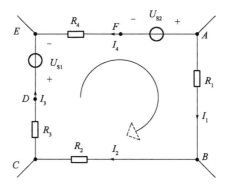

图2-35　基尔霍夫电压定律示例

则所列方程为
$$U_{AB} + U_{BC} + U_{CD} + U_{DE} + U_{EF} + U_{FA} = 0$$
其中
$$U_{AB} = I_1 R_1$$
$$U_{BC} = I_2 R_2$$
$$U_{CD} = I_3 R_3$$
$$U_{DE} = U_{S1}$$
$$U_{EF} = -I_4 R_4$$
$$U_{FA} = -U_{S2}$$
则上式可写为
$$I_1 R_1 + I_2 R_2 + I_3 R_3 + U_{S1} + (-I_4 R_4) + (-U_{S2}) = 0$$
将上式进行整理后可得
$$I_1 R_1 + I_2 R_2 + I_3 R_3 + U_{S1} - I_4 R_4 - U_{S2} = 0$$

图2-36 所示为某电路中的一个回路,已知电流 $I_1 = 1\text{A}$, $I_2 = -3\text{A}$, $I_4 = 2\text{A}$, $I = 1\text{A}$, $R_1 = 2\Omega$, $R_2 = 4\Omega$, $R_3 = 3\Omega$, $U_{S1} = 4\text{V}$, $U_{S2} = 30\text{V}$。

试求:电流 I_3、电阻 R_4 和电压 U_{AC}。

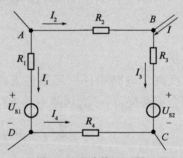

图2-36 学中练2-10图

解:$I_1 = 1\text{A}$, $I_2 = -3\text{A}$, $I_4 = 2\text{A}$, $I = 1\text{A}$, $R_1 = 2\Omega$, $R_2 = 4\Omega$, $R_3 = 3\Omega$, $U_{S1} = 4\text{V}$, $U_{S2} = 30\text{V}$,图中电流 I_3 未知,需要先求出电流 I_3。

对于电路中的节点 B,根据基尔霍夫电流定律,可得
$$I_2 + I - I_3 = 0$$
$$I_3 = I_2 + I = -3 + 1 = -2(\text{A})$$

选定回路的绕行方向为顺时针方向,并规定电压的参考方向与绕行方向相同为正,相反为负,在回路中,根据基尔霍夫电压定律,可得
$$I_2 R_2 + I_3 R_3 + U_{S2} - I_4 R_4 - U_{S1} - I_1 R_1 = 0$$
将数据代入上式,可得
$$(-3) \times 4 + (-2) \times 3 + 30 - 2R_4 - 4 - 1 \times 2 = 0$$
整理得
$$R_4 = 3\Omega$$

在假想回路 ABCA 中求解电压 U_{AC}，根据基尔霍夫电压定律，可得

$$U_{AC} - U_{S2} - I_3 R_3 - I_2 R_2 = 0$$

将数据代入上式，可得

$$U_{AC} - 30 - (-2) \times 3 - (-3) \times 4 = 0$$

整理得

$$U_{AC} = 12\text{V}$$

三、支路电流法

支路电流法是电路分析中普遍适用的求解方法，它是以各支路电流为待求量，利用基尔霍夫电压定律和基尔霍夫电流定律列出电路的方程式，从而求解出各支路电流。

支路电流法的求解步骤通过下面的实例来说明。

电路如图 2-37 所示，已知 $U_{S1} = 20\text{V}, R_1 = 2\Omega, U_{S2} = 10\text{V}, R_2 = 4\Omega, R_3 = 32\Omega$。试求各支路电流。

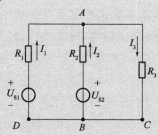

图 2-37　学中练 2-11 图

解：先确定未知量，电路中有三条支路，三个待求解参数，需要列出三个彼此独立的方程进行求解。首先标出三个未知量（支路电流）的参考方向，图 2-37 中已经给出。

然后列出电路的电流方程：找到电路中的节点，图 2-37 所示的电路中，共有 A 和 B 两个节点，选定流入节点的电流为正，根据基尔霍夫电流定律，可以列出节点的电流方程。对于节点 A 有

$$I_1 + I_2 - I_3 = 0 \quad ①$$

对于节点 B 有

$$-I_1 - I_2 + I_3 = 0$$

将节点 A 的方程乘 -1，就是节点 B 的方程，因此，两个方程中只有一个是独立的。如果电路有 n 个节点，应用基尔霍夫电流定律，可以列出 n-1 个独立的电流方程。本例中，选取节点 A 的电流方程作为独立方程，将其记作①式。

再列出电路的电压方程:找到电路中的回路,图 2-37 所示电路中,共有三个回路:回路 $ABDA$(记为回路Ⅰ)、回路 $ACBA$(记为回路Ⅱ)、回路 $ACBDA$(记为回路Ⅲ)。选定回路绕行方向为顺时针方向,规定电压参考方向与回路绕行方向相同为正,根据基尔霍夫电压定律,可以列出回路的电压方程。

对于回路Ⅰ有

$$I_1 R_1 - I_2 R_2 + U_{S2} - U_{S1} = 0 \qquad ②$$

对于回路Ⅱ有

$$I_2 R_2 + I_3 R_3 - U_{S2} = 0 \qquad ③$$

对于回路Ⅲ有

$$I_1 R_1 + I_3 R_3 - U_{S1} = 0$$

将回路Ⅰ和回路Ⅱ的电压方程相加,就是回路Ⅲ的电压方程,所以三个方程中有两个是独立的。如果电路有 n 个节点、b 条支路,应用基尔霍夫电压定律,可以列出 $b-(n-1)$ 个独立的电压方程。而一个电路的网孔数就等于 $b-(n-1)$。为简单起见,通常选择网孔列回路电压方程。本例中,选取回路Ⅰ和回路Ⅱ两个网孔的电压方程作为独立方程,分别记作②式和③式。

根据基尔霍夫电流定律和基尔霍夫电压定律,得到了三个独立方程,代入数据,联立方程组,解方程组,就可以求出各支路电流。

$$U_{S1} = 20\text{V}, R_1 = 2\Omega, U_{S2} = 10\text{V}, R_2 = 4\Omega, R_3 = 32\Omega$$

$$I_1 + I_2 - I_3 = 0$$

$$2I_1 - 4I_2 + 10 - 20 = 0$$

$$4I_2 + 32I_3 - 10 = 0$$

解得

$$I_1 = 2\text{A}, I_2 = -1.5\text{A}, I_3 = 0.5\text{A}$$

通过学中练 2-11 的求解过程可以总结出支路电流法的解题步骤如下:
(1)确定未知量个数,并在电路中标明各支路电流的参考方向。
(2)根据基尔霍夫电流定律,列出 $n-1$ 个独立的节点电流方程。
(3)根据基尔霍夫电压定律,列出 $b-(n-1)$ 个独立的回路电压方程。
(4)代入参数,联立方程组,并求解,计算得到 n 个支路电流。

请完成电路中电压、电势的测量和电路定律的验证,见教材配套工作手册1、2。

任务2.2

制作机械式万用表

学习活动　连接电阻

一、电阻的串联

1. 等效电阻

将几个电阻元件首末端依次连接起来,中间没有分支,这种连接方式称为电阻的串联。图 2-38a)所示是三个电阻的串联电路。串联电路中,流过各个电阻的电流相同。

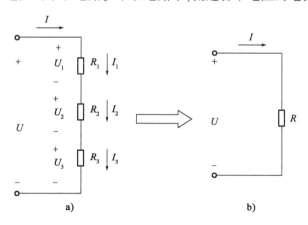

图 2-38　电阻的串联及等效电阻

在图 2-38 中,根据基尔霍夫电压定律和欧姆定律,可得

$$U = U_1 + U_2 + U_3 = IR_1 + IR_2 + IR_3 = I(R_1 + R_2 + R_3) \tag{2-33}$$

如图 2-38b)所示电路中,如果电阻 R 的端电压 U 和流过电阻 R 的电流 I 与图 2-38a)中的 U 和 I 相等,则三个电阻串联可以用一个电阻来等效代替,R 称为三个串联电阻的等效电阻。

$$U = I(R_1 + R_2 + R_3) = IR$$
$$R = R_1 + R_2 + R_3 \tag{2-34}$$

2. 串联电阻的分压

电路中,$U_1 = IR_1$,$U_2 = IR_2$,可得 $\dfrac{U_1}{U_2} = \dfrac{R_1}{R_2}$,即串联电路中,各电阻的端电压与其电阻值成正

比。各电阻的端电压与总的端电压 U 的关系为

$$\left. \begin{array}{l} U_1 = IR_1 = \dfrac{U}{R}R_1 = \dfrac{R_1}{R} \cdot U = \dfrac{R_1}{R_1 + R_2 + R_3} \cdot U \\[2mm] U_2 = IR_2 = \dfrac{U}{R}R_2 = \dfrac{R_2}{R} \cdot U = \dfrac{R_2}{R_1 + R_2 + R_3} \cdot U \\[2mm] U_3 = IR_3 = \dfrac{U}{R}R_3 = \dfrac{R_3}{R} \cdot U = \dfrac{R_3}{R_1 + R_2 + R_3} \cdot U \end{array} \right\} \quad (2\text{-}35)$$

式(2-35)为串联电阻的分压公式,它说明串联电阻上分得的电压取决于这个电阻与等效电阻的比值,这个比值称为分压比。电阻串联的分压特性在实际电路中应用广泛,如扩展电压表量程、从同一电源上获取不同的电压等。

图 2-39 所示是一台量程为 10V 的电压表,其内阻为 $R_g = 5k\Omega$,若要将其改装成量程为 100V 的电压表,试问:应串联一个多大的电阻?

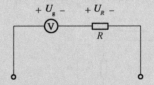

图 2-39　学中练 2-12 图

解:当电压表指针满偏时,其端电压为 10V,即电压表内阻最大能承受 10V 的电压,要加上 100V 的电压,需要串联一个电阻 R,承受其余 90V 的电压。

根据分压公式,有

$$U_g = \frac{R_g}{R_g + R} \cdot U = \frac{5 \times 10^3}{5 \times 10^3 + R} \times 100 = 10(\text{V})$$

解得

$$R = 45k\Omega$$

二、电阻的并联

1. 等效电阻

将几个电阻元件首末端分别连接起来,即首端连接在同一节点上,末端连接在同一节点上,这种连接方式称为电阻的并联。图 2-40a)所示是三个电阻的并联电路。在并联电路中,各个电阻的端电压相同。

在图 2-40 中,根据基尔霍夫电流定律和欧姆定律,可得

$$I = I_1 + I_2 + I_3 = \frac{U}{R_1} + \frac{U}{R_2} + \frac{U}{R_3} = U\left(\frac{1}{R_1} + \frac{1}{R_2} + \frac{1}{R_3}\right) = U(G_1 + G_2 + G_3) \quad (2\text{-}36)$$

式(2-36)中,$G_i = \frac{1}{R_i}(i=1,2,3)$,定义为电导,单位为 S(西门子,简称西)。

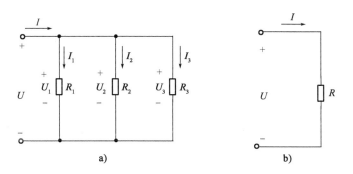

图 2-40 电阻并联及等效电阻

如图 2-40b)所示电路中,如果电阻 R 的端电压 U 和流过电阻 R 的电流 I 与图 2-40a)中的 U 和 I 相等,则三个电阻并联可以用一个电阻来等效代替,R 称为三个并联电阻的等效电阻。

$$\left. \begin{aligned} I &= U\left(\frac{1}{R_1} + \frac{1}{R_2} + \frac{1}{R_3}\right) = \frac{U}{R} \\ \frac{1}{R} &= \frac{1}{R_1} + \frac{1}{R_2} + \frac{1}{R_3} \end{aligned} \right\} \quad (2\text{-}37)$$

式(2-37)也可以写成 $G = G_1 + G_2 + G_3$,G 为等效电阻 R 的电导,即三个电阻并联的等效电导。

2. 并联电阻的分流

电路中,$I_1 = \frac{U}{R_1}$,$I_2 = \frac{U}{R_2}$,可得 $\frac{I_1}{I_2} = \frac{R_2}{R_1}$,即在并联电路中,流过各电阻的电流与其电阻值成反比,电阻越大的支路,流过的电流越小。流过各电阻的电流与总的电流 I 的关系为

$$\left. \begin{aligned} I_1 &= \frac{U_1}{R_1} = \frac{U}{R_1} = \frac{R}{R_1}I \\ I_2 &= \frac{U_2}{R_2} = \frac{U}{R_2} = \frac{R}{R_2}I \\ I_3 &= \frac{U_3}{R_3} = \frac{U}{R_3} = \frac{R}{R_3}I \end{aligned} \right\} \quad (2\text{-}38)$$

式(2-38)为并联电阻的分流公式,它说明流过并联电阻的电流取决于等效电阻与这个电阻的比值,这个比值称为分流比。电阻并联的分流特性在实际电路中应用广泛,如扩展电流表量程、额定电压相同的负载并联运行等。

图 2-41 所示是一台量程为 100μA 的微安表,其内阻 $R_g = 1kΩ$,若要将其改装成量程为 10mA 的电流表,试问:应串联一个多大的电阻?

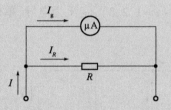

图 2-41 学中练 2-13 图

解:当微安表指针满偏时,流过的电流为 100μA,即微安表内阻最大能流过 100μA 的电流,要流过 10mA 的电流,需要并联一个电阻 R,承担其余 9.9mA 的电流。

并联等效电阻 $R_并 = \dfrac{R \times R_g}{R + R_g}$,根据分流公式,有

$$I_R = \frac{R_并}{R}I = \frac{R_g}{R + R_g}I = \frac{1 \times 10^3}{R + 1 \times 10^3} \times 10 \times 10^{-3} = 9.9 \times 10^{-3}(A)$$

解得

$$R \approx 10.1Ω$$

三、电阻的混联

既有电阻串联又有电阻并联的电路称为电阻混联电路。电阻混联电路,一般可以等效为一个电阻。分析等效电阻时,通过电阻的串联、并联特点,逐步求解即可。

计算图 2-42a) 中电路的等效电阻 R_{ab}。

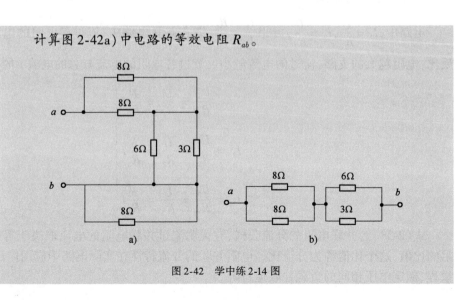

图 2-42 学中练 2-14 图

> **解**:在该电路中,电阻串并联关系看起来不是十分清楚,一般先要厘清电阻的连接关系,画出等效电路,再在等效电路中求解等效电阻。在画等效电路时,本例中采用假设电流法,假设电流从 a 点流入、从 b 点流出,在流动过程中,厘清电阻的串、并联关系。
>
> 画出图 2-42a)的等效电路,如图 2-42b)所示。
>
> 分析图 2-42b),求解等效电阻。
>
> $$R_{ab} = 8\Omega \mathbin{/\mkern-6mu/} 8\Omega + 6\Omega \mathbin{/\mkern-6mu/} 3\Omega = \frac{8 \times 8}{8+8} + \frac{6 \times 3}{6+3} = 4 + 2 = 6(\Omega)$$

由以上分析可以看出,分析电阻混联电路的一般步骤为:

(1)对于无法直接判断出电阻串并联关系的电路,先按假设电流法厘清电路中电阻的串并联关系,并画出等效电路。

(2)在等效电路中,按照电阻串联和并联的特点,求解等效电阻。

请完成机械式万用表的制作,见教材配套工作手册3。

项目 3

荧光灯照明电路的安装与测试

项目概述

荧光灯是目前应用最为广泛的光源,全世界 70% 的光源是荧光灯,在办公楼、学校教室、工厂车间、地下车库、商场等各类场所,荧光灯随处可见。荧光灯具有发光效率高、使用寿命长、光线柔和等优点。荧光灯照明电路主要由荧光灯管、镇流器、辉光启动器三部分组成,荧光灯照明电路是典型的 RL 串联电路,而实际交流电路中,大多数交流负载是阻感负载,荧光灯照明电路具有代表性。通过荧光灯照明电路的安装与测试技能实训及相关知识的学习,读者可以掌握单相交流电路的基本知识、分析方法等理论知识,以及单相交流电路图的识读,单相交流电路的安装、调试等实践技能。

学习清单

知识清单	1. 掌握正弦交流电的三角函数表示法和相量表示法。 2. 掌握单一参数的正弦交流电路中电流与电压的关系以及电路中的功率。 3. 理解感抗和容抗。 4. 掌握 RLC 串、并联电路中电流与电压的关系以及电路中的功率。 5. 理解提高功率因数的意义及方法。 6. 理解串、并联谐振的概念、条件和特点。
能力清单	1. 能用三角函数表示法和相量表示法表示正弦交流电。 2. 根据正弦交流电的表达式,能正确描述正弦交流电的三要素。 3. 会分析单一参数的正弦交流电路,能计算电路参数。 4. 会分析 RLC 串、并联电路,能计算电路参数。 5. 能读懂电路图,并按照电路图安装荧光灯照明电路。 6. 能使用常用电工仪表测量交流电路参数,并能根据测量结果,排除电路故障。 7. 学习活动完成后能按照管理规定清理现场。
素质清单	1. 在完成学习活动的过程中,树立团队协作的意识,安全、规范操作意识和吃苦耐劳的劳动精神。 2. 逐步形成分析、解决电路问题的能力。 3. 培养勤于思考、自主学习的习惯。

微课堂自主学习

请同学们扫描二维码观看教学视频,完成课前预习。

学习活动 1　表示交流电

相比直流电,正弦交流电在生产、输送和应用上都有更多的优势,因此正弦交流电在工业生产和日常生活中得到了广泛的应用。

一、直流电与交流电

直流电的方向不随时间变化,且直流电中的恒定直流电,其大小和方向都不随时间变化,如图 3-1a)所示。

交流电的大小和方向均随时间呈周期性变化,并且在一个周期内平均值为零,交流电中最常用的是正弦交流电(本项目中简称交流电),其大小和方向随时间按正弦规律变化,如图 3-1b)所示。正弦交流电路中的电压、电流、电动势等物理量称为正弦量。

正弦交流电的大小、方向都随时间而变化,要判断某一时刻正弦交流电的方向,需要先选定参考方向,图 3-2 所示的交流电路中,电流 i 的参考方向已选定,如果电路中电流的波形如图 3-1b)所示,当电流的实际方向和参考方向相同时,电流为正,波形在横轴上方,称为正半周;当电流的实际方向和参考方向相反时,电流为负,波形在横轴下方,称为负半周。

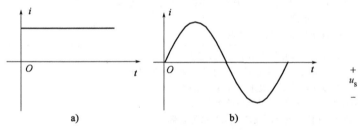
图 3-1　直流电和交流电的波形

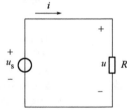
图 3-2　正弦交流电路

二、正弦交流电的三要素

正弦交流电有三个要素:最大值(幅值)、角频率和初相位。其中,最大值反映交流电变化的大小范围,角频率反映交流电变化的快慢,初相位反映交流电变化的起始位置。确定了这三个要素,一个正弦量就唯一确定了。下面以电流为例,介绍正弦交流电的三要素。图 3-2 所示电路中的正弦电流,按照其变化规律可表示为

$$i = I_m \sin(\omega t + \varphi) \tag{3-1}$$

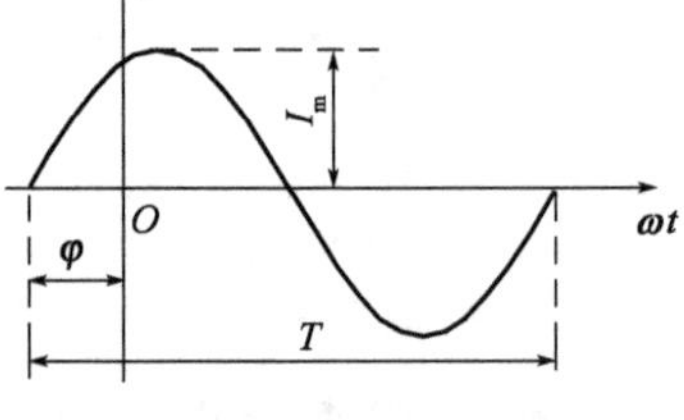

式(3-1)称为正弦交流电的三角函数表达式,也称为瞬时值表达式,其波形如图 3-3 所示。式中,i 表示电流的瞬时值,I_m 表示电流的最大值,ω 表示电流的角频率,φ 表示电流的初相位。

图 3-3　正弦交流电的波形

(一)瞬时值、最大值和有效值

1. 瞬时值

如图3-3所示,正弦交流电随时间按正弦规律变化,其任一瞬间所对应的值称为瞬时值,用小写字母表示,如 u、i、e 分别表示电压、电流、电动势的瞬时值。

2. 最大值

最大值就是瞬时值中最大的值,也称为幅值。最大值一般用大写字母加下标 m 来表示,如 U_m、I_m、E_m 分别表示电压、电流、电动势的最大值。

3. 有效值

交流电的大小随时间而变化,某一时刻的值显然难以作为衡量交流电大小的标准。工程上通常用有效值来表示正弦交流电的大小。交流电的有效值是以其热效应规定的,以电流为例,当某一交流电流 i 通过电阻 R 时,在一个周期内产生的热量与某直流电流 I 通过同一电阻在相同时间内产生的热量相等时,称这一直流电流的数值为该交流电流的有效值。有效值一般用大写字母表示,如 U、I、E 分别表示交流电的电压、电流、电动势的有效值。

交流电的有效值和最大值之间的关系为

$$\left.\begin{array}{l} U = \dfrac{U_m}{\sqrt{2}} \approx 0.707 U_m \\ I = \dfrac{I_m}{\sqrt{2}} \approx 0.707 I_m \\ E = \dfrac{E_m}{\sqrt{2}} \approx 0.707 E_m \end{array}\right\} \quad (3\text{-}2)$$

课程中、工程上提到的交流电的电压值、电流值,交流电气设备铭牌上标注的电压、电流的额定值,交流测量仪表测得的电压值、电流值等,都是该正弦量的有效值。比如,我们日常生活中使用的交流电压220V,就是一个有效值,其幅值为 $U_m = 220 \times \sqrt{2} \approx 311(\text{V})$。

(二)周期、频率和角频率

1. 周期

交流电完成一次周期性变化所需的时间称为周期,用大写字母 T 表示,单位为 s,如图3-3所示。

2. 频率

交流电在1s内变化的次数称为频率,用小写字母 f 表示,单位为 Hz(赫兹,简称赫)。常用单位还有 kHz、MHz 等。

周期与频率互为倒数,即

$$f = \dfrac{1}{T} \quad (3\text{-}3)$$

3. 角频率

交流电在单位时间内变化的电角度称为角频率,用 ω 表示,单位为 rad/s(弧度/秒)。角频率与周期、频率的关系为

$$\omega = \frac{2\pi}{T} = 2\pi f \qquad (3\text{-}4)$$

我国电力系统的工业供电频率(简称工频)为 50Hz。对于工频交流电,其周期为 0.02s,角频率为 314rad/s。

(三) 相位、初相位和相位差

1. 相位

式(3-1)中,$(\omega t + \varphi)$ 是交流电在任一时刻对应的电角度,这个电角度称为相位,单位为(°)(度)或 rad(弧度),其值决定了瞬时值的大小和方向。

2. 初相位

交流电在 $t = 0$ 时对应的相位称为初相位,简称初相。初相位可以为正值,即交流电在 $t = 0$ 时,瞬时值为正,如图 3-3 所示,此时正弦交流电的变化起点(零值点)在时间起点左侧(原点左侧);也可以为负值,即交流电在 $t = 0$ 时,瞬时值为负,此时正弦交流电的变化起点在原点右侧。一般规定初相位的绝对值不超过 180°(π)。

3. 相位差

两个同频率正弦量的相位之差称为相位差,用 $\Delta\varphi$ 表示。

例如:两个正弦交流电分别为 $i_1 = I_{m1}\sin(\omega t + \varphi_1)$,$i_2 = I_{m2}\sin(\omega t + \varphi_2)$,如图 3-4a)所示,则相位差

$$\Delta\varphi = (\omega t + \varphi_1) - (\omega t + \varphi_2) = \varphi_1 - \varphi_2 \qquad (3\text{-}5)$$

即两个同频率正弦量的相位差等于它们的初相位之差。

通常情况下,两个同频率正弦交流电的相位关系有如下几种情况:

当 $\Delta\varphi > 0$ 时,表示 i_1 超前 i_2,如图 3-4a)所示。

当 $\Delta\varphi < 0$ 时,表示 i_1 滞后 i_2。

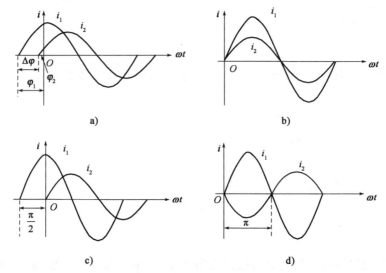

图 3-4 i_1 与 i_2 的相位图

当 $\Delta\varphi = 0$ 时,表示 i_1 与 i_2 相位相同,简称同相,如图 3-4b)所示。

当 $\Delta\varphi = \pm\dfrac{\pi}{2}$ ($\pm 90°$)时,表示 i_1 与 i_2 正交,如图 3-4c)所示。

当 $\Delta\varphi = \pm\pi$ ($\pm 180°$)时,表示 i_1 与 i_2 相位相反,简称反相,如图 3-4d)所示。

一般规定相位差的绝对值不超过 180°。当 $\Delta\varphi = -240°$ 时,则转换为 $-240° + 360° = 120°$,其相位差则为 120°。

已知一正弦交流电压的三角函数表达式为 $u = 220\sqrt{2}\sin(314t - 30°)\,\text{V}$,试写出该交流电压的最大值、有效值、角频率、周期、频率、初相位各为多少。

解: 由正弦交流电压的三角函数表达式 $u = 220\sqrt{2}\sin(314t - 30°)\,\text{V}$,可得

最大值 $U_m = 220\sqrt{2}\,\text{V}$

有效值 $U = 220\,\text{V}$

角频率 $\omega = 314\,\text{rad/s}$

周期 $T = \dfrac{2\pi}{\omega} \approx 0.02\,\text{s}$

频率 $f = \dfrac{1}{T} = 50\,\text{Hz}$

初相位 $\varphi = -30°$

已知一正弦交流电流的有效值 $I = 10\,\text{A}$,频率 $f = 100\,\text{Hz}$,初相位 $\varphi = 45°$,试写出该交流电流的三角函数表达式。

解: 由已知条件得

该交流电流的最大值 $I_m = \sqrt{2}I = 10\sqrt{2}\,\text{A}$

角频率 $\omega = 2\pi f \approx 628\,\text{rad/s}$

该交流电的三角函数表达式为

$$i = 10\sqrt{2}\sin(628t + 45°)\,\text{A}$$

已知两个正弦交流电压的三角函数表达式分别为 $u_1 = 5\sqrt{2}\sin(314t - 60°)\,\text{V}$,$u_2 = 220\sqrt{2}\sin(314t + 30°)\,\text{V}$,试求 u_1 和 u_2 的相位差。

解: u_1 和 u_2 角频率相同,可以求相位差。

u_1 和 u_2 的相位差为

$$\Delta\varphi = \varphi_1 - \varphi_2 = -60° - 30° = -90°$$

三、正弦交流电的相量表示法

在分析交流电路时,通常会涉及正弦量的代数运算,正弦量用三角函数表达式表示时,分析和计算会比较烦琐,引入一种便于运算的表示方法——相量表示法,可以简化正弦交流电路的分析和计算。

正弦量的相量表示法,就是用复数表示正弦量。

(一) 复数

在复数平面建立直角坐标系,OX 为实轴,OY 为虚轴。复数可以用复平面内的一条有向线段表示,如图 3-5 所示复数 A,其实数部分为 a,虚数部分为 b,用代数式表示为

$$A = a + jb \tag{3-6}$$

式中,j 为虚部单位。

复数有多种表示方法,复数 A 用指数式和极坐标式表示为

$$A = re^{j\varphi} = r\angle\varphi \tag{3-7}$$

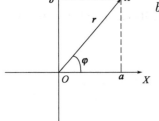

图 3-5 复数坐标

式中,r 是复数的模,即复平面内复数 A 对应的有向线段的长度;φ 是复数的辐角,即复平面内复数 A 对应的有向线段与实轴正方向的夹角。

复数的代数式和极坐标式的相互变换关系为

$$\left.\begin{array}{l} r = \sqrt{a^2 + b^2} \quad \text{或} \quad a = r\cos\varphi \\ \varphi = \arctan\dfrac{b}{a} \quad \text{或} \quad b = r\sin\varphi \end{array}\right\} \tag{3-8}$$

(二) 正弦量的相量表达式

用复数表示正弦量时,把正弦量的有效值或最大值作为复数模,初相位作为复数的辐角,此方法就是正弦量的相量表示法。为了与复数区分,将表示正弦量的复数称为相量。相量通常用大写字母上方加"·"来表示。如正弦交流电流 $i = I_m\sin(\omega t + \varphi)$,其最大值相量写为

$$\dot{I}_m = I_m\angle\varphi \tag{3-9}$$

其有效值相量写为

$$\dot{I} = I\angle\varphi \tag{3-10}$$

相量可以用复平面内的一条有向线段来表示,称为正弦量的相量图,如图 3-6 所示。图中有向线段的长度就是正弦电流的有效值,虚线表示复平面内的实轴正方向,有向线段和虚线的夹角就是正弦电流的初相位。

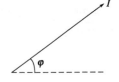

图 3-6 正弦电流的相量图

已知三个正弦交流电压的三角函数表达式为 $u_1 = 220\sqrt{2}\sin\omega t \text{ V}$，$u_2 = 220\sqrt{2}\sin(\omega t - 120°) \text{ V}$，$u_3 = 220\sqrt{2}\sin(\omega t + 120°) \text{ V}$，试写出三个正弦交流电压的相量表达式，并画出相量图。

解：三个正弦交流电压的有效值相量为

$$\dot{U}_1 = 220\angle 0° \text{ V}$$

$$\dot{U}_2 = 220\angle -120° \text{ V}$$

$$\dot{U}_3 = 220\angle 120° \text{ V}$$

相量图如图3-7所示。

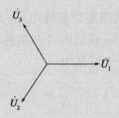

图3-7　学中练3-4 相量图

在运用相量表示法对正弦交流电进行计算时应注意：
（1）相量只是表示正弦量，并不等于正弦量。
（2）只有正弦量才能运用相量表示，非正弦量不可以。
（3）只有同频率的正弦量才能画在同一张相量图上。
（4）画相量图时，通常设复平面内实轴正方向为参考方向，相量逆时针转动的角度为正，顺时针为负。
（5）用相量表示正弦交流电后，它们的运算与复数运算方式一致。

学习活动2　分析单一参数的交流电路

电阻、电感、电容都是交流电路中的常用负载，最简单的交流电路是由电阻、电感、电容单一元件构成的，称为单一参数的正弦交流电路，也就是纯电阻、纯电感或纯电容电路。工程实际中，并不存在单一参数的交流电路，但有些负载只有一个特性起主要作用，其余特性可以忽略，这时我们就可以把它视为单一参数的交流电路来分析。另外，复杂的交流电路也可以分解成单一参数交流电路的组合，因此，单一参数交流电路的分析非常重要。

一、纯电阻电路

负载为电阻元件的电路称为纯电阻电路，生活中常见的白炽灯、电烙铁、电炉等构成的电路都可以视为纯电阻电路，如图3-8a）所示。

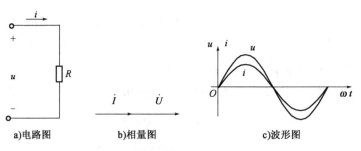

图 3-8 纯电阻电路及其相量图与波形图

(一) 电压与电流的关系

在纯电阻电路中,可用欧姆定律描述电压与电流的关系。设电压和电流的参考方向如图 3-8a)所示,为关联参考方向,设电阻 R 两端的电压为 $u = U_\mathrm{m}\sin\omega t$。

根据欧姆定律,可得电路中电流为

$$i = \frac{u}{R} = \frac{U_\mathrm{m}\sin\omega t}{R} = I_\mathrm{m}\sin\omega t \tag{3-11}$$

由式 (3-11)可知,电流和电压最大值关系符合欧姆定律,即 $I_\mathrm{m} = \dfrac{U_\mathrm{m}}{R}$,两边同时除以 $\sqrt{2}$,则电流和电压有效值关系也符合欧姆定律,即

$$I = \frac{U}{R} \tag{3-12}$$

电压和电流的有效值相量为 $\dot{U} = U\angle 0°$,$\dot{I} = I\angle 0°$。两者的关系为

$$\dot{I} = \frac{\dot{U}}{R} \tag{3-13}$$

图 3-8b)、c)分别为纯电阻电路电压和电流的相量图和波形图。通过分析可知,纯电阻电路有以下特点:

(1) 电流和电压都为正弦量,且频率相同;
(2) 电流和电压的相位相同;
(3) 电流和电压的瞬时值、幅值、有效值符合欧姆定律;
(4) 电流和电压的有效值相量符合欧姆定律。

(二) 电阻元件的功率

任一瞬时,电阻元件消耗的功率称为电阻元件的瞬时功率,用小写字母 p 表示,单位为 W,它等于电压和电流瞬时值的乘积,即

$$p = ui = U_\mathrm{m}\sin\omega t \cdot I_\mathrm{m}\sin\omega t = U_\mathrm{m}I_\mathrm{m}\sin^2\omega t \tag{3-14}$$

由式(3-14)可知,瞬时功率始终为正,表示电阻一直在消耗功率,电阻元件属于耗能元件。

由式(3-14)画出瞬时功率的波形图,如图 3-9 所示。

瞬时功率在一个周期内的平均值,称为有功功率,用大写字母 P 来表示,单位为 W,即

$$P = UI = I^2R = \frac{U^2}{R} \qquad (3\text{-}15)$$

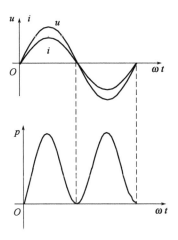

图 3-9　纯电阻电路电压、电流、瞬时功率波形图

如图 3-8a)所示的纯电阻电路中,已知电源电压 $u = 220\sqrt{2}\sin(314t - 45°)$ V,电阻 $R = 100\Omega$,试求流过电阻的电流 i 以及电阻消耗的功率 P。

解：流过电阻的电流为

$$i = \frac{u}{R} = \frac{220\sqrt{2}}{100}\sin(314t - 45°) = 2.2\sqrt{2}\sin(314t - 45°)\text{A}$$

$$I = \frac{I_m}{\sqrt{2}} = \frac{2.2\sqrt{2}}{\sqrt{2}} = 2.2(\text{A})$$

消耗的功率为

$$P = I^2R = 2.2^2 \times 100 = 484(\text{W})$$

二、纯电感电路

负载为电感元件的电路称为纯电感电路,电感是能够把电能转换成磁场能储存起来的元件。电阻很小的线圈构成的交流电路可以看作纯电感电路。

(一) 电压与电流的关系

纯电感电路如图 3-10a)所示,电感元件的端电压和流过电感元件的电流关联参考方向,假设电感中的电流为 $i = I_m\sin\omega t$,电感两端的电压为

$$u = L\frac{di}{dt} = I_m\omega L\sin(\omega t + 90°) = U_m\sin(\omega t + 90°) \qquad (3\text{-}16)$$

由式(3-16)可得,电压和电流的有效值关系为

$$U = I\omega L = IX_L \text{ 或 } I = \frac{U}{\omega L} = \frac{U}{X_L} \tag{3-17}$$

$$X_L = \omega L = 2\pi f L$$

式中,X_L 称为感抗,感抗表示电感对电流的阻碍作用,单位为 Ω;L 表示线圈的电感量(简称电感),单位为 H。X_L 与频率和电感都成正比,频率或电感越高,线圈对电流的阻碍就越大。而对于直流电,频率为 0,感抗也为 0,电感相当于短路,所以电感具有"通直阻交"的作用。

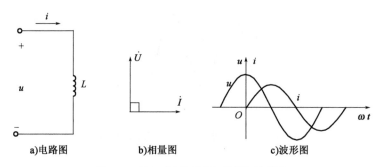

图 3-10 纯电感电路及其相量图与波形图

电感元件电压和电流的有效值相量为 $\dot{U} = U\angle 90°$,$\dot{I} = I\angle 0°$。两者的关系为

$$\frac{\dot{U}}{\dot{I}} = \frac{U\angle 90°}{I\angle 0°} = \frac{U}{I}\angle 90° = j\omega L = jX_L \tag{3-18}$$

电感元件电压 u 和电流 i 的相量图和波形图如图 3-10b)、c)所示。

由以上分析可知,纯电感电路有以下特点:
(1)电流和电压按正弦规律变化,且频率相同;
(2)相位上,电压超前电流 90°;
(3)电流和电压的瞬时值不符合欧姆定律,但其幅值、有效值都符合欧姆定律。

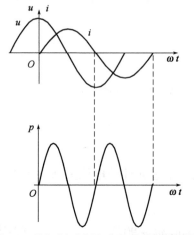

图 3-11 纯电感电路电压、电流、瞬时功率波形图

(二)电感元件的功率

1. 瞬时功率和有功功率

电感元件的瞬时功率为

$$p = ui = U_m\sin\left(\omega t + \frac{\pi}{2}\right) \cdot I_m\sin\omega t = UI\sin 2\omega t \tag{3-19}$$

由式(3-19)可知,电感上的瞬时功率的频率是电流、电压频率的 2 倍,如图 3-11 所示。当 $p > 0$ 时,表示线圈从电源中吸收的能量转换成磁场能储存在电感线圈中;当 $p < 0$ 时,表示线圈将磁场能转换成电能送回电源。

从图 3-11 中可以看出,在一个周期中,电感吸收和

发出的功率相等,说明电感只是进行能量的交换,并不消耗能量,所以其有功功率为 0,即 $P=0$。

2. 无功功率

由于电感和电源之间时刻进行能量交换,为了表示这种能量交换的规模,我们把瞬时功率的最大值定义为无功功率,用 Q_L 表示。

$$Q_L = UI = I^2 X_L = \frac{U^2}{X_L} \qquad (3\text{-}20)$$

无功功率的国际单位是 var(乏),常用单位为 kvar(千乏),$1\text{kvar} = 10^3 \text{var}$。

如图 3-10a)所示的纯电感电路中,已知流过电感元件的电流 $i = 10\sqrt{2}\sin(314t+60°)\text{A}$,电感 $L = 70\text{mH}$,试求电感的端电压 u 以及电感的无功功率 Q_L。

解:电感的感抗 $X_L = \omega L = 314 \times 70 \times 10^{-3} \approx 22(\Omega)$

电流的有效值相量 $\dot{I} = 10\angle 60°\text{A}$

电压的有效值相量 $\dot{U} = \dot{I}(jX_L) = 10\angle 60° \times 22\angle 90° = 220\angle 150°(\text{V})$

电压的瞬时值表达式 $u = 220\sqrt{2}\sin(314t+150°)\text{V}$

电感的无功功率 $Q_L = I^2 X_L = 10^2 \times 22 = 2200(\text{var}) = 2.2\text{kvar}$

三、纯电容电路

负载为电容元件的电路称为纯电容电路。电容是能够把电能转换成电场能储存起来的元件。

(一) 电压与电流的关系

纯电容电路如图 3-12a)所示,电容元件的端电压和流过电容元件的电流关联参考方向,假设电容两端的电压为 $u = U_m\sin\omega t$,则流过电容的电流为

$$i = C\frac{du}{dt} = \omega C U_m \sin(\omega t + 90°) = I_m \sin(\omega t + 90°) \qquad (3\text{-}21)$$

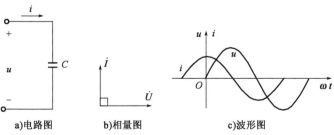

图 3-12 纯电容电路及其相量图与波形图

由式(3-21)可得,电压和电流的有效值关系为

$$I = \omega C U = \dfrac{U}{\dfrac{1}{\omega C}} = \dfrac{U}{X_C} \tag{3-22}$$

$$X_C = \dfrac{1}{\omega C} = \dfrac{1}{2\pi f C} \tag{3-23}$$

式(3-23)中,X_C 称为容抗,容抗表示电容器对交流电的阻碍作用,单位为 Ω;C 表示电容的容量,单位为 F。容抗与频率和电容都成反比,频率或电容越高,电容器对交流电的阻碍就越小,所以高频电流易从电容器中通过。而对于直流电,频率为 0,容抗就为无穷大,电容器相当于开路,所以电容器具有"隔直通交"的作用。

电容元件电压和电流的有效值相量为 $\dot{U} = U\angle 0°$,$\dot{I} = I\angle 90°$。两者的关系为

$$\dfrac{\dot{U}}{\dot{I}} = \dfrac{U\angle 0°}{I\angle 90°} = \dfrac{U}{I}\angle -90° = -\mathrm{j}\dfrac{1}{\omega C} = -\mathrm{j}X_C \tag{3-24}$$

u 和 i 的相量图和波形图如图 3-12b)、c)所示。

由以上分析可知,纯电容电路有以下特点:

(1) 电流和电压都按正弦规律变化,且频率相同;

(2) 相位上,电压滞后电流 90°;

(3) 电流和电压的瞬时值不符合欧姆定律,但其幅值、有效值符合欧姆定律。

(二) 电容元件的功率

1. 瞬时功率和有功功率

电容器的瞬时功率为

$$p = ui = U_m \sin\omega t \cdot I_m \sin\left(\omega t + \dfrac{\pi}{2}\right) = UI\sin 2\omega t \tag{3-25}$$

由式(3-25)可知,电容器的瞬时功率的频率是电流、电压频率的 2 倍,如图 3-13 所示。当 $p > 0$ 时,表示电容从电源中吸收能量并转换成电场能储存;当 $p < 0$ 时,表示电容将电场能转换成电能送回电源。

从图 3-13 中可以看出,电容也只是进行能量的交换,并不消耗能量,所以其有功功率为 0,即 $P = 0$。

2. 无功功率

电容和电源之间时刻进行着能量交换,为了表示电容元件能量交换的规模,把瞬时功率的最大值定义为无功功率,用 Q_C 表示,即

$$Q_C = UI = I^2 X_C = \dfrac{U^2}{X_C} \tag{3-26}$$

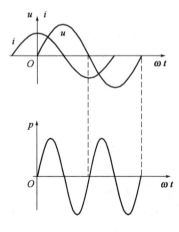

图 3-13 纯电容电路电压、电流、瞬时功率波形图

如图 3-12a) 所示的纯电容电路中,已知电源电压 $u = 220\sqrt{2}\sin(314t + 60°)$V,电容 $C = 64\mu F$,试求流过电容的电流 i 以及电容的无功功率 Q_C。

解:电容的容抗 $X_C = \dfrac{1}{\omega C} = \dfrac{1}{314 \times 64 \times 10^{-6}} \approx 50(\Omega)$

电压的有效值相量 $\dot{U} = 220\angle 60°$V

电流的有效值相量 $\dot{I} = \dfrac{\dot{U}}{-jX_C} = \dfrac{220\angle 60°}{50\angle -90°} = 4.4\angle 150°$(A)

电流的瞬时值 $i = 4.4\sqrt{2}\sin(314t + 150°)$A

电容的无功功率 $Q_C = I^2 X_C = 4.4^2 \times 50 = 968$(var)

学习活动 3　分析 RLC 电路

在实际电路中,一般不会只有单一的元件,通常是将几种元件连接在一起,下面来分析更具普遍性的电阻、电感、电容电路,简称 RLC 电路。

一、RLC 电路整体分析

(一) 电压与电流的关系

RLC 串联电路如图 3-14a) 所示,设电路中的电流 $i = I_m \sin\omega t$,其有效值相量写为 $\dot{I} = I\angle 0°$,则电阻、电感、电容元件的端电压可以分别表示为

$$u_R = RI_m \sin\omega t, u_L = X_L I_m \sin(\omega t + 90°), u_C = X_C I_m \sin(\omega t - 90°)$$

其相量形式分别为

$$\dot{U}_R = IR\angle 0°, \dot{U}_L = IX_L \angle 90°, \dot{U}_C = IX_C \angle -90°$$

根据上式,当 $X_L > X_C$,RLC 串联电路的相量图如图 3-14b) 所示;当 $X_L < X_C$ 时,相量图如图 3-14c) 所示。根据串联电路的性质,总电压为

$$\dot{U} = \dot{U}_R + \dot{U}_L + \dot{U}_C \tag{3-27}$$

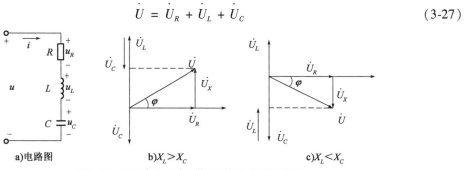

图 3-14　RLC 串联电路及其电压与电流相量关系

在图 3-14b)、c)中,用作图法作出总电压 $\dot{U}$ 的相量,由图可知,电感两端的电压与电容两端的电压是反相的,两者之和用 $\dot{U}_X$ 表示,即 $\dot{U}_X = \dot{U}_L + \dot{U}_C$。$\dot{U}$、$\dot{U}_R$、$\dot{U}_X$ 三个电压相量构成一个直角三角形,称为 RLC 串联电路的电压三角形,如图 3-15a)所示,在该直角三角形中,可计算总电压

$$U = \sqrt{U_R^2 + (U_L - U_C)^2} = I\sqrt{R^2 + (X_L - X_C)^2} = I|Z| \tag{3-28}$$

$$|Z| = \sqrt{R^2 + (X_L - X_C)^2} = \sqrt{R^2 + X^2} \tag{3-29}$$

而

$$Z = \frac{\dot{U}}{\dot{I}} = \frac{U\angle\varphi_u}{I\angle\varphi_i} = |Z|\angle\varphi \tag{3-30}$$

式(3-29)中,X 称为电抗(感抗与容抗的统称),单位为 Ω。式(3-30)中,Z 表示 RLC 串联电路的复阻抗;$|Z|$ 表示复阻抗的大小,称为复阻抗的模,简称阻抗;φ 是复阻抗的辐角,也称为阻抗角,同时也是电压与电流的相位差。复阻抗、电抗、电阻也构成一个直角三角形,称为阻抗三角形,如图 3-15b)所示。

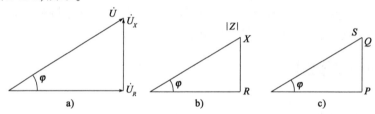

图 3-15 电压、阻抗、功率三角形

根据 RLC 串联电路的阻抗和电压三角形,可表示出阻抗角

$$\varphi = \arctan\frac{U_L - U_C}{U_R} = \arctan\frac{X_L - X_C}{R} \tag{3-31}$$

分析可得:

当 $X_L > X_C$ 时,$\varphi > 0$,总电压超前电流 φ,电路呈感性;
当 $X_L < X_C$ 时,$\varphi < 0$,总电压滞后电流 φ,电路呈容性;
当 $X_L = X_C$ 时,$\varphi = 0$,总电压与电流同相,电路呈阻性。
所以,X_L 和 X_C 的大小决定了电路的性质。

(二)电路的功率

若将电压三角形的各边分别乘电流 I,则得到功率三角形,如图 3-15c)所示。

其中 P 为有功功率,即电阻上消耗的功率

$$P = I^2R = U_RI = UI\cos\varphi \tag{3-32}$$

Q 为无功功率,即电容、电感元件与电源之间进行电能交换的电功率

$$Q = I^2X = I^2(X_L - X_C) = (U_L - U_C)I = UI\sin\varphi \tag{3-33}$$

S 为视在功率,表示电源设备提供的总功率或总容量,即电源电压有效值 U 与电流有效值 I 的乘积,国际单位为 $V \cdot A$(伏安),常用单位为 $kV \cdot A$(千伏安)。视在功率与有功功率、无

功功率的关系为

$$S = \sqrt{P^2 + Q^2} = UI \tag{3-34}$$

$$P = UI\cos\varphi = S\cos\varphi, Q = UI\sin\varphi = S\sin\varphi$$

将有功功率与视在功率的比值定义为电路的功率因数，用 λ 表示：

$$\lambda = \cos\varphi = \frac{P}{S} \tag{3-35}$$

从式(3-35)中可以看出，λ 越大，电路中有功功率越大，说明电源的利用率也就越高。如果 $\lambda = 1$，电源容量全部转换成有功功率，这是我们需要的理想状态，而通常在电路中，有了感性和容性负载都会降低功率因数，因此，为了提高电源利用率，提高功率因数就显得尤为重要。

如图 3-14a)所示的 RLC 串联电路中，已知 $u = 220\sqrt{2}\sin(314t + 30°)\text{V}$，$R = 30\Omega, L = 127\text{mH}, C = 40\mu\text{F}$。

试求：(1) 感抗、容抗、阻抗；(2) 电流 i；(3) 电阻元件、电感元件、电容元件的电压有效值相量 $\dot{U}_R$、$\dot{U}_L$、$\dot{U}_C$；(4) 电路中的有功功率 P、无功功率 Q、视在功率 S。

解：(1) 电感的感抗 $X_L = \omega L = 314 \times 127 \times 10^{-3} \approx 40(\Omega)$

电容的容抗 $X_C = \dfrac{1}{\omega C} = \dfrac{1}{314 \times 40 \times 10^{-6}} \approx 80(\Omega)$

电路的阻抗 $Z = R + j(X_L - X_C) = 30 - j40 = 50\angle -53°(\Omega)$

(2) 电压的有效值相量 $\dot{U} = 220\angle 30°\text{V}$

电流的有效值相量 $\dot{I} = \dfrac{\dot{U}}{Z} = \dfrac{220\angle 30°}{50\angle -53°} = 4.4\angle 83°(\text{A})$

电流的瞬时值表达式 $i = 4.4\sqrt{2}\sin(314t + 83°)\text{A}$

(3) 电阻元件的电压有效值相量 $\dot{U}_R = \dot{I}R = 4.4\angle 83° \times 30 = 132\angle 83°(\text{V})$

电感元件的电压有效值相量 $\dot{U}_L = \dot{I}(jX_L) = 4.4\angle 83° \times 40\angle 90° = 176\angle 173°(\text{V})$

电容元件的电压有效值相量 $\dot{U}_C = \dot{I}(-jX_C) = 4.4\angle 83° \times 80\angle -90° = 352\angle -7°(\text{V})$

(4) $\cos\varphi = \dfrac{R}{|Z|} = \dfrac{30}{50} = 0.6$

$\sin\varphi = \dfrac{X_L - X_C}{|Z|} = \dfrac{40 - 80}{50} = -0.8$

有功功率 $P = UI\cos\varphi = 220 \times 4.4 \times 0.6 = 580.8(\text{W})$

无功功率 $Q = UI\sin\varphi = 220 \times 4.4 \times (-0.8) = -774.4(\text{var})$

视在功率 $S = UI = 220 \times 4.4 = 968(\text{V} \cdot \text{A})$

二、提高功率因数

(一)提高功率因数的意义

功率因数是衡量电力系统运行效益的重要指标,其大小主要取决于电路中负载的性质。实际电路中,大多数用电器如荧光灯、变压器、电动机等,属于感性负载,其功率因数一般较低。例如:荧光灯功率因数为0.5左右;电动机满载时功率因数可达0.9,而空载时功率因数只有0.2左右。

感性负载大量存在,一方面会造成供电设备的容量不能被充分利用(有功功率小,无功功率大);另一方面也会造成输电线路中的功率和电压损耗增大。而提高功率因数可以有效提高电源的利用率,并且在输出功率不变的情况下,减小输出电流,可以减少输电线路中功率和电压的损耗。因此,提高电力系统的功率因数对国民经济的发展有着重要的作用。高压供电的工业企业功率因数一般在0.9以上,其他100kW及以上电力用户,功率因数在0.85以上。

(二)提高功率因数的方法

提高功率因数最直接的方法就是在感性负载两端并联一个电容器,如图3-16a)所示。

如图3-16b)所示,在感性负载未并联电容前,总电流$\dot{I}=\dot{I}_1$,且电流$\dot{I}_1$滞后电压$\dot{U}\ \varphi_1$角。而在并联电容之后,电容上电流$\dot{I}_C$超前电压$\dot{U}$ 90°,总电流$\dot{I}=\dot{I}_1+\dot{I}_C$,$\dot{I}$与$\dot{U}$的相位差缩小为$\varphi$,即$\cos\varphi>\cos\varphi_1$,电路的功率因数提高了。同时总电流$I$小于$I_1$,输出电流减小,输电线路上的损耗也相应减小。

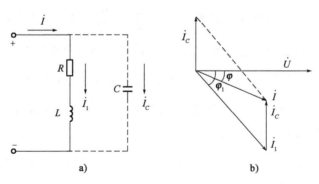

图3-16 提高功率因数的方法

根据图3-16b)的相量图,可求出功率因数从$\cos\varphi_1$提高到$\cos\varphi$需要并联的电容为

$$C=\frac{P}{\omega U^2}(\tan\varphi_1-\tan\varphi) \tag{3-36}$$

三、交流电路中的谐振

谐振是电路中发生的一种特殊现象,一般是指电压与电流参考方向相同的情况下,电路端

电压与电流同相位的现象。按结构不同,谐振电路分为串联谐振和并联谐振两种。

(一)串联谐振

在电阻、电容、电感串联电路中,当端电压与电流相位相同时,电路呈阻性,这种状态即为串联谐振。

1. 串联谐振的条件

如图 3-17 所示,在 RLC 串联电路中,若 $X_L = X_C$,则总阻抗 $Z = R$,$\dot{U}$ 与 $\dot{I}$ 同相位,$\cos\varphi = 1$,电路发生谐振。

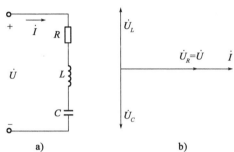

图 3-17 RLC 串联谐振电路及其相量图

所以串联电路谐振的条件是

$$X_L = X_C \tag{3-37}$$

即

$$2\pi fL = \frac{1}{2\pi fC} \tag{3-38}$$

因此,串联谐振的频率是

$$f_0 = f = \frac{1}{2\pi\sqrt{LC}} \tag{3-39}$$

由式(3-39)可见,谐振频率 f_0 是由电路本身的参数 L 和 C 决定的,所以 f_0 是固有频率。通过改变电源频率 f,或者改变参数 L、C,使电源频率 f 和固有频率 f_0 相等,就能产生谐振。

2. 串联谐振的特点

(1)阻抗最小且为纯电阻,即

$$|Z| = \sqrt{R^2 + (X_L - X_C)^2} = R \tag{3-40}$$

(2)电路中电流值达到最大,且与端电压同相位,即

$$I = I_0 = \frac{U}{R} \tag{3-41}$$

(3)电感和电容上的电压大小相等、相位相反,电阻两端的电压等于电源总电压,即

$$U_L = U_C = X_L I_0 = X_C I_0 = \frac{\omega_0 L}{R}U = \frac{1}{\omega_0 CR}U = QU \tag{3-42}$$

式(3-42)中,Q 为谐振回路的品质因数,即

$$Q = \frac{\omega_0 L}{R} = \frac{1}{\omega_0 CR} \tag{3-43}$$

通常情况下，品质因数 Q 的值很高，可达几十至几百，即谐振时电容、电感上的电压远远大于电源电压，因此串联谐振也称为电压谐振。而电压过大容易将电感和电容击穿，所以我们要避免这种电压谐振。但在无线电中，串联谐振得到广泛应用，因为无线电信号微弱，我们常利用串联谐振来获得一个较强的信号。

(4)谐振时，电能仅供给电路中电阻消耗，即有功功率等于视在功率；电源与电路间不发生能量转换，无功功率为0，而电感与电容间进行着磁场能和电场能的转换。

以前在物理课中学过一个概念叫共振，而实际上，共振和谐振表达的是一个意思，只是在不同领域的不同叫法而已。我们生活中的收音机就是利用的谐振。当转动收音机的旋钮时，就是在改变里面的固有频率，忽然，在某一点，电路的频率和空气中传播的不可见的电磁波频率相等时，就发生了谐振，我们就能从收音机中听到声音。

一 RLC 串联谐振电路中，已知电阻 $R = 10\Omega$，电感 $L = 10\text{mH}$，电容 $C = 0.01\mu\text{F}$，试求出电路的谐振频率和品质因数。

解：RLC 串联电路谐振频率

$$f_0 = \frac{1}{2\pi\sqrt{LC}} = \frac{1}{2\pi\sqrt{10\times 10^{-3}\times 0.01\times 10^{-6}}}\text{Hz} \approx 16\text{kHz}$$

RLC 串联谐振电路的品质因数

$$Q = \frac{\omega_0 L}{R} = \frac{2\pi\times 16\times 10^3\times 10\times 10^{-3}}{10} \approx 101$$

(二)并联谐振

感性负载和电容组成的并联谐振电路是一种较实用的并联谐振电路，如图3-18所示。

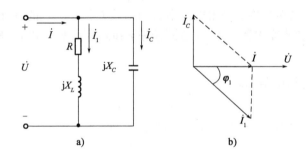

图3-18 并联谐振电路及其相量图

1.并联谐振的条件

如图3-18所示，谐振时，电路中的总电流和端电压同相，电路呈阻性。总电流 I 等于两支路电流之和，由相量图可知

$$I_C = I_1\sin\varphi_1$$

因为
$$I_C = \frac{U}{X_C}, I_1 = \frac{U}{\sqrt{R^2 + X_L^2}}, \sin\varphi_1 = \frac{X_L}{\sqrt{R^2 + X_L^2}}$$

所以
$$\frac{U}{X_C} = \frac{U}{\sqrt{R^2 + X_L^2}} \times \frac{X_L}{\sqrt{R^2 + X_L^2}} = \frac{UX_L}{R^2 + X_L^2}$$

即
$$\omega C = \frac{\omega L}{R^2 + \omega^2 L^2}$$

一般线圈中的内阻很小,忽略电阻的影响,可得并联谐振的条件为

$$\omega C \approx \frac{1}{\omega L}$$

$$\omega = \frac{1}{\sqrt{LC}} \text{ 或 } f_0 = f = \frac{1}{2\pi \sqrt{LC}} \tag{3-44}$$

f_0 是固有频率,在忽略内阻 R 的情况下,并联谐振与串联谐振具有相同的频率表达式。

2. 并联谐振的特点

(1)电路的阻抗最大,且为纯电阻,经分析谐振时的阻抗为

$$|Z_0| = \frac{L}{RC} \tag{3-45}$$

(2)电路中总电流值达到最小,且与端电压同相位,即

$$I = I_0 = I_1 \cos\varphi_1 \tag{3-46}$$

(3)电感和电容上的电流近似相等,且是总电流的 Q 倍,即

$$\frac{I_1}{I_0} = \frac{1}{\cos\varphi_1} = \frac{\sqrt{R^2 + X_L^2}}{R} \approx \frac{X_L}{R} = \frac{\omega_0 L}{R} = Q \tag{3-47}$$

式(3-47)表明,谐振时支路电流 I_1 或 I_C 比总电流高很多倍,因此并联谐振又称为电流谐振。

(4)谐振时,$\cos\varphi = 0$,电路呈阻性,电源与电路间不发生能量转换,无功功率为 0。

请完成单一参数的交流电路参数测量、RLC 电路参数测量及电路的谐振研究,以及荧光灯照明电路的安装及功率因数的提高,见教材配套工作手册 4~6。

三相电功率的测量

项目 4

项目概述

项目3研究了单相交流电,实际应用中,在发电、输电、配电以及大功率用电设备等电力系统中,三相交流电应用更广泛。这是由于三相交流电具有以下优点:①在输送功率相同、电压相同、距离相同、线路损耗相等的情况下,若采用三相交流供电,发电机的体积更小,质量更小,从而节省了材料;②在输电方面,若采用截面面积相同的输电线,导线的条数可以减少1/3甚至1/2,大大节省了输电线的用铜(或铝)量;③在用电方面,三相电源供电的三相电动机与单相电源供电的单相电动机相比,具有结构简单、价格便宜、机械振动小、性能平稳可靠等优点。在本项目中,通过对三相交流电路的参数测量技能训练及相关知识的学习,读者可以掌握三相交流电路的基本知识、分析方法等理论知识,以及三相交流电路图的识读,三相交流电路的安装、调试等实践技能。

 学习清单

知识清单	1. 了解三相交流电的产生。 2. 掌握三相交流电的三角函数表示法和相量表示法。 3. 掌握三相交流电源的星形和三角形连接。 4. 掌握三相负载的星形和三角形连接
能力清单	1. 能用三角函数表示法和相量表示法表示三相交流电。 2. 能正确绘制三相交流电源的星形连接和三角形连接电路,并能正确分析电路,求解电路参数。 3. 会分析三相负载星形和三角形连接电路,并能计算电路参数。 4. 能读懂电路图,并按照电路图连接三相交流电路。 5. 能使用常用电工仪表测量三相交流电路参数。 6. 学会三相交流电路功率的测量方法。 7. 学习活动完成后能按照管理规定清理现场
素质清单	1. 在完成学习活动的过程中,树立团队协作的意识,安全、规范操作意识和吃苦耐劳的劳动精神。 2. 逐步形成分析解决电路问题的能力。 3. 培养勤于思考、自主学习的习惯

微课堂自主学习

请同学们扫描二维码观看教学视频,完成课前预习。

学习活动 1　三相交流电的产生和表示

由三相正弦交流电源供电的电路称为三相正弦交流电路,简称三相交流电路。三相交流电源能够提供三个幅值相等、频率相同,彼此之间相位互差120°的正弦交流电动势,这三个电动势称为三相对称电动势。

一、三相交流电的产生

三相交流电的产生就是三相对称电动势的产生,一般是由三相交流发电机产生的,图 4-1a)所示为三相交流发电机结构示意图。它主要是由固定不动的定子和旋转的转子构成的,定子由定子铁芯和定子绕组构成,定子铁芯是由薄硅钢片叠压而成的圆柱筒形结构,定子铁芯内圆面上有平行排布的凹槽,槽内嵌放尺寸和匝数完全相同的三组绕组 U_1U_2、V_1V_2、W_1W_2,三组绕组在空间上相隔120°排布,称为三相定子绕组,其中 U_1、V_1、W_1 是绕组的首端,U_2、V_2、W_2 是绕组的末端,如图 4-1b)所示。转子由转子铁芯和励磁绕组组成,给绕组通入直流电后,铁芯中将产生一个很强的恒定磁场。

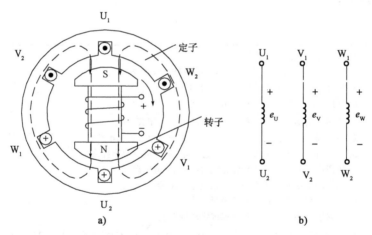

图 4-1　三相交流发电机结构示意图

当转子由原动机拖动、以角速度 ω 匀速旋转时,三相定子绕组依次切割转子磁场磁力线,产生幅值相等、频率相同、相位互差120°的三相对称电动势。假设每相绕组电动势的参考方向是由绕组的末端指向首端,U 相电动势初相位为0,则三相电动势可以表示为

$$\left.\begin{aligned} e_U &= E_m\sin\omega t \\ e_V &= E_m\sin(\omega t - 120°) \\ e_W &= E_m\sin(\omega t + 120°) \end{aligned}\right\} \tag{4-1}$$

三相电动势的波形图如图 4-2a)所示,相量图如图 4-2b)所示。
由图 4-2a)可知,三相电动势在任一瞬时,其瞬时值的代数和为0,即

$$e_U + e_V + e_W = 0 \tag{4-2}$$

由图 4-2b)可知,三相电动势的相量之和也为0,即

$$\dot{E}_\mathrm{U} + \dot{E}_\mathrm{V} + \dot{E}_\mathrm{W} = 0 \qquad (4\text{-}3)$$

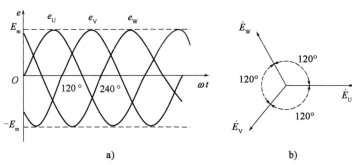

图 4-2 三相交流正弦电压波形及相量图

三相电动势的瞬时值达到最大值(或 0)的先后顺序称为相序。如图 4-2a)所示,该三相电动势的相序为 U 相—V 相—W 相,这样的相序称为正序;反之,若三相电动势的相序为 U 相—W 相—V 相,则称为负序。

二、三相交流电源的连接

三相交流电源的三组绕组连接方式有两种:星形连接和三角形连接。

1. 三相交流电源的星形连接

三相交流电源的星形连接就是把三组绕组的三个末端 U_2、V_2、W_2 连接在一起,如图 4-3a)所示,三个末端相连的点称为中性点或零点,用字母 N 表示,从中性点引出的线称为中性线,从三个绕组的首端 U_1、V_1、W_1 引出的线称为相线。

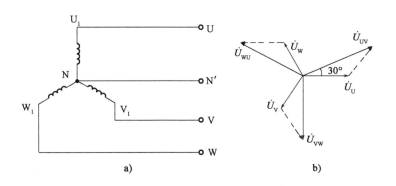

图 4-3 三相交流电源的星形连接及其相量图

由三根相线和一根中性线所组成的供电方式称为三相四线制,只由三根相线所组成的供电方式称为三相三线制。

在三相四线制供电方式中,可以提供两种电压:相线与中性线之间的电压称为相电压,即 $\dot{U}_\mathrm{U}$、$\dot{U}_\mathrm{V}$、$\dot{U}_\mathrm{W}$;而相线与相线之间的电压称为线电压,即 $\dot{U}_\mathrm{UV}$、$\dot{U}_\mathrm{VW}$、$\dot{U}_\mathrm{WU}$。根据基尔霍夫电压定律,可得相电压与线电压之间的关系为

$$\left.\begin{array}{l}\dot{U}_{UV} = \dot{U}_U - \dot{U}_V \\ \dot{U}_{VW} = \dot{U}_V - \dot{U}_W \\ \dot{U}_{WU} = \dot{U}_W - \dot{U}_U\end{array}\right\} \tag{4-4}$$

相电压的有效值通常用 U_P 表示,即 $U_U = U_V = U_W = U_P$,线电压有效值为 U_L,即 $U_{UV} = U_{VW} = U_{WU} = U_L$,根据图 4-3b),可得它们之间的关系为

$$U_L = \sqrt{3}\, U_P \tag{4-5}$$

分析可知,当发电机采用星形连接时,三个相电压和三个线电压均为三相对称电压,各线电压的有效值为相电压有效值的 $\sqrt{3}$ 倍,且线电压在相位上超前相应的相电压 30°。我们平时所说的 380V、220V 电压,分别指的是线电压和相电压的有效值。

三相对称电源星形连接,已知 U 相电压 $u_U = 220\sqrt{2}\sin(314t + 45°)\text{V}$,试写出其他各相电压和线电压的瞬时值表达式。

解: 三相对称电源的相电压为对称三相电压,可得

$$u_V = 220\sqrt{2}\sin(314t - 75°)\text{V}$$

$$u_W = 220\sqrt{2}\sin(314t + 165°)\text{V}$$

根据线电压与相电压的关系,可得
线电压的有效值为

$$U_L = \sqrt{3}\, U_P = \sqrt{3} \times 220 \approx 380(\text{V})$$

线电压的瞬时值表达式为

$$u_{UV} = 380\sqrt{2}\sin(314t + 75°)\text{V}$$

$$u_{VW} = 380\sqrt{2}\sin(314t - 45°)\text{V}$$

$$u_{WU} = 380\sqrt{2}\sin(314t + 195°)\text{V}$$

由于正弦交流电瞬时值表达式中,初相位的绝对值不能超过 180°,上式改写为

$$u_{WU} = 380\sqrt{2}\sin(314t - 165°)\text{V}$$

2. 三相交流电源的三角形连接

三相交流电源的三角形连接就是把三组绕组首尾依次相接,如图 4-4 所示,从三组绕组的首端 U_1、V_1、W_1 引出三根相线,三角形连接方式没有中性点,因而也就没有中性线,因此,三角形连接方式只能采用三相三线制的供电方式。三角形连接时,相电压和线电压相等,只能输出一种电压。

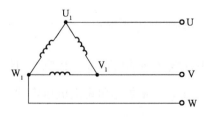

图 4-4 三相交流电源的三角形连接

学习活动 2　三相负载的连接

交流电路中的用电设备,根据所接电源的不同可分为两类:一类是单相负载,由单相电源供电,如家里的荧光灯及其他家用电器等都属于单相负载;另一类是三相负载,需要由三相电源供电,如三相电动机等。

三相负载又分为两类:一类是三相对称负载,若三相负载中每相的阻抗相等,则为三相对称负载,如三相电动机;另一类是三相不对称负载,若三相负载中每相的阻抗不同,则为三相不对称负载,如三相照明电路中的负载。

三相负载也有两种连接方式:星形连接和三角形连接。

一、三相负载的星形连接

三相负载的星形连接就是三相负载末端连接在一起,首端分别连接电源的三根相线,也记为"Y"接法,如图 4-5 所示。在该连接方式中,除了三根相线外,中性点还连接中性线,即采用三相四线制供电方式。

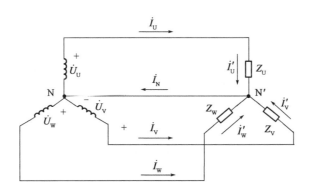

图 4-5　三相负载的星形连接

1. 相电压与线电压

由图 4-5 可知,三相负载的相电压即为电源的相电压,三相负载的线电压即为电源的线电压。所以,三相负载的线电压与相电压也满足

$$U_L = \sqrt{3}\, U_P \tag{4-6}$$

2. 相电流与线电流

由图 4-5 可知,在电源相电压 $\dot{U}_U$、$\dot{U}_V$、$\dot{U}_W$ 作用下,各相线上有电流 $\dot{I}_U$、$\dot{I}_V$、$\dot{I}_W$ 从电源流向负载,各负载的电流 $\dot{I}'_U$、$\dot{I}'_V$、$\dot{I}'_W$ 流向中性点 N'。其中,$\dot{I}_U$、$\dot{I}_V$、$\dot{I}_W$ 是流过每根相线的电流,称为线电流,其有效值用 I_L 表示;$\dot{I}'_U$、$\dot{I}'_V$、$\dot{I}'_W$ 为流过每相负载的电流,称为相电流,其有效值用 I_P 表示。由图可知,三相负载采用星形连接时,负载的相电流与线电流相等,即

$$\dot{I}_\mathrm{U} = \dot{I}'_\mathrm{U} = \frac{\dot{U}_\mathrm{U}}{Z_\mathrm{U}}, \dot{I}_\mathrm{V} = \dot{I}'_\mathrm{V} = \frac{\dot{U}_\mathrm{V}}{Z_\mathrm{V}}, \dot{I}_\mathrm{W} = \dot{I}'_\mathrm{W} = \frac{\dot{U}_\mathrm{W}}{Z_\mathrm{W}} \qquad (4\text{-}7)$$

用有效值表示为 $I_\mathrm{L} = I_\mathrm{P}$。

3. 中性线电流

在图 4-5 中，根据基尔霍夫电流定律可得，中性线上的电流为

$$\dot{I}_\mathrm{N} = \dot{I}_\mathrm{U} + \dot{I}_\mathrm{V} + \dot{I}_\mathrm{W} \qquad (4\text{-}8)$$

当三相负载采用星形连接时，若三相负载对称，则 $Z_\mathrm{U} = Z_\mathrm{V} = Z_\mathrm{W} = Z_\mathrm{P}$，由于三相电源电压对称，因此各相负载上的电流也是对称的，它们的相位互差 120°，此时中性线电流 $\dot{I}_\mathrm{N} = 0$。各相电流的有效值相等，为

$$I_\mathrm{P} = I_\mathrm{U} = I_\mathrm{V} = I_\mathrm{W} = \frac{I_\mathrm{P}}{|Z_\mathrm{P}|} \qquad (4\text{-}9)$$

由于中性线上没有电流，省去中性线不影响负载的正常工作，此时，图 4-5 所示电路也可以采用三相三线制供电方式。

如果三相负载不对称，各相负载上的电流不对称，此时中性线电流 $\dot{I}_\mathrm{N} = \dot{I}_\mathrm{U} + \dot{I}_\mathrm{V} + \dot{I}_\mathrm{W} \neq 0$。在三相四线制供电方式下，由于中性线的存在，三相电路成为三个互不影响的独立电路，虽然各相负载不同，但不影响加在各相负载上的相电压（即相电压仍保持对称），仍能够保证每相负载正常工作。

如果中性线断开，各相负载的电压就不等于电源的相电压，阻抗小的负载获得的电压低于其额定电压，阻抗大的负载则相反，使负载不能正常工作，甚至造成损坏。因此，为了保证三相不对称负载正常工作，此时电路的中性线不能省去，即不能采用三相三线制供电方式。因此规定，在三相四线制供电方式中，中性线上不能加装熔断器和开关，并且中性线应使用机械强度较高的导线。此外，在连接三相负载时，应尽量保证三相负载平衡。

图 4-6 所示是三相负载采用星形连接的三相四线制供电电路示意图。

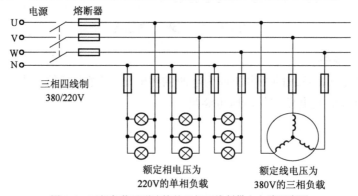

图 4-6　三相负载星形连接的三相四线制供电电路示意图

二、三相负载的三角形连接

三相负载的三角形连接就是将三相负载首尾依次相接，再将三个首端分别连接电源的三根相线，也记为"△"接法，如图 4-7a）所示。

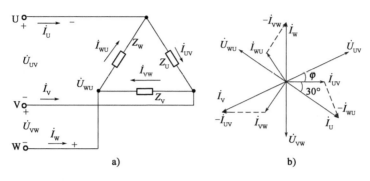

图 4-7 三相对称负载的三角形连接及其相量图

1. 相电压与线电压

三相负载采用三角形连接时,三相负载分别接在三相电源的每两根相线之间,这时各相负载上的相电压就等于电源的线电压,即

$$U_{\text{L}} = U_{\text{P}} \tag{4-10}$$

2. 相电流与线电流

三相负载的相电流用 $\dot{I}_{\text{UV}}$、$\dot{I}_{\text{VW}}$、$\dot{I}_{\text{WU}}$ 表示,由图 4-7a) 可得相电流与相电压的关系为

$$\dot{I}_{\text{UV}} = \frac{\dot{U}_{\text{UV}}}{Z_{\text{U}}}, \dot{I}_{\text{VW}} = \frac{\dot{U}_{\text{VW}}}{Z_{\text{V}}}, \dot{I}_{\text{WU}} = \frac{\dot{U}_{\text{WU}}}{Z_{\text{W}}}$$

当负载为三相对称负载时,各相电流也对称,其有效值为

$$I_{\text{UV}} = I_{\text{VW}} = I_{\text{WU}} = I_{\text{P}} = \frac{U_{\text{P}}}{|Z|} = \frac{U_{\text{L}}}{|Z|} \tag{4-11}$$

由图 4-7a) 可知,三相对称负载采用三角形连接时,线电流不等于相电流,根据基尔霍夫电流定律,其关系为

$$\left.\begin{array}{l} \dot{I}_{\text{U}} = \dot{I}_{\text{UV}} - \dot{I}_{\text{WU}} \\ \dot{I}_{\text{V}} = \dot{I}_{\text{VW}} - \dot{I}_{\text{UV}} \\ \dot{I}_{\text{W}} = \dot{I}_{\text{WU}} - \dot{I}_{\text{VW}} \end{array}\right\} \tag{4-12}$$

由式 (4-12) 可以作出相量图,如图 4-7b) 所示。通过计算可得

$$I_{\text{L}} = \sqrt{3}\, I_{\text{P}} \tag{4-13}$$

即三相对称负载采用三角形连接时,线电流是相电流的 $\sqrt{3}$ 倍,从相量图中可以看出,线电流滞后相应的相电流 30°。

综上所述,三相负载的连接方式有星形连接和三角形连接两种,具体采用哪种连接方式,应根据负载的额定电压和电源电压来确定,需要保证每相负载上的电压都等于额定电压。例如:我国低压电网的线电压为 380V,当每相负载的额定电压为 380V 时,应采用三角形连接;当每相负载的额定电压为 220V 时,应采用星形连接。

三相对称负载接于线电压为380V的三相电源上,已知每相负载的阻抗 $Z=(6+j8)\Omega$。

试求:

(1)三相对称负载采用星形连接时,各相负载的相电压、线电压、相电流和线电流的有效值;

(2)三相对称负载采用三角形连接时,各相负载的相电压、线电压、相电流和线电流的有效值。

解:(1)每相负载阻抗的模为

$$|Z|=\sqrt{6^2+8^2}=10(\Omega)$$

三相对称负载采用星形连接时,各相负载的线电压等于电源线电压

$$U_L=380V$$

负载的线电压和相电压的关系为 $U_L=\sqrt{3}U_P$,可得

$$U_P=\frac{U_L}{\sqrt{3}}=\frac{380}{\sqrt{3}}\approx 220(V)$$

负载的相电流

$$I_P=\frac{U_P}{|Z|}=\frac{220}{10}=22(A)$$

三相对称负载采用星形连接时,其相电流等于线电流,可得

$$I_L=I_P=22(A)$$

(2)三相对称负载采用三角形连接时,各相负载的相电压等于电源线电压

$$U_P=380V$$

负载的线电压和相电压的关系为

$$U_L=U_P=380V$$

负载的相电流

$$I_P=\frac{U_P}{|Z|}=\frac{380}{10}=38(A)$$

负载的线电流和相电流的关系为 $I_L=\sqrt{3}I_P$,可得

$$I_L=\sqrt{3}I_P=\sqrt{3}\times 38\approx 66(A)$$

从以上分析中可以看出,在相同的电源电压下,同一对称负载接法不同时,线电流不同。同一对称负载采用三角形连接时的线电流是采用星形连接时的3倍。因此,对于正常运行时采用三角形接法的三相异步电动机,启动时将三相绕组接成星形,运行时再接为三角形,可以降低启动电流。

学习活动3 计算三相交流电路的功率

无论三相负载是星形连接还是三角形连接,三相负载的有功功率都等于各负载有功功率之和,即

$$P = P_U + P_V + P_W \tag{4-14}$$

当三相负载对称时

$$P = 3P_P = 3U_P I_P \cos\varphi \tag{4-15}$$

其中,φ 是相电压与相电流的相位差,即负载的阻抗角。

当负载是星形连接时,$U_L = \sqrt{3} U_P$ 且 $I_L = I_P$;当负载是三角形连接时,$U_L = U_P$ 且 $I_L = \sqrt{3} I_P$。由此可得,无论三相对称负载是星形连接还是三角形连接,三相负载总的有功功率为

$$P = 3P_P = 3U_P I_P \cos\varphi = \sqrt{3} U_L I_L \cos\varphi \tag{4-16}$$

同理,无功功率和视在功率分别为

$$Q = 3U_P I_P \sin\varphi = \sqrt{3} U_L I_L \sin\varphi \tag{4-17}$$

$$S = \sqrt{P^2 + Q^2} = 3U_P I_P = \sqrt{3} U_L I_L \tag{4-18}$$

学中练4-2 中,试求:(1)三相对称负载采用星形连接时,各相负载的功率;(2)三相对称负载采用三角形连接时,各相负载的功率。

解:每相负载的功率因数

$$\cos\varphi = \frac{R}{|Z|} = \frac{6}{10} = 0.6$$

$$\sin\varphi = \frac{X}{|Z|} = \frac{8}{10} = 0.8$$

(1)负载星形连接时,功率为

$P = \sqrt{3} U_L I_L \cos\varphi = \sqrt{3} \times 380 \times 22 \times 0.6 \approx 8.7 (\text{kW})$

$Q = \sqrt{3} U_L I_L \sin\varphi = \sqrt{3} \times 380 \times 22 \times 0.8 \approx 11.6 (\text{kvar})$

$S = \sqrt{3} U_L I_L = \sqrt{3} \times 380 \times 22 \approx 14.5 (\text{kV} \cdot \text{A})$

(2)负载三角形连接时,功率为

$P = \sqrt{3} U_L I_L \cos\varphi = \sqrt{3} \times 380 \times 66 \times 0.6 \approx 26.1 (\text{kW})$

$Q = \sqrt{3} U_L I_L \sin\varphi = \sqrt{3} \times 380 \times 66 \times 0.8 \approx 34.8 (\text{kvar})$

$S = \sqrt{3} U_L I_L = \sqrt{3} \times 380 \times 66 \approx 43.4 (\text{kV} \cdot \text{A})$

请完成三相交流电路电压、电流的测量和三相交流电功率的测量,见教材配套工作手册7、8。

单相变压器的特性测试

项目 5

项目概述

变压器是输配电的基础设备,广泛应用于工业、农业、交通等领域。本项目以单相变压器特性测试为载体,讲述变压器的结构、工作原理、运行分析等,使读者掌握变压器的基本知识、分析方法等理论知识,以及单相变压器的电路识图、测试等实践技能。

学习清单

知识清单	1. 了解磁场的基本物理量。 2. 理解磁场的基本定律。 3. 理解磁性材料的特性。 4. 掌握变压器的结构和工作原理。
能力清单	1. 能正确认识变压器的结构、变压器的铭牌,并描述铭牌上各参数的含义。 2. 能对变压器进行运行分析。 3. 能正确测试变压器的运行参数。 4. 学习活动完成后能按照管理规定清理现场
素质清单	1. 在完成学习活动的过程中,树立团队协作的意识,安全、规范操作意识和吃苦耐劳的劳动精神。 2. 逐步形成分析、解决电路问题的能力。 3. 培养勤于思考、自主学习的学习习惯

微课堂自主学习

请同学们扫描二维码观看教学视频,完成课前预习。

学习活动 1　理解磁场的基本物理量和定律

通电导线周围和内部存在着磁场,很多电工设备不仅涉及电路,还涉及磁场。磁场的特性主要用磁感应强度(B)、磁通(Φ)、磁导率(μ)和磁场强度(H)四个物理量来描述。

一、磁场的基本物理量

(一) 磁感应强度 B

磁感应强度是描述磁场中某点磁场强弱和方向的物理量,通常用大写字母 B 表示。磁感应强度是个矢量,其方向和磁场中各点的磁场方向相同,由电流产生的磁场方向可以用右手螺旋定则判断,其大小可以用垂直于磁场方向单位面积内的磁力线数目来确定。磁场较强的地方磁感应强度较大,磁力线较密。若磁场中各点磁感应强度的大小相等、方向相同,则该磁场称为均匀磁场。

磁感应强度 B 的国际单位为 T(特斯拉)。

(二) 磁通 Φ

在磁场中,磁感应强度 B 与垂直于磁力线方向的面积 S 的乘积,称为穿过这个平面的磁通,用 Φ 表示,则

$$\Phi = BS \tag{5-1}$$

式(5-1)中,磁通 Φ 的国际单位为 Wb,常用单位为 Mx(麦克斯韦),$1\text{Wb} = 10^8 \text{Mx}$;磁感应强度 B 的国际单位为 T;面积 S 的国际单位为 m^2。

式(5-1)还可以写成 $B = \dfrac{\Phi}{S}$。可见,磁感应强度 B 在数值上可以看作与磁场方向垂直的单位面积内所通过的磁通,故磁感应强度又称为磁通密度。因此,磁感应强度 B 的单位还可以写作 Wb/m^2(韦/米^2),$1\text{T} = 1\text{Wb/m}^2$。

(三) 磁导率 μ

磁导率是用来表示物质导磁能力强弱的物理量,用 μ 表示,单位为 H/m(亨/米)。

自然界中不同物质的磁导率不同,为了便于对各种物质的导磁能力进行比较,以真空磁导率 μ_0 为基准,将其他物质的磁导率 μ 与真空磁导率 μ_0 的比值,定义为相对磁导率,用 μ_r 表示,即

$$\mu_r = \dfrac{\mu}{\mu_0} \tag{5-2}$$

式(5-2)中,真空磁导率 μ_0 是一个常数,其值为 $4\pi \times 10^{-7} \text{H/m}$,$\mu$ 为其他物质的磁导率,单位为 H/m,因此,相对磁导率 μ_r 是一个无量纲的量。表 5-1 列出了几种常见物质的相对磁导率。

常见物质的相对磁导率　　　　　表 5-1

物质名称	相对磁导率	物质名称	相对磁导率
空气、木材、铜、铝、橡胶、塑料等	1	电工钢片	7000~10000
铸铁	200~400	坡莫合金	20000~200000
铸钢	500~2200		

(四) 磁场强度 H

磁场强度是为了便于分析磁场所引入的一个辅助物理量,反映了电流产生的磁场,用大写字母 H 表示。其大小和方向均取决于产生该磁场的电流,与通过的介质无关。

磁场中某点的磁感应强度 B 与同一点上介质的磁导率 μ 的比值称为该点的磁场强度,即

$$H = \frac{B}{\mu} \tag{5-3}$$

式(5-3)中,磁场强度 H 的国际单位为 A/m(安/米)。磁场强度 H 的方向与磁感应强度 B 的方向相同。

二、磁场的基本定律(安培环路定律)

安培环路定律:沿着任何一条闭合回线 L,磁场强度 H 的线积分值等于该闭合回线所包围的总电流值 $\sum I$(电流的代数和),如图 5-1 所示。

安培环路定律的表达式为

$$\oint_L H \cdot dl = \sum I \tag{5-4}$$

式(5-4)中,磁场强度 H 的国际单位为 A/m,长度 l 的国际单位为 m,电流 I 的国际单位为 A。

应用安培环路定律计算电流的代数和时,先选定回路的绕行方向,绕行方向符合右手螺旋定则的电流为正,反之为负。若沿着回线 L,磁场强度 H 的大小处处相等(均匀磁场),且闭合回线所包围的总电流是由通有电流 i 的 N 匝线圈所提供,则有

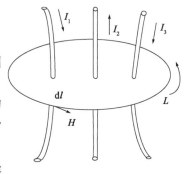

图 5-1　安培环路定律

$$Hl = Ni \tag{5-5}$$

学习活动 2　熟悉磁性材料

根据导磁性能强弱,自然界的物质可分为两大类:一类为磁性材料,也称为铁磁材料,如铁、钴、镍及其合金等。这类材料的相对磁导率很大,导磁性能强,如电气设备中常用的硅钢片,其相对磁导率 μ_r 为 6000~8000。另一类为非磁性材料,如铜、铝等。这类材料的磁导率接近真空磁导率,相对磁导率 $\mu_r \approx 1$,其导磁性能很弱,几乎可以认为其不导磁,如铜的相对磁导

率 $\mu_r = 0.99999$。其中,磁性材料是制造变压器、电动机等电气设备的主要材料,其导磁性能直接影响电气设备的性能。

一、磁性材料的导磁性能

(一) 高导磁性

磁性材料的磁导率很高,并且有很强的被磁化特性,即在外磁场作用下,其内部磁场会被增强。在磁性材料的内部存在许多磁化小区,称为磁畴,每个磁畴就像一块小磁铁。在没有外磁场作用时,这些磁畴的排列是杂乱无章的,对外不显示磁性,如图 5-2a) 所示。给磁性材料加上一定外磁场时,磁畴将在磁场力的作用下,顺着外磁场的方向排列,从而产生一个很强的附加磁场,这个过程称为磁化。此时,附加磁场与外磁场叠加,使磁性材料内的磁场大大增强。

如果将磁性材料做成铁芯,在铁芯外部的线圈中通入微小的电流,就可以产生较大的磁场,如图 5-2b) 所示。

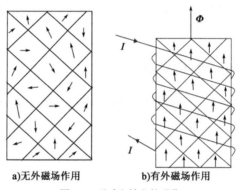

图 5-2 磁畴和铁芯的磁化

(二) 磁饱和性

材料的磁感应强度 B 和外加磁场 H 之间的对应关系曲线称为磁化曲线,如图 5-3 所示。在磁性材料的磁化过程中,随着励磁电流的增大,外磁场和附加磁场都将增大,但当励磁电流增大到一定值时,由于几乎所有磁畴的方向均已偏转到与外加磁场方向一致,附加磁场不再随励磁电流的增大而继续增强,这种现象称为磁饱和。

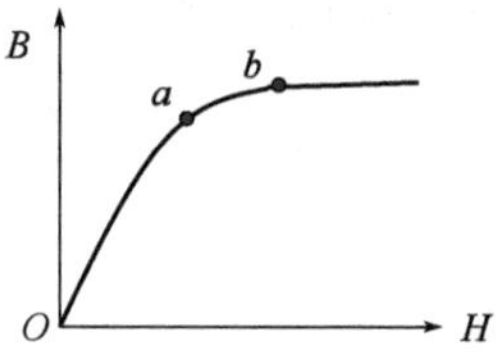

图 5-3 中曲线表示线圈中放入铁芯的情况,Oa 段中,大部分磁畴沿外磁场方向排列,B 与 H 成正比且磁感应强度 B 增加较快;ab 段中,几乎所有的磁畴都沿外磁场方向排列,铁芯磁场从未饱和状态慢慢过渡到饱和状态,磁感应强度 B 增加缓慢;b 点以后称为饱和状态,铁芯的增磁作用已达到极限,磁感应强度 B 达到最大值,几乎不再增大。

图 5-3 磁化曲线

(三) 磁滞性

如果励磁电流是大小和方向都随时间变化的交变电流,那么磁性材料将被交变磁化,在一个周期内磁感应强度 B 随磁场强度 H 变化的关系曲线形成闭合回线,称为磁滞回线,如图 5-4

所示。从图5-4中可以看出,当线圈中电流减小到0(即$H=0$)时,铁芯在磁化时所获得的磁性还没有完全消失,这时铁芯中保留的磁感应强度称为剩磁感应强度,简称剩磁,用B_r表示,对应于磁滞回线和纵轴的交点。如果要使铁芯的剩磁消失,通常需要改变线圈中励磁电流的方向,也就是通过改变磁场强度H的方向来进行反向磁化,使$B=0$的磁场强度称为矫顽力,用H_c表示,对应图5-4中磁滞回线和横轴的交点。

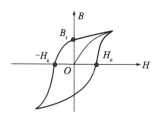

图5-4 磁滞回线

铁芯在交变磁场反复磁化的过程中,磁感应强度B的变化总是滞后于磁场强度H的变化,磁性材料的这种性质称为磁滞性。

二、磁性材料分类

根据导磁性能,磁性材料分为三种:第一类是软磁材料,它的磁滞回线窄而长,剩磁和矫顽力都比较小,一般用作电动机、变压器、低压电器的铁芯,常用的材料有铸铁、硅钢等;第二类是硬磁材料,也称为永磁材料,它的磁滞回线较宽,一般用来制造永久磁铁,常用的材料有碳钢、铁镍铝钴合金等;第三类是矩磁材料,它的磁滞回线接近矩形,剩磁较大,稳定性较好,可用作记忆元件。这三种铁磁材料的磁滞回线如图5-5所示。

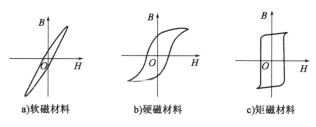

图5-5 铁磁材料的磁滞回线

学习活动3 分析磁路和磁路定律

一、磁路的基本概念

在很多电气设备(如电动机、变压器、低压电器等)中,通常都有铁芯和线圈,其中铁芯常用磁性材料做成所需要的形状,线圈绕制并套装在铁芯上。当给线圈通入电流时,在线圈周围的空间(包括铁芯内、外)就会形成磁场,由于铁芯的磁导率比周围空气的磁导率高得多,线圈中电流产生的磁通绝大多数经过铁芯形成闭合路径,如同把电流流过的路径称为电路一样,磁通所通过的闭合路径称为磁路。磁通的路径可以是磁性材料,也可以是非磁性材料。图5-6所示为常见的磁路,图5-6a)是一种单相变压器的磁路,图5-6b)是直流电动机的磁路。

在磁路中,通过铁芯的这部分磁通称为主磁通,用来进行能量转换或传递。围绕通电线圈,在部分铁芯和铁芯周围的空间,还存在少量分散的磁通,这部分磁通称为漏磁通,漏磁通不参与能量转换或传递。主磁通和漏磁通所通过的路径分别构成主磁路和漏磁路。

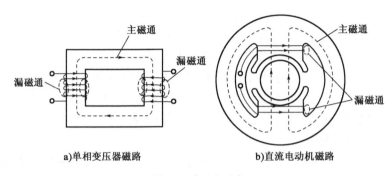

图 5-6 常见的磁路

用以激励磁路中磁通的载流线圈称为励磁线圈,励磁线圈中的电流称为励磁电流。若励磁电流为直流,磁路中的磁通是恒定的,不随时间而变化,这种磁路称为直流磁路,图 5-6b)中直流电动机的磁路就属于这一类;若励磁电流为交流,磁路中的磁通是随时间而变化的,这种磁路称为交流磁路,图 5-6a)中单相变压器的磁路属于这一类。

二、磁路的基本定律

在进行磁路分析和计算时,常用到以下定律。

(一) 磁路的欧姆定律

图 5-7a)所示是一个等截面无分支的铁芯磁路,铁芯上有励磁线圈 N 匝,线圈中通有电流 i;铁芯截面面积为 S,磁路的平均长度为 l,材料的磁导率为 μ。若不计漏磁通,并认为各截面上的磁感应强度相等,且垂直于各截面,则磁通等于磁感应强度乘面积,即

$$\varPhi = BS \tag{5-6}$$

而磁感应强度等于磁导率乘磁场强度,即 $B = \mu H$。

根据安培环路定律,可得

$$H = \frac{Ni}{l}$$

代入式(5-6),得

$$Ni = \frac{lB}{\mu} = \frac{\varPhi l}{\mu S} \tag{5-7}$$

式(5-7)可改写为

$$F = \varPhi R_m \tag{5-8}$$

式中,F 称为磁路的磁动势,$F = Ni$,单位为 A;R_m 为磁路的磁阻,$R_m = l/(\mu S)$,其大小取决于磁路的尺寸和磁路所用材料的磁导率,单位为 H^{-1},$1H^{-1} = 1A/Wb$;$\varPhi$ 为磁通,单位为 Wb。

式(5-8)表明,作用在磁路上的磁动势 F 等于磁路内的磁通 $\varPhi$ 乘磁阻 R_m,将磁动势 F 对应于电路中的电动势 E,磁通 $\varPhi$ 对应于电流 I,磁阻 R_m 对应于电阻 R,式(5-8)与电路中的欧姆定律在形式上十分相似,因此,式(5-8)称为磁路的欧姆定律。图 5-7b)所示为磁路对应的模拟电路图。

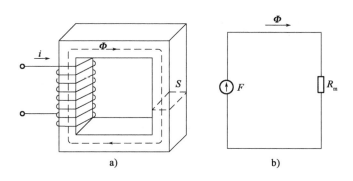

图 5-7　无分支铁芯磁路及其模拟电路图

(二) 磁路的基尔霍夫定律

1. 磁路的基尔霍夫第一定律

磁路的基尔霍夫第一定律内容为通过(穿出或进入)任一闭合面的总磁通恒等于零,即

$$\sum \Phi = 0 \tag{5-9}$$

式(5-9)类似于电路中的基尔霍夫电流定律 $\sum i = 0$,因此,该定律称为磁路的基尔霍夫第一定律。

如图 5-8 所示的磁路中,当给中间铁芯加磁动势 F 时,磁通的路径如图中虚线所示。如果规定进入闭合面 S 的磁通为负,穿出闭合面 S 的磁通为正,对闭合面 S 应用磁路的基尔霍夫第一定律,可得

$$-\Phi_1 + \Phi_2 + \Phi_3 = 0$$

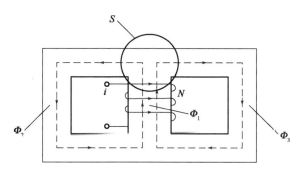

图 5-8　磁路的基尔霍夫第一定律

2. 磁路的基尔霍夫第二定律

磁路的基尔霍夫第二定律内容为沿任一闭合磁路的总磁动势恒等于各段磁路磁位差的代数和,即

$$\sum Ni = \sum Hl \tag{5-10}$$

式(5-10)类似于电路中的基尔霍夫电压定律,因此,该定律称为磁路的基尔霍夫第二定律。此定律实际上是安培环路定律的另一种表达形式。

学习活动 4　掌握交流铁芯线圈

铁芯线圈,顾名思义,是由铁芯和励磁线圈组成的。按照通入励磁线圈的励磁电流的性质不同,铁芯线圈分为直流铁芯线圈和交流铁芯线圈两种。直流铁芯线圈由直流电励磁,产生的磁通是恒定的;交流铁芯线圈由交流电励磁,产生的磁通是交变的。变压器、交流电动机等电气设备中都有交流铁芯线圈,因此,掌握交流铁芯线圈对后续变压器、电动机的分析非常重要。

一、电磁关系

交流铁芯线圈电路如图 5-9 所示,假设线圈的匝数为 N,给励磁线圈两端加上正弦交流电压 u 时,线圈中就有交变的励磁电流 i 流过,在交变的磁动势 Ni 的作用下,产生交变的磁通,磁通绝大部分通过铁芯,称为主磁通,用 Φ 表示。另外,还有很小部分磁通从附近的空气中通过,称为漏磁通,用 Φ_σ 表示。这两种交变的磁通将在线圈中产生感应电动势,分别用 e 和 e_σ 表示。

在图 5-9 所示的交流铁芯线圈电路中,根据基尔霍夫定律,可得

$$u + e + e_\sigma - Ri = 0$$

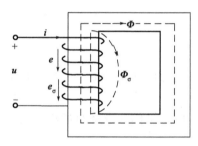

图 5-9　交流铁芯线圈电路

其中,$e = -N\dfrac{\mathrm{d}\Phi}{\mathrm{d}t}$,由于线圈上的电压降和漏磁电动势都很小,与主磁电动势 e 比较,均可忽略不计,假设 $\Phi = \Phi_\mathrm{m}\sin\omega t$,则

$$u \approx N\frac{\mathrm{d}\Phi}{\mathrm{d}t} = -e$$

$$u \approx N\Phi_\mathrm{m}\omega\cos\omega t = 2\pi f N\Phi_\mathrm{m}\cos\omega t$$

其中,u 的最大值为 $U_\mathrm{m} = 2\pi f N\Phi_\mathrm{m}$,有效值为

$$U = \frac{U_\mathrm{m}}{\sqrt{2}} \approx 4.44 f N\Phi_\mathrm{m} \tag{5-11}$$

式(5-11)中,N 为线圈匝数;f 为电源频率,单位为 Hz;Φ_m 为铁芯中交变磁通的幅值,单位为 Wb。

二、铁芯损耗

在交变磁通的作用下,铁芯中有能量损失,主要表现为涡流损耗和磁滞损耗两种形式。铁芯损耗会使铁芯发热,应采取措施减小铁芯损耗。

(一)涡流损耗

铁芯中的交变磁通,不仅会在线圈两端感应出电压,还会在铁芯里感应出电压。由于铁芯也是导体,在感应电压的作用下就会引起电流,称为涡流。涡流遇到铁芯的阻力,就会产生功率损耗,称为涡流损耗。

减小涡流损耗的有效措施是铁芯不采用实心结构,而采用叠片形式,即铁芯用薄硅钢片叠压而成,片与片之间互相绝缘,这样就能限制涡流在较小的截面内流通。此外,硅钢片中含有少量的硅,使铁芯的电阻率增大,从而减小涡流损耗。

(二)磁滞损耗

铁芯在反复磁化过程中,由于磁性材料的磁滞性,磁性材料内部磁畴在来回磁化和去磁的过程中是受到阻力的,类似于磁畴间相互摩擦发热,从而产生了能量损耗,这就是磁滞损耗。

磁滞损耗会引起铁芯发热,为了减小磁滞损耗,一般选用软磁材料制造铁芯,硅钢就是常用的制造铁芯的软磁材料,其磁滞损耗较小。

学习活动 5　识别单相变压器

变压器是利用电磁感应原理传输电能或电信号的电气设备。变压器的种类很多,其应用十分广泛。在电力系统中,发电机发出的交流电能,通过升压变压器,将电压升高后进行远距离输电,到用户附近,再通过降压变压器,将电压降低供用户使用;在测量仪表上,可以利用变压器扩大仪表测量交流电压、电流的范围。

一、变压器的分类

1. 按用途分类

(1)电力变压器

图 5-10 所示是一个简单电力系统示意图,其中使用的变压器就是电力变压器,这是变压器中应用最广泛的一种,用来传输和分配电能。

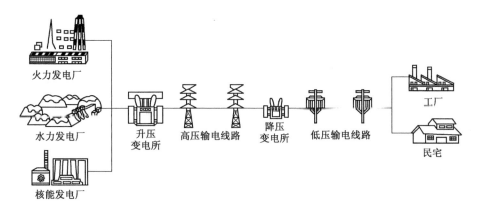

图 5-10　电力系统示意图

在电力系统中远距离输送一定的电能时,如果输送的功率一定,输出电压越低,线路中电流越大,在输电线路上的功率损耗就越大。为了减小输电线路上的功率损耗,目前电力系统都采用高压输电。发电厂的发电机组一般输出的额定电压为 10.5kV,需要用升压变压器将电压升高到一定值(一般高压输电线路的额定电压为 110kV、220kV、330kV、500kV)后,再送入高压输电线路。当电能传输到用户附近后,再通过降压变压器,将电压降低,供用户使用。

(2)仪用变压器

仪用变压器包括电流互感器和电压互感器,在测量系统中使用。它们能够把大电流变换成小电流,或把高电压变换成低电压,从而隔离大电流或高电压以便安全地进行测量工作。

(3)自耦变压器

容量较大的异步电动机常用自耦变压器实现降压启动。在实验室中,经常使用自耦变压器调节输出电压。

(4)专用变压器

专用变压器是在一些特定场合使用的变压器,如电解用的整流变压器、焊接用的电焊变压器、供无线电通信用的特殊变压器等。

2. 按相数分类

变压器按相数主要分成两类:一类是单相变压器,用于单相交流系统中;另一类是三相变压器,用于三相交流系统中。

3. 按结构分类

变压器按结构主要分成两类:心式变压器和壳式变压器,如图 5-11 所示。

心式变压器的结构特点是绕组包围铁芯,电力变压器一般采用心式变压器。壳式变压器的结构特点是铁芯包围绕组,电气设备中的小容量变压器一般采用这种结构。

虽然变压器大小悬殊,用途各异,但其基本结构和工作原理是相同的。下面以单相双绕组变压器为例来介绍其基本结构和工作原理。

二、变压器的基本结构

变压器主要组成部件是一次绕组、二次绕组和铁芯。其基本结构形式是将一次绕组、二次绕组套装在铁芯上,如图 5-12 所示。

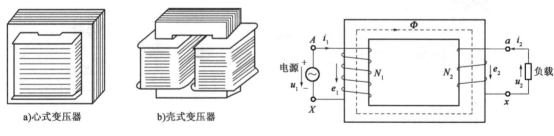

图 5-11　变压器的铁芯和绕组形式　　　　图 5-12　变压器的基本结构

1. 铁芯

铁芯既作为变压器的磁路,又作为变压器的机械骨架。

为了增强导磁性能、减少交变磁通在铁芯中引起的损耗,变压器的铁芯一般采用厚度为 0.35～0.5mm、表面涂有绝缘漆的硅钢片叠压而成。硅钢片的两面涂有绝缘漆,目的是减少铁芯的涡流损耗。大容量变压器多采用高磁导率、低损耗的冷轧电工钢片。

铁芯由铁芯柱和磁轭组成,铁芯上装有绕组,磁轭将铁芯连接起来,使之成为闭合的磁路。交流磁通在铁芯中会引起涡流损耗和磁滞损耗,使铁芯发热。因此,在大容量变压器中要设置散热装置,通常将铁芯浸在变压器油中,当油从油道中流过时,将铁芯中的热量带走。

2. 绕组

绕组是变压器的电路部分,用来传输电能,一般分为高压绕组和低压绕组,接在较高电压上的绕组称为高压绕组,接在较低电压上的绕组称为低压绕组。从能量转换、传递的角度来说,与电源连接、从电源吸收电能的绕组称为一次绕组;与负载连接、给负载输送电能的绕组称为二次绕组。

变压器的绕组大多用包有绝缘材料的铜或铝导线绕制而成。变压器的绕组一般绕成圆柱形,因为这种形状的绕组在电磁力的作用下有较好的力学性能,不易变形,同时也便于绕制。高压绕组的匝数多、导线细,低压绕组的匝数少、导线粗。

三、变压器的工作原理

如图 5-12 所示的变压器的基本结构示意图中,为了便于分析,通过下脚标区分一次绕组、二次绕组的电路参数:凡与一次绕组有关的物理量都在其符号下角标"1",而与二次绕组有关的物理量都在其符号下角标"2",如一次绕组、二次绕组的电压、电流、匝数及功率分别用 U_1、U_2、I_1、I_2、N_1、N_2 及 P_1、P_2 表示。

当给变压器的一次绕组加上交流电压 u_1 时,一次绕组中有交流电流 i_1 流过,电流 i_1 在铁芯中产生交变磁通 Φ,该磁通也是交变磁通,磁通变化的频率与电源电压频率相同。铁芯中交变的磁通在一次绕组和二次绕组中分别感应出频率相同而大小不等的电动势,分别用 e_1、e_2 表示。如果二次绕组接有负载,则在二次电动势 e_2 的作用下,在二次绕组和负载构成的回路中就有电流流过,变压器向负载输出一定的电功率,从而实现了电能的传递。一次绕组为高压绕组,二次绕组为低压绕组,即为降压变压器;反之为升压变压器。

一次绕组和二次绕组中感应出的电动势 e_1 和 e_2 的有效值分别为

$$E_1 = 4.44fN_1\Phi_m \tag{5-12}$$

$$E_2 = 4.44fN_2\Phi_m \tag{5-13}$$

式中,E_1、E_2 为一次绕组、二次绕组感应电动势的有效值,单位为 V;N_1、N_2 为一次绕组、二次绕组的匝数;f 为正弦交流电的频率,单位为 Hz;Φ_m 为主磁通 Φ 的幅值,单位为 Wb。

若忽略漏磁通、绕组上的电阻等因素的影响,则 $U_1 \approx E_1$,$U_2 \approx E_2$,可得变压器一次绕组、二次绕组的电压有效值之比为

$$\frac{U_1}{U_2} \approx \frac{E_1}{E_2} = \frac{N_1}{N_2} = K \tag{5-14}$$

式中,K 称为变压器的变压比,变压比等于一次绕组、二次绕组的匝数之比,可见只要改变一次绕组、二次绕组匝数比,就可以改变变压器二次输出电压的大小,这就是变压器的电压变换作用。如果变压比 $K > 1$,则 $U_1 > U_2$,该变压器为降压变压器;如果变压比 $K < 1$,则 $U_1 < U_2$,该变压器为升压变压器。

变压器带负载运行时,磁动势平衡方程为

$$N_1 \dot{I}_1 + N_2 \dot{I}_2 = N_1 \dot{I}_0 \tag{5-15}$$

忽略空载电流有

$$\dot{I}_1 \approx -\frac{\dot{I}_2}{K} \tag{5-16}$$

因此，变压器一次绕组、二次绕组电流有效值之比为

$$\frac{I_1}{I_2} = \frac{N_2}{N_1} = \frac{1}{K} \tag{5-17}$$

由式(5-17)可知，一次绕组、二次绕组电流比近似为变压比 K 的倒数。可见，改变变压器匝数比，不仅能改变电压，也能改变电流，这就是变压器的电流变换作用。

有一台电压为 220V/36V 的降压变压器，一次绕组的匝数为 1100 匝，二次绕组接一盏 36V、40W 的灯泡，试问：

(1)二次绕组匝数是多少？

(2)灯泡点亮后，一次绕组、二次绕组电流各为多少？

解：(1)由变压公式 $\dfrac{U_1}{U_2} = \dfrac{N_1}{N_2}$，可得二次绕组的匝数

$$N_2 = \frac{U_2}{U_1} N_1 = \frac{36}{220} \times 1100 = 180$$

(2)灯泡是纯电阻负载，二次绕组电流为

$$I_2 = \frac{P_2}{U_2} = \frac{40}{36} \approx 1.11(\text{A})$$

由变压器一次绕组、二次绕组电流关系 $\dfrac{I_1}{I_2} = \dfrac{N_2}{N_1}$，可得一次绕组电流

$$I_1 = \frac{N_2}{N_1} I_2 = \frac{180}{1100} \times 1.11 \approx 0.18(\text{A})$$

如图 5-13 所示电路中，负载阻抗 Z_L 与变压器二次绕组连接构成回路，负载阻抗 Z_L 和变压器的一次绕组、二次绕组都是电源的负载，用等效阻抗 Z' 表示，由电路可知

$$|Z_L| = \frac{U_2}{I_2}, \quad |Z'| = \frac{U_1}{I_1}$$

则

$$|Z'| = \frac{U_1}{I_1} = \frac{(N_1/N_2)U_2}{(N_2/N_1)I_2} = \left(\frac{N_1}{N_2}\right)^2 |Z_L| = K^2 |Z_L| \tag{5-18}$$

式(5-18)表明，变压器负载一定时，改变一次绕组、二次绕组匝数比，就可以改变电源的等效阻抗，这就是变压器的阻抗变换作用。

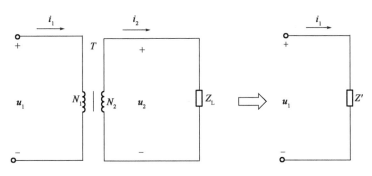

图 5-13 变压器阻抗变换电路

四、变压器的额定值

变压器满负荷运行状态称为额定运行,额定运行时相关参数的值为变压器的额定值。为了使变压器能够长时间安全、可靠地运行,制造厂家将它的额定值标示在铭牌上或产品说明书中。在使用变压器前,首先要正确理解各个额定值的意义。变压器额定值主要有:

①额定容量 S_N,指变压器额定运行状态下输出的视在功率,单位为 kV·A 或 MV·A。

②额定电压 U_{1N}、U_{2N},U_{1N} 为一次绕组额定电压,U_{2N} 为二次绕组额定电压,是指当一次绕组接入额定电压而二次绕组空载(开路)时的电压,单位为 kV。三相变压器额定电压指线电压。

③额定电流 I_{1N}、I_{2N},I_{1N} 和 I_{2N} 是分别根据额定容量、额定电压计算出来的一次绕组、二次绕组电流,单位为 A。

原二次绕组电流可用式(5-19)计算:

单相变压器:

$$I_{1N} = \frac{S_N}{U_{1N}}, I_{2N} = \frac{S_N}{U_{2N}} \tag{5-19}$$

④额定频率 f_N,我国规定电力系统的额定频率为 50Hz。

除上述额定值外,铭牌上还标明了温升、连接组、阻抗电压等。

请完成单相变压器特性测试,见教材配套工作手册9。

三相异步电动机的控制

项目 6

项目概述

城市轨道交通车辆中采用电动机驱动的电气传动部分称为车辆牵引传动系统。车辆牵引传动系统是车辆实现牵引和制动控制的主电路部分,其控制对象就是牵引电动机(简称牵引电机)。牵引电动机有直流电动机、交流电动机、直线电动机等多种形式,其中三相异步交流电动机(简称三相异步电动机)经济、耐用、可靠,在空间利用和质量上都优于直流电动机。因此,三相异步电动机是目前应用最广泛的城市轨道交通车辆牵引电动机。通过三相异步电动机的拆装和运行控制的技能训练及相关知识的学习,读者可以掌握三相异步电动机的基本结构、工作原理及控制方法等理论知识,以及三相异步电动机的拆装,三相异步电动机的控制电路图识读,控制电路安装、调试等实践技能。

学习清单

知识清单	1. 掌握三相异步电动机的结构。 2. 掌握三相异步电动机的工作原理及运行特性。 3. 掌握常用低压电器的结构。 4. 掌握常用低压电器的工作原理及特性。 5. 掌握三相异步电动机的启动、调速、反转、制动。 6. 掌握三相异步电动机的点动、连续运行和正反转电路
能力清单	1. 能正确认识三相异步电动机的铭牌,并说出铭牌上各参数的含义。 2. 能正确识别三相异步电动机的结构,并正确拆卸和装配三相异步电动机。 3. 能正确识别常用低压电器的结构。 4. 能正确分析和连接三相异步电动机的点动、连续运行和正反转电路,并测量三相异步电动机运行参数。 5. 任务完成后能按照管理规定清理现场
素质清单	1. 在完成任务的过程中,树立团队协作的意识,安全、规范操作意识和吃苦耐劳的劳动精神。 2. 逐步形成分析、解决电路问题的能力。 3. 培养勤于思考、自主学习的学习习惯

微课堂自主学习

请同学们扫描二维码观看教学视频,完成课前预习。

任务6.1 认识三相异步电动机

学习活动1　理解三相异步电动机的结构和工作原理

一、概述

直流电动机作为牵引电动机具有良好的牵引和制动性能,通过调节端电压和励磁,就可以方便地调速。但是,直流电动机的防空转性能较差,其换向器与电刷结构存在一系列缺点,例如:结构复杂,相同功率下电动机的体积和质量较大,易产生换向火花甚至产生环火,维修复杂等。特别是在高电压、大功率时,换向变得困难,电势条件恶化,使电动机的工作可靠性降低。随着大功率全控型电力电子器件的迅速发展,可调压调频的逆变装置已经成功解决了直流电动机的调速问题。三相异步电动机没有换向器,作为牵引电动机就避免了由此引起的一连串问题,而且具有结构简单、成本低、工作可靠、寿命长、维修和运行费用低、防空转性能好等一系列优点,所以是一种较理想的牵引电动机,在城市轨道交通领域中广泛应用。

三相异步电动机除了在城市轨道交通车辆中作为牵引电动机使用外,也在其他交通运输领域(包括城市电车、高速铁路)中被广泛用作牵引电动机。此外,三相异步电动机在生产上应用更为广泛,可以用来驱动各种金属切削机床、起重机、锻压机、传送带、铸造机械、功率不大的通风机及水泵等。

二、三相异步电动机的结构

三相异步电动机的种类很多,但它们的基本结构类似,都是由定子和转子构成的。定子是电动机中固定不动的部分,转子是电动机的旋转部分。三相异步电动机中定子的作用是从电源吸收电能,产生励磁旋转磁场;而转子的作用是通过旋转磁场把电能转换成使转子旋转的机械能。另外,定子、转子之间还必须有一定间隙(称为空气隙,简称气隙)以保证转子的自由转动。三相异步电动机的气隙比其他类型的电动机气隙要小,一般为2mm左右。三相异步电动机除定子、转子两个主要部分之外,还有端盖、接线盒、吊环等其他附件。

三相异步电动机有开启式、防护式、封闭式等多种形式,以适应不同的工作需要。在某些特殊场合,还有特殊的防护形式,如防爆式、潜水泵式等。无论是哪种形式,三相异步电动机的结构基本上是相同的。现以封闭式三相异步电动机为例介绍三相异步电动机的结构,如图6-1所示是一台封闭式三相异步电动机的外观和结构。

项目6 三相异步电动机的控制　101

图 6-1　封闭式三相异步电动机的外观和结构

1. 定子

定子是电动机的固定部分,主要用来产生旋转磁场,一般由定子铁芯、定子绕组组成。

(1) 定子铁芯

定子铁芯是三相异步电动机磁路的一部分。为了降低铁芯中的涡流损耗和磁滞损耗,定子铁芯是由厚度为 0.35~0.5mm、表面涂有绝缘漆的薄硅钢片[称为定子铁芯冲片,如图 6-2b)所示]叠压而成的圆筒。如图 6-2 所示,定子铁芯内圆周上布置有若干均匀分布的平行槽,用来嵌放定子绕组。

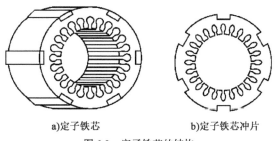

a) 定子铁芯　　　　b) 定子铁芯冲片

图 6-2　定子铁芯的结构

(2) 定子绕组

定子绕组是三相异步电动机电路的一部分。为了不对磁路产生影响,定子绕组是由涂有绝缘漆的铜线或铝线绕制而成的。中、小型三相异步电动机一般采用圆漆包线;大、中型三相异步电动机一般采用截面面积较大的绝缘扁铜线或扁铝线绕制而成。

三相异步电动机的定子绕组由三个彼此独立的绕组组成(每个绕组即为一相),三相定子绕组在空间上彼此相隔120°,每相绕组的多个线圈均匀分布,嵌放在定子铁芯平行槽中。当给三相定子绕组通入三相对称交流电流时,就会在电动机内部产生旋转磁场。定子绕组的 3 个首端 U_1、V_1、W_1 和 3 个末端 U_2、V_2、W_2,都引出到外壳上接线盒中的接线端子上,接线端子的排布如图 6-3 所示。三相异步电动机工作时,通过接线盒,将定子绕组连接到三相电源上,定子绕组有两种不同的接法:星形接法和三角形接法。图 6-3a)所示为定子绕组的星形接法;图 6-3b)所示为定子绕组的三角形接法。三相定子绕组具体应该采用何种接法,应视三相电源的线电压和各相绕组的额定工作电压而定。

(3)附件

机壳:包括机座和端盖,其作用是支承定子铁芯和固定整个电动机。

机座:由铸铁或铸钢浇铸而成,中、小型电动机的机座一般采用铸铁铸造,其作用是安装和固定电动机。机座的外壳一般铸有散热片,具有散热功能。

端盖:由铸铁或铸钢浇铸而成,中、小型电动机的端盖一般采用铸铁铸造,用螺栓固定在机座两端,其作用是把转子固定在定子内腔中心,使转子能够在定子中均匀地旋转。

轴承盖:由铸铁或铸钢浇铸而成,其作用是固定转子,使转子不能轴向移动;另外,还具有存放润滑油和保护轴承的作用。

接线盒:一般是由铸铁浇铸而成,其作用是保护和固定绕组引出线端子。

吊环:一般是用铸钢制造,安装在机座的上端,其作用是吊起、搬抬三相异步电动机。

2. 转子

转子是三相异步电动机中的旋转部分,主要用来产生电磁转矩,拖动生产机械旋转。转子由转轴、转子铁芯、转子绕组、风扇等组成。

(1)转轴

转轴是用来固定转子铁芯和传递功率、输出转矩、带动负载的部件。整个转子靠轴和轴承被支承在定子铁芯内腔中。转轴一般由中碳钢或合金钢制成,两端轴颈与轴承相配合。出轴端铣有键槽,用以固定皮带轮或联轴器。

(2)转子铁芯

转子铁芯也是电动机磁路的一部分。一般由厚 0.5mm 的硅钢片(称为转子铁芯冲片,如图 6-4 所示)叠压成圆柱体,并紧固在转轴上。转子铁芯的外表面有均匀分布的线槽,用以嵌放转子绕组。

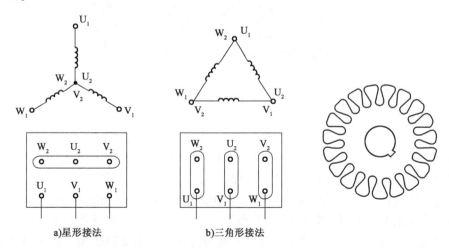

图 6-3　定子绕组的星形和三角形连接　　　　图 6-4　转子铁芯冲片

(3)转子绕组

转子绕组有两种不同的形式——鼠笼型(简称笼型)转子绕组和绕线型转子绕组。三相异步电动机按照转子绕组形式的不同,分为笼型三相异步电动机和绕线型三相异步电动机。

①笼型转子绕组

笼型转子绕组结构与定子绕组大不相同。在转子铁芯外表面的线槽中,每个槽内嵌放一根裸金属导条(铜条或铝条),然后在转子铁芯两端用两个金属环(称为端环)分别在裸金属导条两端把它们全部接通(短接),即构成转子绕组,其外形如图6-5、图6-6所示,如果去掉铁芯,整个绕组的形状就像个鼠笼,所以得名笼型转子绕组。裸金属导条与端环的材料一般采用铜或铝。大、中型电动机一般采用铜绕组,就是把事先做好的裸铜条插入铁芯线槽中,再用铜端环套在铜条两端,并用铜焊或银焊把它们焊在一起,如图6-5b)所示。对于中、小型电动机,一般采用铸铝转子,是用熔化了的铝液直接浇铸在转子铁芯线槽内,连同端环以及风扇等一次铸成,如6-6b)所示,铸铝转子铁芯外表面的线槽一般都是斜槽(线槽与轴线不平行),目的是改善三相异步电动机启动与调速性能。图6-5为笼型直条形式,图6-6为笼型斜条形式。

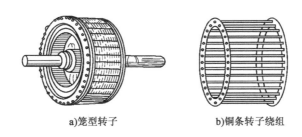

a)笼型转子　　　　　　b)铜条转子绕组

图6-5 铜条笼型直条转子

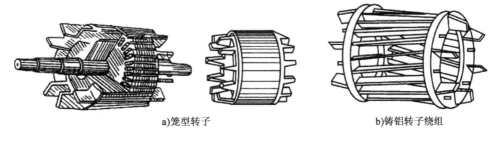

a)笼型转子　　　　　　b)铸铝转子绕组

图6-6 铸铝笼型斜条转子

②绕线型转子绕组

绕线型转子绕组是由绝缘导线绕制而成的三相对称绕组,嵌放在转子铁芯槽内,三相绕组一般连接成星形。三相转子绕组的3根引出线分别接到固定在转轴上互相绝缘的3个集电环上,再通过安装在端盖上的电刷装置与集电环接触将电流引出,如图6-7所示。集电环一般采用黄铜或锰钢等导电性能良好、润滑耐磨的材料制成,电刷一般由润滑性和导电性好的石墨材料压制而成。这种转子的特点是可以通过集电环和电刷在转子回路中接入附加电阻,用以改善电动机的启动性能或调节电动机的转速。有的绕线型三相异步电动机还装有一种提刷装置,当电动机启动完毕而又不需要调节转速时,移动手柄使电刷被举起,与集电环脱离接触,同时使3个集电环彼此短接,这样可以减少电刷与集电环间的磨损,提高运行可靠性。与鼠笼型转子比较，绕线型转子的缺点是结构复杂，价格较贵；优点是启动电流小，启动转矩大。因此，绕线型三相异步电动机只用于要求启动转矩大或需要调节转速的场合，如用来拖动频繁启动的起重设备。

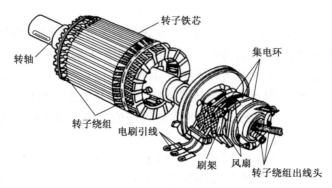

图 6-7　绕线型转子

(4) 风扇

风扇一般固定在转轴轴端，用来冷却电动机。

3. 其他部分

(1) 轴承

轴承是三相异步电动机定子、转子衔接的部位，轴承有滚动轴承和滑动轴承两类，滚动轴承能将运转的转轴与轴承盖之间的滑动摩擦变为滚动摩擦，从而减少摩擦损失。目前，大多数三相异步电动机采用滚动轴承。这种轴承的外部有储存润滑油的油箱，轴承上还装有油环，转轴转动时带动油环转动，把油箱中的润滑油带到转轴与轴承的接触面上。为使润滑油能分布在整个接触面上，轴承上紧贴轴的一面一般开有油槽。

(2) 气隙

三相异步电动机的气隙是很小的，中、小型电动机的气隙一般为 0.2～2mm。气隙越大，磁阻越大，要产生同样大小的磁场，就需要较大的励磁电流。励磁电流是无功电流，因而励磁电流越大，功率因数越低。为提高三相异步电动机的功率因数，必须减小它的励磁电流，最有效的方法是尽可能减小气隙。但是，气隙过小会使装配困难，还有可能使定子和转子在运行时发生摩擦或碰撞，因此，气隙的最小值是由制造工艺以及运行安全可靠性等因素决定的。

三、三相异步电动机的工作原理

1. 旋转磁场

(1) 旋转磁场的产生

图 6-8 表示最简单的三相定子绕组，它们在定子铁芯槽中对称排布，相位上互差120°，采用星形连接，与三相交流电源 U、V、W 相连。接通三相交流电源时，三相定子绕组中通过三相对称电流，如图 6-8 所示，其三角函数表达式如式(6-1)所示，其波形图如图 6-9 所示。随着电流在定子绕组中通过，在三相定子绕组中就会产生旋转磁场。

项目6 三相异步电动机的控制　　105

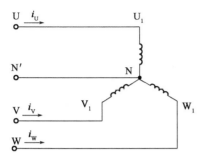

图6-8 三相异步电动机定子接线

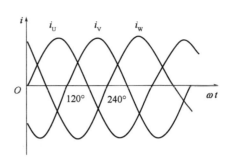

图6-9 三相对称电流波形图

$$\begin{cases} i_U = I_m \sin\omega t \\ i_V = I_m \sin(\omega t - 120°) \\ i_W = I_m \sin(\omega t + 120°) \end{cases} \quad (6-1)$$

当$\omega t = 0°$时,$i_U = 0$,U相绕组中无电流;i_V为负,V相绕组中电流的实际方向是从V_2流入,从V_1流出;i_W为正,W相绕组中电流的实际方向是从W_1流入,从W_2流出;由右手螺旋定则可得合成磁场的方向如图6-10a)所示。

当$\omega t = 60°$时,$i_W = 0$,W相绕组中无电流;i_V为负,V相绕组中电流的实际方向是从V_2流入,从V_1流出;i_U为正,U相绕组中电流的实际方向是从U_1流入,从U_2流出;由右手螺旋定则可得合成磁场的方向如图6-10b)所示。

当$\omega t = 90°$时,i_U为正,U相绕组中电流的实际方向是从U_1流入,从U_2流出;i_V为负,V相绕组中电流的实际方向是从V_2流入,从V_1流出;i_W为负,W相绕组中电流的实际方向是从W_2流入,从W_1流出;由右手螺旋定则可得合成磁场的方向如图6-10c)所示。

当$\omega t = 180°$时,$i_U = 0$,U相绕组中无电流;i_V为正,V相绕组中电流的实际方向是从V_1流入,从V_2流出;i_W为负,W相绕组中电流的实际方向是从W_2流入,从W_1流出;由右手螺旋定则可得合成磁场的方向如图6-10d)所示。

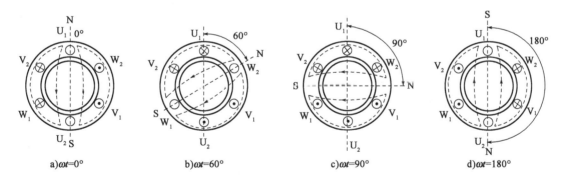

图6-10 旋转磁场的形成

可见,当定子绕组中的电流变化一个周期时,合成磁场也在空间中旋转一周。随着定子绕组中的三相电流不断地呈周期性变化,产生的合成磁场也不断地旋转,称为旋转磁场。

(2)旋转磁场的方向

旋转磁场的方向由三相定子绕组中电流的相序决定,若想改变旋转磁场的方向,只要改变通入定子绕组的电流相序,即将三根电源线中的任意两根对调即可。

(3)磁极对数 p

三相异步电动机的磁极对数就是旋转磁场的磁极对数。旋转磁场的磁极对数与三相定子绕组的安排有关。

当每相绕组只有一个线圈,绕组的始端之间相差120°时,产生的旋转磁场具有一对磁极,即 $p=1$。

当每相绕组为两个线圈串联,绕组的始端之间相差60°时,产生的旋转磁场具有两对磁极,即 $p=2$。

磁极对数 p 与绕组的始端之间的空间角 θ 的关系为

$$\theta = \frac{120°}{p} \tag{6-2}$$

(4)旋转磁场的转速

由上面的分析可以看出,三相对称交流电流产生一对磁极(磁极对数 $p=1$)合成的旋转磁场时,当电流变化一个周期($\omega t=0°\sim360°$),合成磁场沿顺时针方向旋转360°。旋转磁场的转速常称为同步转速,用 n_0 表示。

此时

$$n_0 = 60f_1 \tag{6-3}$$

式中,f_1 为定子绕组中通入三相交流电的频率,单位为 Hz;n_0 为同步转速,单位为 r/min。

三相异步电动机旋转磁场的同步转速 n_0 除了与电源频率有关之外,还与电动机磁极对数 p 有关,它们的关系是:

$$n_0 = \frac{60f_1}{p} \tag{6-4}$$

由式(6-4)可知,旋转磁场的同步转速 n_0 是由电源频率 f_1 和磁极的对数 p 决定的。对一台三相异步电动机而言,f_1 和 p 通常是一定的,所以磁场转速 n_0 是个常数。

在我国,工频 $f_1=50\text{Hz}$,因此对应于不同磁极对数 p 的旋转磁场同步转速 n_0 如表6-1所示。

三相异步电动机的同步转速　　表6-1

p	1	2	3	4	5	6
n_0(r/min)	3000	1500	1000	750	600	500

2. 三相异步电动机的转动原理

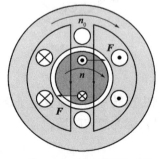

图6-11 三相异步电动机的转动原理

(1)转动原理

当旋转磁场切割转子导体时,在转子导体中产生感应电动势,使导体中有电流流过,其方向可以利用右手定则判断。转子电流与旋转磁场作用,转子导体受到安培力的作用,从而使转轴受到电磁转矩作用,转子以转速 n 旋转,把电能转换成机械能。由左手定则判断可知,转子转动方向与磁场旋转方向相同,如图6-11所示。

为了克服负载的阻力转矩,三相异步电动机的转速 n 总是略低于同步转速n_0,以便气隙中的旋转磁场能够切割转子导体而在导体中产生感应电动势和感应电流,从而能够产生足够的电磁转矩来拖动转子旋转。若转子的转速与同步转速相等,转向又相同,则旋转磁场与转子导体之间没有相对运动,转子导体中就不会产生感应电动势和感应电流,电动机的电磁转矩也将为零。可见,三相异步电动机产生电磁转矩的必要条件是,磁场的同步转速n_0和转子的转速n不相等,即$n \neq n_0$。

(2) 转差率s

电动机转子的转动方向与磁场旋转的方向相同,但转子的转速n不可能与旋转磁场的同步转速n_0相等。也就是说,旋转磁场与转子之间存在转速差,因此,把这种电动机称为异步电动机。又因为这种电动机的转动原理是建立在电磁感应基础上的,故又称为感应电动机。

转差率s是用来表示转子转速n与磁场同步转速n_0相差程度的物理量,即

$$s = \frac{n_0 - n}{n_0} = \frac{\Delta n}{n_0} \tag{6-5}$$

转差率是异步电动机的一个重要物理量,当旋转磁场以同步转速n_0开始旋转时,转子因机械惯性尚未转动,转子的瞬间转速$n=0$,这时转差率$s=1$。转子转动起来之后,$n>0$,n_0和n之间的差值减小,电动机的转差率$s<1$。若转轴上的阻转矩增大,则转子转速n降低,此时异步程度变大,才能产生足够大的感应电动势和感应电流,从而产生足够大的电磁转矩,这时转差率s增大;反之,转差率s减小。异步电动机运行时,转速与同步转速一般很接近,转差率很小,在额定工作状态下转差率在0.015~0.06范围内。

根据式(6-5),可以得到电动机转速的常用公式:

$$n = (1-s)n_0 = (1-s)\frac{60f_1}{p} \tag{6-6}$$

有一台三相异步电动机,其额定转速$n=975\text{r/min}$,电源频率$f=50\text{Hz}$,求电动机的磁极对数和额定负载时的转差率s。

解:由于电动机的额定转速接近而略小于同步转速,而同步转速对应不同的磁极对数有一系列固定的数值。显然,与975r/min最相近的同步转速$n_0=1000\text{r/min}$,与此对应的磁极对数$p=3$。因此,额定负载时的转差率为

$$s = \frac{n_0 - n}{n_0} = \frac{1000 - 975}{1000} = 0.025$$

学习活动2 使用三相异步电动机

一、概述

每台三相异步电动机机壳上都装有铭牌,上面标注各种参数,简要地介绍这台电动机的型号、规格、性能,是用户合理选择和正确使用这台电动机的依据,如表6-2所示。电动机按铭牌

上所规定的条件运行时,就称为电动机的额定运行状态。

三相异步电动机的铭牌　　　　　　表 6-2

三相异步电动机					
型　号	Y132M-4	功　率	7.5kW	频　率	50Hz
电　压	380V	电　流	15.4A	接　法	△
转　速	1440r/min	绝缘等级	E	工作方式	连续
温　升	80℃	防护等级	IP44	质　量	55kg
年　月　编号××电动机厂					

二、三相异步电动机铭牌上各参数的含义

电动机的铭牌上标示着电动机在正常运行时的额定数据。

(1)型号

型号是指电动机的产品代号。国产电动机型号由产品类型、规格、形式等组成,用字母和数字表示。例如:表 6-2 中电动机型号 Y132M-4,其中,Y 表示鼠笼型三相异步电动机;132 表示机座中心高度为 132mm;M 表示机座长度(L 为长机座,M 为中机座,S 为短机座);4 表示磁极数为 4(磁极对数 $p=2$)。

表 6-3 给出了常用三相异步电动机产品名称代号及其含义。Y 系列定子绕组是铜线,Y-L 系列定子绕组是铝线。

常用三相异步电动机产品名称代号及其含义　　　　　表 6-3

产品名称	新代号(旧代号)	代号含义	适用场合
鼠笼型异步电动机	Y、Y-L(J,JO)	异步	一般用途
绕线型异步电动机	YR(JR,JRO)	异步　绕线	小容量电源场合
防爆型异步电动机	YR(JB,JBS)	异步　防爆	石油、化工、煤矿井下
防爆安全型异步电动机	YA(JA)	异步　安全	石油、化工、煤矿井下
高启动转矩异步电动机	YQ(JQ,JQO)	异步　启动	静负荷、惯性较大的机器

(2)功率

功率是指电动机在额定运行状态下,其转轴上输出的机械功率,也称为额定功率,用 P_N 表示,单位为 kW。例如:表 6-2 中电动机功率为 7.5kW。

(3)电压

电压是指电动机正常工作情况下,应加在定子绕组上的线电压有效值,也称为额定电压,用 U_N 表示,单位为 V。例如:表 6-2 中电动机电压为 380V。电源电压波动应在额定电压 ±5% 范围内。电压过高,容易使电动机过热,甚至烧毁;电压过低,电动机可能带不动负载,从而发生堵转,烧坏电动机。

(4)电流

电流是指电动机在额定运行状态下,定子绕组中性线电流的有效值,也称为额定电流,用 I_N 表示,单位为 A。若电动机超过额定电流(过载)运行,电动机就会过热,甚至烧毁。例如:

表6-2中电动机电流为15.4A。

(5)接法

接法是指电动机在额定运行状态下,三相定子绕组应采用的连接方法,一般有"Y"和"△"两种接法。例如:表6-2中电动机应采用"△"接法。电动机的接法视电源额定电压情况而定。如果电动机标有两种电压值,应同时标明两种接法"Y/△"。例如:电压为380V/220V,接法为"Y/△"的电动机,当电源电压为380V时,电动机采用星形连接;电源电压为220V时,电动机采用三角形连接。通常,Y系列三相异步电动机规定额定功率在3kW及以下的采用"Y"接法,额定功率在4kW及以上的采用"△"接法,以便采用"Y-△"换接启动。

(6)频率

频率是指电动机定子绕组所接交流电源的频率,也称为额定频率,用f_N表示,单位为Hz。我国电网额定频率(工频)为50Hz。

(7)转速

转速是指电动机在额定工作状态下转子的转动速度,也称为额定转速,用n_N表示,单位为r/min。通常,可以根据额定转速判断电动机的磁极对数(额定状态下转差率s很小,n和n_0相差很小)。例如:表6-2中电动机转速为$n=1440$r/min,则其n_0应为1500 r/min,从而推断出磁极对数$p=2$。

(8)温升

温升是指电动机在稳定运行状态下,电动机温度与环境温度之差,也称为额定温升,用t_N表示,单位为℃。电动机运行中,部分电能转换成热能,使电动机温度升高,经过一定时间,电能转换的热能与机身散发的热能平衡,机身温度达到基本稳定。例如:表6-2中电动机温升为80℃,一般规定环境温度为40℃,表明该电动机温度不能超过120℃。

(9)工作方式(定额)

工作方式是指电动机允许工作的持续时间,即电动机在额定工作状态下,保证电动机的温升不超过允许值,持续运行时间的限制值。电动机的工作方式分为三种:S1表示连续工作方式(电动机可以按照铭牌中各项额定值连续运行,也就是在额定状态下可长期连续工作),S2表示短时工作方式(电动机只能按铭牌规定的工作时间短时运行),S3表示断续工作方式(电动机可按一系列相同的工作周期以间歇方式运行,每一周期包括一段恒定负载运行时间和一段停机、断能时间)。

(10)绝缘等级

绝缘等级是指根据电动机绕组所用绝缘材料的最高允许温度而划分的不同等级,它反映绝缘材料的耐热性能。常用绝缘材料的等级及其最高允许温度如表6-4所示。

常用绝缘材料的等级及其最高允许温度 表6-4

绝缘等级	Y	A	E	B	F	H	C
最高允许温度(℃)	90	105	120	130	155	180	>180

绝缘材料的最高允许温度,是指电动机在设计寿命内运行时,绕组绝缘材料中最热点的温度。例如:A级材料的最高允许温度是105℃,在105℃的温度下工作,其寿命可达10年,但在实际情况下,环境温度和温升不会长期达到最高温度,因此绝缘材料一般寿命为15~20年。

如果运行温度长期超过材料的最高允许温度,绝缘材料会加速老化,电动机寿命将大大缩短。因此,在电动机运行中,温度是影响其使用寿命的主要因素之一。

(11)防护等级

防护等级是指外壳防护型电动机防护能力的分级,用 IP×× 表示。其中,×× 为两位数字,表示电动机防固体外物进入电动机内部和防水能力,数字越大,防护能力越强。两位数字所表示的防护等级如表 6-5 所示。

三相异步电动机的防护等级 表 6-5

防护等级 (第一位数字)	防护等级含义	防护等级 (第二位数字)	防护等级含义
0	没有防护	0	没有防护
1	防止直径或厚度大于 50mm 的固体物质侵入	1	防止垂直滴下的水滴进入,垂直滴下的水滴不会对电机造成损坏
2	防止直径或厚度大于 12mm 的固体物质侵入	2	倾斜 15°时仍可防止水滴进入
3	防止直径或厚度大于 2.5mm 的固体物质侵入	3	防止喷洒的水进入(防雨或防止与垂直的夹角小于 60°的方向所喷洒的水进入电机而造成损坏)
4	防止直径或厚度大于 1.0mm 的固体物质侵入	4	防止各方向飞溅而来的水进入电机而造成损坏
5	完全防止外物侵入,不能完全防止灰尘进入	5	防止各方向由喷嘴射出的水的进入
6	完全防止外物侵入,且可完全防止灰尘进入	6	防止大浪的进入
		7	防止浸水时水的进入
		8	防止沉没时水的进入

例如:表 6-2 中电动机防护等级为 IP44,第一个"4"表示电动机能防止直径或厚度大于 1.0mm 的固体物质侵入电动机内壳,第二个"4"表示能防止各方向飞溅而来的水进入电动机。

学习活动 3 运行三相异步电动机

一、三相异步电动机的运行特性

1.电磁转矩(简称转矩)

三相异步电动机的转矩 T 是由旋转磁场的每极磁通 $\varPhi$ 与转子绕组中的电流 I_2 相互作用而产生的。电磁转矩的大小与转子绕组中的电流 I_2 及旋转磁场的强弱有关,它们的关系表示为

$$T = K_{\mathrm{T}}\varPhi I_2\cos\varphi_2 \tag{6-7}$$

式中,T 为电磁转矩,单位为 N·m(牛·米);K_{T} 为与电动机结构有关的常数;$\varPhi$ 为旋转磁场的每极磁通,单位为 Wb;I_2 为转子绕组电流的有效值,单位为 A;φ_2 为转子电流滞后于转子

电势的相位角,单位为(°)。

若考虑电源电压及电动机的一些参数与电磁转矩的关系,式(6-7)可修正为

$$T = K'_T \frac{sR_2 U_1^2}{R_2^2 + (sX_{20})^2} \tag{6-8}$$

式中,K'_T 为常数;U_1 为定子绕组的相电压,单位为 V;s 为转差率;R_2 为转子每相绕组的电阻,单位为 Ω;X_{20} 为转子静止时每相绕组的感抗,单位为 Ω。

由式(6-8)可知,转矩 T 与 U_1^2 成正比,所以电源电压的变化对转矩的影响很大。此外,转矩 T 还受转子电阻 R_2 的影响。

2. 机械特性曲线

在一定的电源电压 U_1 和转子电阻 R_2 下,电动机的转矩 T 与转差率 s 之间的关系曲线 $T = f(s)$ 或转速与转矩的关系曲线 $n = f(T)$,称为电动机的机械特性曲线;它们可根据式(6-7)得出,如图6-12所示。

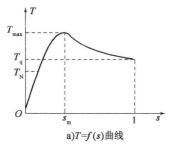
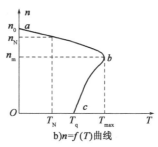

a) $T = f(s)$ 曲线   b) $n = f(T)$ 曲线

图6-12 三相异步电动机的机械特性曲线

在机械特性曲线上有三个重要的转矩:

(1) 额定转矩 T_N

额定转矩 T_N 是异步电动机带额定负载时,转轴上的输出转矩(单位为 N·m):

$$T_N = 9550 \frac{P_2}{n} \tag{6-9}$$

式中,P_2 是电动机轴上输出的机械功率,单位为 kW;n 是转速,单位为 r/min。

当忽略电动机本身的机械摩擦转矩 T_0 时,阻转矩近似等于负载转矩 T_L,电动机作匀速旋转时,电磁转矩 T 与负载转矩相等,即 $T = T_L$。额定负载时,则有 $T_N = T_L$。

(2) 最大转矩 T_{max}

最大转矩 T_{max}(也可用 T_m 表示)是电动机可能产生的最大电磁转矩,也称为临界转矩。它反映了电动机的短时过载能力。

最大转矩对应的转差率为临界转差率,用 s_m 表示,如图6-12a)所示;最大转矩对应的转速为临界转速,用 n_m 表示,如图6-12b)所示。

最大转矩 T_m 与额定转矩 T_N 之比称为电动机的过载系数,用 λ 表示:

$$\lambda = \frac{T_m}{T_N} \tag{6-10}$$

一般三相异步电动机的过载系数在 1.8~2.2 范围内。

在选用电动机时,必须考虑可能出现的最大负载转矩,而后根据所选电动机的过载系数算

出电动机的最大转矩,它必须大于最大负载转矩。

(3) 启动转矩 T_q

T_q 为电动机启动瞬间的转矩,即 $n=0,s=1$ 时的转矩。

为确保电动机能够带额定负载启动,必须满足 $T_q>T_N$,将电动机的启动转矩与额定转矩之比定义为电动机的启动能力,一般的三相异步电动机启动能力 $T_q/T_N=1.4\sim2.2$。如果 $T_q \leqslant T_N$,电动机无法启动,转速为零,电动机处于堵转状态,此时定子的电流可以达到额定电流的 $4\sim7$ 倍,时间稍长将会损坏电动机。

在 $n=f(T)$ 曲线上[图 6-12b)],电动机启动($n=0$)时,对应图中的 c 点,当满足 $T_q>T_N$ 时,电动机可以启动,转子在电磁转矩作用下逐渐加速,转速沿着图中曲线 cb 段上升,电磁转矩也增大,一直增大到最大转矩 T_m(对应图中的 b 点)。之后,转速沿着曲线 ba 段增大,电磁转矩减小,当电磁转矩等于负载转矩时,电动机就以某一转速稳定运行。在 ba 段中,电磁转矩等于额定转矩 T_N,对应的转速为额定转速 n_N,这是我们希望电动机所处的运行状态。图中的 a 点表示电动机不带负载时的情况,此时,输出的机械功率 P_2 为零,这种情况称为空载运行状态,此时电动机的空载转速接近电动机的同步转速 n_0,转子切割磁力线的速度接近于零,使转子上感应电流 I_2 近似为零,电磁转矩 T_2 近似为零。

3. 自适应负载能力

在电动机正常运行的过程中,由于外界因素使电动机转速发生变化,电动机会在 ab 段自动调节电磁转矩,使其与负载转矩平衡,并稳定在新的转速上运行,这种特性称为自适应负载能力。例如:当负载转矩增大时,$T_L\uparrow \to n\uparrow \to s\uparrow \to I_2\uparrow \to T\uparrow$,直至达到新的平衡。此过程中,$I_2\uparrow$ 时,$I_1\uparrow$,从而使电源提供的功率自动增加。

4. 影响机械特性的因素

实际应用过程中,电动机的电磁转矩对电源电压的变化很敏感,当电网电压升高时,电磁转矩将大幅度增大;而当电网电压降低时,电磁转矩将大幅度减小。实际上,电磁转矩 T 与电动机定子绕组所加电压的二次平方(U^2)成正比:

$$T \propto U^2 \qquad (6-11)$$

图 6-13 所示为定子绕组加不同电压时的机械特性曲线,可以看出,其中 $U_1>U_2>U_3$。

另一个影响机械特性的因素是转子电阻 R_2,当转子电阻增大时,机械特性曲线中的临界点将下移,最大转矩 T_m 不变,临界转速 n_m 减小,如图 6-14 所示(图中 $R_2'>R_2$)。绕线型异步电动机可以采用增大转子电阻的方法来增大启动转矩。

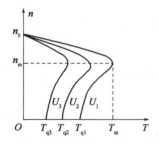
图 6-13 电源电压变化时电动机的机械特性曲线

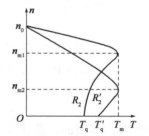
图 6-14 转子电阻变化时电动机的机械特性曲线

二、三相异步电动机的输出功率和效率

电动机从电源输入的功率为

$$P_1 = \sqrt{3}\, U_1 I_1 \cos\varphi_1 \tag{6-12}$$

式中，U_1 与 I_1 分别为电源的线电压和线电流，$\cos\varphi_1$ 为电动机的功率因数。

电动机的输出功率为转子输出的机械功率：

$$P_2 = T\omega \tag{6-13}$$

式中，T 为作用在转子上的转矩，单位为 N·m；ω 为转子的机械角速度，单位为 rad/s。

由式(6-12)和式(6-13)可得，电动机的效率为

$$\eta = \frac{P_2}{P_1} \times 100\% = \frac{T\omega}{\sqrt{3}\, U_1 I_1 \cos\varphi_1} \times 100\% \tag{6-14}$$

有两台功率都为 $P_N = 7.5\text{kW}$ 的三相异步电动机，一台 $U_N = 380\text{V}$，$n_N = 962\text{r/min}$，另一台 $U_N = 380\text{V}$，$n_N = 1450\text{r/min}$，求两台电动机的额定转矩。

解：第一台：

$$T_N = 9550 \frac{P_N}{n_N} = 9550 \times \frac{7.5}{962} \approx 74.45(\text{N}\cdot\text{m})$$

第二台：

$$T_N = 9550 \frac{P_N}{n_N} = 9550 \times \frac{7.5}{1450} \approx 49.4(\text{N}\cdot\text{m})$$

有一台 Y225M-4 型鼠笼型三相异步电动机，额定数据如表6-6所示。试求：(1) 额定电流 I_N；(2) 额定转差率 s_N；(3) 额定转矩 T_N、最大转矩 T_m、启动转矩 T_q。

学中练6-3 中电动机额定数据　　　　表6-6

功率	转速	电压	效率	功率因数	I_q/I_N	T_q/T_N	$T_m/T_N(\lambda)$
45kW	1480r/min	380V	92.3%	0.88	7.0	1.9	2.2

解：(1) 10kW 以下电动机通常采用 380V/"△"接法

$$I_N = \frac{P_2}{\sqrt{3}\, U_N \cos\varphi_N \eta} = \frac{45 \times 10^3}{\sqrt{3} \times 380 \times 0.88 \times 0.923} \approx 84.2(\text{A})$$

(2) 已知电动机磁极数为4，即 $p = 2$，$n_0 = 1500\text{r/min}$，所以

$$s_N = \frac{n_0 - n}{n_0} = \frac{1500 - 1480}{1500} \approx 0.013$$

$$(3) T_N = 9550 \frac{P_N}{n_N} = 9550 \times \frac{45}{1480} \approx 290.4 (N \cdot m)$$
$$T_m = 2.2 T_N = 2.2 \times 290.4 \approx 638.9 (N \cdot m)$$
$$T_q = 1.9 T_N = 1.9 \times 290.4 \approx 551.8 (N \cdot m)$$

三、三相异步电动机的运行控制

交流牵引传动系统中,要对作为牵引电动机的三相异步电动机进行牵引传动控制,需要控制电动机的启动、调速、反转、制动等过程。

(一)三相异步电动机的启动

1. 启动特性分析

(1)启动电流 I_q

在刚启动时,由于旋转磁场同步转速为 n_0,转子转速为 0,两者转速之差最大,磁力线切割转子导体的速度很快,这时转子绕组中产生的感应电动势和感应电流都很大,定子电流必然也很大。一般中、小型鼠笼型异步电动机定子的启动电流可达额定电流的 4~7 倍。

(2)启动转矩 T_q

电动机启动时,转子电流 I_2 虽然很大,但转子的功率因数 $\cos\varphi_2$ 很低,由公式 $T = K_T \Phi I_2 \cos\varphi_2$ 可知,电动机的启动转矩 T 较小,通常 $T_q/T_N = 1.4~2.2$。

启动转矩小可能造成启动时间延长或不能在满载下启动,因此,应该设法提高启动转矩;但如果启动转矩过大,会使传动机构受到冲击而损坏,所以一般机床的主电动机都是空载启动(启动后再切削),对启动转矩没有什么要求。

综上所述,异步电动机的主要缺点是启动电流大而启动转矩小,因此,必须采取适当的启动方法,以减小启动电流并保证有足够的启动转矩。

2. 启动方法

(1)直接启动

直接启动又称为全压启动,就是利用刀开关或接触器将电动机的定子绕组直接加到额定电压下启动。这种方法只适用于小容量的电动机或电动机容量远小于供电变压器容量的场合。

(2)降压启动

降压启动指在启动时降低加在定子绕组上的电压,以减小启动电流,待转速上升到接近额定转速时,再恢复到全压运行。此方法适用于大、中型鼠笼型异步电动机的轻载或空载启动。

①星形-三角形("Y-△")降压启动

星形-三角形降压启动指启动时,将三相定子绕组接成星形,待转速上升到接近额定转速时,再换成三角形连接,如图 6-15 所示。这样,在启动时就把每相定子绕组上的电压降到正常工作电压的 $1/\sqrt{3}$。此方法只能用于正常工作时定子绕组为三角形连接的电动机。

② 自耦变压器降压启动

自耦变压器降压启动是利用三相自耦变压器将电动机在启动过程中的端电压降低。如图 6-16 所示,启动时,先闭合接触器 KM_1、KM_2,当转速接近额定值时,再闭合接触器 KM_3,切除自耦变压器。采用自耦变压器降压启动,能同时减小启动电流和启动转矩。正常运行时,星形连接的三相异步电动机常采用自耦变压器降压启动。

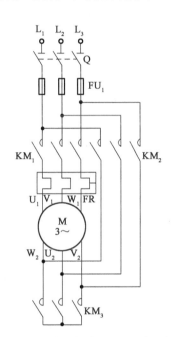

图 6-15 星形-三角形("Y-△")降压启动

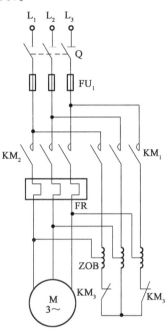

图 6-16 自耦变压器降压启动

(二) 三相异步电动机的调速

调速就是在同一负载下能得到不同的转速,以满足生产过程的要求。异步电动机的转速公式为 $n=(1-s)n_0=(1-s)\dfrac{60f_1}{p}$,可见,三相异步电动机可以通过三个途径进行调速:改变磁极对数 p,改变电源频率 f_1,改变转差率 s。前两者是鼠笼型异步电动机的调速方法,后者是绕线型异步电动机的调速方法。

1. 变极调速

变极调速就是通过改变电动机定子绕组的磁极对数 p 来调速。如果电源频率 f_1 固定不变,只要改变电动机定子绕组的磁极对数 p,同步转速 n_0 和转子转速 n 就会随之改变。而且,电动机的同步转速 n_0 与磁极对数 p 成反比,例如:当 $f_1=50Hz$ 时,把磁极对数从 $p=1$ 变到 $p=2$,同步转速将从 $n_0=3000r/min$ 变为 $n_0=1500r/min$。

变极调速常用的方法是在定子上只装一套绕组,利用改变绕组接法来获得两种或多种磁极对数,这种方法也称为单绕组变极。可以改变磁极对数的异步电动机称为多速异步电动机,有双速、三速、四速等多种。变极调速方法的优点是设备简单、运行可靠;缺点是不能实现无级调速,而是一级一级地分段式调速。此方法常用于金属切割机床或其他生产机械上。

2. 变转差率调速

变转差率调速就是通过改变电动机的转差率 s 来调速。改变转差率调速常用的方法是在转子回路中串入附加电阻。这种方法只适用于绕线型异步电动机,在电动机转子回路中接入附加电阻后就可以改变电动机的机械特性曲线形状,随着转子电阻的增加,转差率 s 变大,电动机的转速降低。这种方法的优点是能平滑地调节绕线型异步电动机的转速,且设备简单、投资少;缺点是转子回路中接入附加电阻后,电动机效率会降低。但由于此方法比较简单,在中、小容量的电动机中还是用得比较多。

3. 变频调速

变频调速就是通过改变电源的频率 f_1 来调速。当改变电源频率时,旋转磁场的同步转速与电源频率成正比,因此改变同步转速,转子转速也将相应改变,从而达到调节转子转速的目的。由前面的分析可知,对异步电动机而言,用变极调速级数少,且不能平滑调速。因此,虽然三相异步电动机与直流电动机相比较有结构简单、价格便宜、坚固耐用等很多优点,但由于其调速较困难而限制了它的使用。但是,随着电力电子技术的发展,变频电路可以给三相异步电动机提供一个频率可调的交流电源,从而使异步电动机调速更容易、方便,因而得到了更广泛的应用。

(三) 三相异步电动机的反转和制动

1. 反转

三相异步电动机的旋转方向取决于旋转磁场的旋转方向,并且两者的方向相同。想改变三相异步电动机的旋转方向,只要改变旋转磁场的旋转方向即可。因此,将电源的三根相线中任意两根对调,改变三相交流电源的相序,就可以使三相异步电动机反转。

2. 制动

三相异步电动机的制动是指加上一个与电动机转向相反的转矩来使电动机迅速停转。三相异步电动机的制动方法有两类:机械制动和电气制动。机械制动是利用机械装置(如电磁抱闸机构)来使电动机迅速停止转动,常用于起重机械设备上。电气制动是使三相异步电动机所产生的电磁转矩的方向和电动机转子的旋转方向相反,通常可分为反接制动、回馈制动和能耗制动。

(1) 反接制动

反接制动,就是为了让三相异步电动机快速停止转动,将通入定子绕组的三根电源线任意对调两根,改变定子电流的相序,使旋转磁场反向旋转,转子受到与原来旋转方向相反的电磁转矩作用,从而使电动机转速迅速减小,如图 6-17 所示。当电动机转速下降到零时,必须立即切断定子电源,否则,电动机将向相反方向旋转。

(2) 回馈制动

当异步电动机作为电动机运行时,若由于外部因素,转子加速到超过同步转速,则异步电动机进入回馈制动状态,此时异步电动机作为发动机运行,将机械能转换成电能送给电动机所接的电网。回馈制动的优点是经济性能好,可将负载的机械能变为电能反送回电网;缺点是应用范围窄,只有在电动机转速大于同步转速时才能实现。

(3) 能耗制动

如图 6-18 所示,将正在运行中的异步电动机的定子绕组从电网断开,同时将其中两相绕组接到一个直流电源上,由直流电流励磁而在气隙中建立一个静止的磁场。此时,转子由于惯性作用继续沿原来的运行方向旋转,并切割磁力线产生感应电流,转子所受电磁转矩方向与旋转方向相反,起制动作用,电动机迅速停转。这种制动方法把转子的动能转换成热能,消耗在转子回路的电阻上,因此称为能耗制动。能耗制动的优点是制动力强、制动平稳、对电网影响小;缺点是需要一套直流电源装置,而且制动转矩随着电动机转速的减小而减小,不易制动。

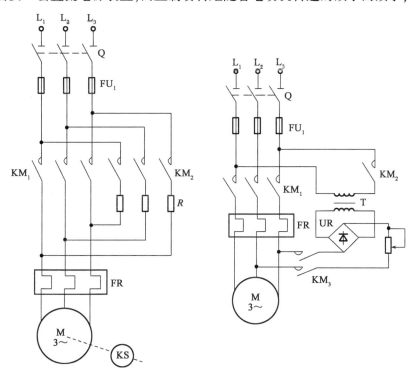

图 6-17 异步电动机的反接制动　　图 6-18 异步电动机的能耗制动

学习活动 4　拆装三相异步电动机

对电动机进行检修和维护时,经常需要对电动机进行拆卸与装配,只有掌握正确的拆卸与装配技术,才能保证电动机的修理质量。拆卸电动机前,应先准备好拆卸场地和拆卸工具,并做好拆卸前的记录和检查工作,再拆卸电动机查明故障。

1. 拆卸三相异步电动机前的准备工作

(1) 准备好拆卸工具,拆卸工具主要有拉具、活扳手、锤子、螺钉旋具、弯头长柄剪刀、缸套、毛刷,以及套筒等专用工具。

（2）布置检修现场。
（3）了解待拆电动机的结构及故障情况。
（4）拆卸时做好相应的记录及相关标记。

2. 中、小型三相异步电动机的拆卸和安装步骤

（1）电动机的拆卸

电动机的拆卸如图6-19所示。

①卸下前轴承外盖。

拆卸前轴承外盖时，只要旋下固定轴承盖的螺栓，就可把外盖取下。

注意事项：前后两个外盖拆下后要标上记号，以免安装时前后装错。

②卸下前端盖。

拆卸前端盖前，应先在机壳与前端盖接缝处做好标记，然后旋下固定前端盖的螺栓。通常前端盖上有两个拆卸螺孔，用从前端盖上拆下的螺栓旋进拆卸螺孔，就能将前端盖逐步顶出来。

若没有拆卸螺孔，可用大小适宜的扁凿，插在前端盖凸出的耳朵处，按前端盖对角线依次向外撬，直至卸下前端盖。

③卸下风罩。

选择适当的旋具，旋下风罩与机壳的固定螺栓，即可取下风罩。

④卸下风叶。

将转轴尾部风叶上的定位螺栓或销拧下，用小锤在风叶四周轻轻地均匀敲打，就可取下风叶。若是小型电动机，风叶通常不必拆下，可随转子一起抽出。

⑤卸下后轴承外盖。

⑥卸下后端盖。

⑦卸下转子。

拆卸小型电动机的转子时，要一手握住转子，把转子拉出一些后，用另一只手托住转子铁芯慢慢往外，注意不能碰伤定子绕组。

⑧用拉具拆卸前、后轴承及轴承内盖。

根据轴承的大小，选择适当的拉力器，夹住轴承，拉力器的脚爪应紧扣在轴承的内圈上，拉力器的丝杆顶点要对准转子轴的中心，扳转丝杆要慢，用力要均匀。

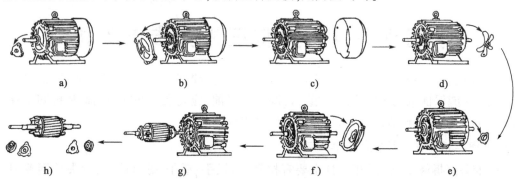

图6-19 三相异步电动机的一般拆卸步骤

(2)电动机大修时的检查项目
①检查电动机各部件有无机械损伤,若有则应作相应修复。
②将拆卸后的电动机各部件的所有油泥、污垢清理干净。
③检查定子绕组表面是否变色,漆皮是否有裂纹,绑线、垫块是否松动。
④检查定子、转子铁芯有无磨损和变形,通风道有无异物,槽楔有无松动或损坏。
⑤检查风扇有无变形、松动、裂纹。
⑥使用外径千分尺和内径千分尺分别测量轴承室、轴颈,与标准对比,检验是否合格。
(3)电动机的安装
在进行以上各项修理、检查后,对电动机进行装配,安装时按照与拆卸相反的顺序进行。安装后需调整各部间隙,按规定进行检查和试车。

任务6.2

三相异步电动机的控制

学习活动1 识别常用低压电器

一、概述

在交流牵引传动系统中,要对三相异步电动机进行牵引传动控制,就需要在电路中使用很多电器。所谓电器,就是对电能的生产、输送、分配和应用起到控制、调节、保护等作用的电工设备。电器按其使用电压等级的不同,分为高压电器和低压电器,其中,低压电器是指在交流1200V及以下、直流1500V及以下的电路中使用的电器。城市轨道交通车辆的交流牵引传动系统中使用的电器大多属于低压电器。

1. 低压电器的分类

低压电器在生产机械上应用广泛,种类繁多,有多种不同的分类方式。

(1)按用途和控制对象不同,低压电器可分为配电电器和控制电器。

用于电能的输送和分配的电器称为配电电器,这类电器包括刀开关、转换开关、断路器和熔断器等。用于各种控制电路和控制系统的电器称为控制电器,这类电器包括接触器、主令电器和各种控制继电器等。

(2)按操作方式不同,低压电器可分为自动电器和手动电器。

通过电器本身参数变化或外来信号(如电、磁、光、热等)自动完成接通、分断、启动、反向和停止等动作的电器称为自动电器。常用的自动电器有接触器、继电器等。通过人力直接操作来完成接通、分断、启动、反向和停止等动作的电器称为手动电器。常用的手动电器有刀开关、转换开关和主令电器等。

(3)按工作原理不同,低压电器可分为电磁式电器和非电量控制电器。

电磁式电器是依据电磁感应原理来工作的电器,如接触器、各类电磁式继电器等。非电量控制电器是靠外力或某种非电量的变化而动作的电器,如行程开关、速度继电器等。

2. 低压电器的作用

低压电器在电路中能起到控制、保护、测量、调节、指示、转换等作用。

二、常用低压电器

1. 刀开关

刀开关一般用于不频繁操作的低压电路中,用于接通和切断电源,有时也用来控制小容量电动机的直接启动与停机。

刀开关由动触点(闸刀)、静触点(静插座)、手柄和绝缘底板等组成,如图6-20a)所示。刀开关的种类很多,按极数(刀片数)分为单极、双极和三极,按结构分为平板式和条架式,按操作方式分为直接手柄操作式、杠杆操作机构式和电动操作机构式等。

刀开关一般与熔断器串联使用,以便在短路或过负荷时熔断器熔断而自动切断电路,如图6-20b)所示为刀开关的图形符号。刀开关的额定电压通常为250V和500V,额定电流在1500A以下。

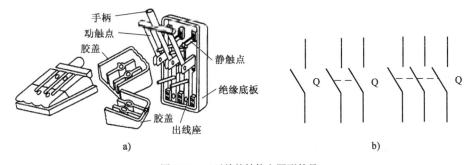

图6-20 刀开关的结构和图形符号

2. 主令电器

主令电器是一种专门发布命令、直接或通过电磁式继电器间接作用于控制电路的电器。主令电器常用来控制电力拖动系统中电动机的启动、停机、调速及制动等。

按钮是一种手动控制且可以自动复位的主令电器,通常用来接通或断开小电流控制的电路。按钮由按钮帽、复位弹簧、桥式触点和外壳等组成,其结构示意图如图6-21a)所示,这是一种典型按钮的结构,它有一对动合触点(常开触点),当按下按钮时,动触点闭合,手松开后按钮复位。

按钮的种类很多,按结构形式分为旋钮式按钮、指示灯式按钮、紧急式按钮。旋钮式按钮用于扭动旋钮来进行操作;指示灯式按钮内可装入信号灯显示信号;紧急式按钮装有蘑菇形钮帽,以便紧急操作。按钮按触点形式分为常开按钮、常闭按钮和复合按钮。常开按钮是在外力未作用时(手未按下),触点断开,外力作用时,触点闭合,外力消失后,在复位弹簧作用下自动恢复原来的断开状态。常闭按钮是在外力未作用时,触点闭合,外力作用时,触点断开,外力消失后,在复位弹簧作用下自动恢复原来的闭合状态。既有常开按钮,又有常闭按钮的按钮组,称为复合按钮。按下复合按钮时,所有的触点都改变状态,即动合触点要闭合,动断触点(常闭触点)要断开。但是,这两对触点的变化是有先后次序的,按下按钮时,动断触点先断开,动合触点后闭合;松开按钮时,动合触点先复位(断开),动断触点后复位(闭合)。图6-21b)所示是常开按钮、常闭按钮和复合按钮的图形符号。

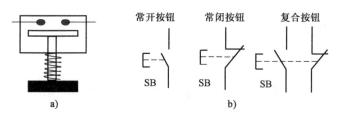

图 6-21 按钮的结构和图形符号

3. 接触器

接触器是一种用来频繁地接通或断开交、直流主电路及大容量控制电路的自动切换电器，主要用于控制电动机、电焊机、电热设备、电容器组等。

接触器不仅能实现远距离集中控制，而且操作频率高、控制容量大，具有低压释放保护、工作可靠、使用寿命长和体积小等优点，是继电接触器控制系统中最重要和最常用的电器之一。

接触器的基本参数包括主触点的额定电压、主触点允许切断电流、触点数、线圈电压、操作频率、机械寿命和电寿命等。目前常用的接触器，其额定电流最大可达 2500A，允许接通次数为 150～1500 次/h，总寿命可达到 1500 万～2000 万次。

接触器按其主触点控制的电路中电流的种类，分为直流接触器和交流接触器两种。其中，交流接触器常用来接通和断开电动机或其他设备的主电路。交流接触器主要由电磁机构、触点系统、灭弧装置及其他部分组成，电磁机构包括线圈、铁芯和衔铁，触点系统包括主触点和辅助触点。接触器的结构如图 6-22 所示，其图形符号如图 6-23 所示。

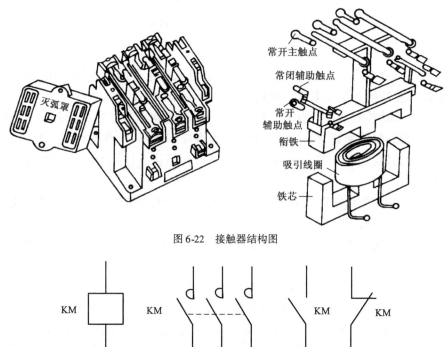

图 6-22 接触器结构图

图 6-23 接触器图形符号

接触器是利用电磁铁的吸引力而动作的。当接触器线圈通电后,铁芯被磁化,电磁吸力克服弹簧反作用力使得衔铁被吸合,带动触点系统中的主触点和辅助触点动作,动断触点断开,动合触点闭合。当线圈失电或线圈两端电压显著降低时,铁芯磁性消失或减小,电磁吸力小于弹簧反作用力,使得衔铁被释放,触点复位。

根据用途不同,接触器的触点分主触点和辅助触点两种。主触点能通过较大电流,常接在电动机的主电路中;辅助触点通过的电流较小,常接在电动机的控制电路中。例如:CJ10-20型交流接触器有三对常开主触点和四对辅助触点(两对常开,两对常闭)。

当主触点断开时,可能会产生电弧,烧坏触点,并使电路断开时间拉长,因此,必须采取灭弧措施。通常交流接触器的触点都做成桥式结构,它有两个断点,以降低触点断开时加在断点上的电压,使电弧容易熄灭,同时各相间装有绝缘隔板,可防止短路。在电流较大的接触器中还专门设有灭弧装置。

在选用接触器时,应注意它的额定电流、线圈电压及触点数量等。CJ10系列接触器的主触点额定电流有5A、10A、20A、40A、75A、120A等数种。

4. 继电器

继电器是一种根据一定的信号(如电流、电压、时间和速度等物理量)变化来接通或分断小电流电路的自动控制电器。它用于各种控制电路中,实现对电路的自动控制和保护功能。

继电器有很多不同的种类,常用的继电器按动作原理分为电磁式继电器、磁电式继电器、感应式继电器、电动式继电器、光电式继电器、压电式继电器、热继电器、时间继电器等,按输入量不同分为交流继电器、直流继电器、电压继电器、电流继电器、中间继电器、时间继电器、速度继电器、温度继电器、压力继电器、脉冲继电器等。

(1)电磁式继电器

①结构及工作原理。

继电器一般由三个基本部分组成:检测机构、中间机构和执行机构。

低压控制系统中的控制继电器大部分为电磁式继电器,图6-24所示为电磁式继电器的结构示意图。电磁式继电器主要由电磁机构和触点系统两个部分组成。电磁机构由线圈、铁芯、衔铁组成。触点系统中触点一般采用桥式结构,有常开(动合)和常闭(动断)两种形式。由于其触点都接在控制电路中,电流较小,一般不装设火弧装置。另外,为了改变继电器动作参数,继电器一般还设置改变弹簧松紧和改变衔铁打开后气隙大小的装置,即调节螺钉。

电磁式继电器工作时,当通过线圈的电流超过某一定值时,电磁吸力大于弹簧反作用力,衔铁吸合,带动绝缘支架动作,使动断触点断开,动合触点闭合。通过调节螺钉,可以调节弹簧反作用力的大小,即调节继电器的动作参数值。

②继电特性。

继电器的主要特性是继电特性,继电特性曲线如图6-25所示。当继电器输入量X由0增至X_1以前,继电器输出量Y为0。当输入量X增加到X_1时,继电器衔铁吸合,输出量为Y_1;若X继续增大,Y保持不变。当X减小到X_1时,继电器衔铁释放,输出量由Y_1变为零;若X继续减小,Y值均为0。

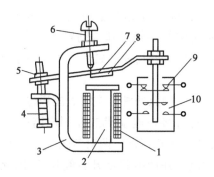
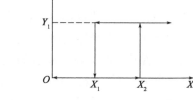

图 6-24　电磁式继电器的结构示意图　　　　图 6-25　继电器的继电特性曲线
1-线圈；2-铁芯；3-磁轭；4-弹簧；5-调节螺母；6-调节螺钉；7-衔铁；
8-非磁性垫片；9-动断触点；10-动合触点

（2）电流继电器

电流继电器主要用于过载及短路保护。电流继电器的线圈串联接入被保护主电路中，其线圈匝数少、导线粗、阻抗小，用来感测主电路的电流，触点接于控制电路，为执行元件。电流继电器反映的是电流信号，常用的电流继电器有欠电流继电器和过电流继电器两种，其图形符号如图 6-26 所示。

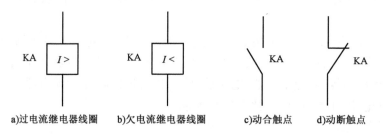

a)过电流继电器线圈　　b)欠电流继电器线圈　　c)动合触点　　d)动断触点

图 6-26　电流继电器的图形符号

欠电流继电器用于欠电流保护，在电路正常工作时，欠电流继电器的衔铁是吸合的，其常开触点闭合，动断触点断开。只有当电流降低到某一整定值时，衔铁释放，控制电路失电，从而控制接触器及时分断电路。

过电流继电器在电路正常工作时不动作，整定值范围通常为额定电流的 1.1～3.5 倍。当被保护线路的电流高于额定值，并达到过电流继电器的整定值时，衔铁吸合，触点机构动作，控制电路失电，从而控制接触器及时分断电路，对电路起过流保护作用。

（3）电压继电器

电压继电器反映的是电压信号。它的线圈并联在被保护电路的两端，所以匝数多、导线细、阻抗大。电压继电器用于电力拖动系统的电压保护和控制。其线圈并联接入主电路，用来感测主电路的电压；触点接于控制电路，为执行元件。按吸合电压的大小，电压继电器分为过电压继电器和欠电压继电器，其图形符号如图 6-27 所示。

过电压继电器用于电路的过电压保护，当被保护的电路电压正常时，衔铁不动作，当被保护电路的电压高于额定值，并达到过电压继电器的整定值时，衔铁吸合，触点机构动作，控制电路失电，控制接触器及时分断被保护电路。

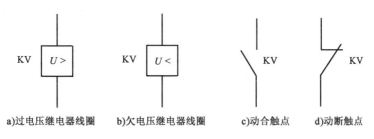

图 6-27 电压继电器图形符号

欠电压继电器用于电路的欠电压保护,其释放整定值为电路额定电压的 10%~60%。当被保护电路电压正常时,衔铁可靠吸合,当被保护电路电压降至欠电压继电器的释放整定值时,衔铁释放,触点机构复位,控制接触器及时分断被保护电路。

(4)中间继电器

中间继电器的作用是扩展触点数量和增加触点容量,其实质是一种电压继电器。它的特点是触点数目较多,电流容量较大。它的外观和工作原理与接触器非常类似,其外观和图形符号如图 6-28 所示。

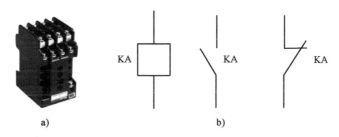

图 6-28 中间继电器外观和图形符号

(5)时间继电器

在接触-继电器控制系统电路中,有时需要继电器得到信号后不立即动作,而是顺延一段时间后再动作并输出控制信号,以达到按时间顺序进行控制的目的。时间继电器的作用就是实现这种延时。

时间继电器按工作原理分为电磁式、空气阻尼式(气囊式)、三级管式、单片机控制式等,按延时方式分为通电延时型和断电延时型。通电延时型是接收输入信号后延迟一段时间,才产生输出信号,而当输入信号消失后,输出信号瞬时复原。断电延时型是接收输入信号时,瞬时产生相应的输出信号,而当输入信号消失后,延时一段时间输出信号才复原。时间继电器的外形如图 6-29 所示,其图形符号如图 6-30 所示。

对于通电延时型时间继电器,当线圈得电时,其延时动合触点要延时一段时间才闭合,延时动断触点要延时一段时间才断开;当线圈失电时,其延时动合触点迅速断开,延时动断触点迅速闭合。对于断电延时型时间继电器,当线圈得电时,其延时动合触点迅速闭合,延时动断触点迅速断开;当线圈失电时,其延时动合触点要延时一段时间才断开,延时动断触点要延时一段时间才闭合。

(6)热继电器

热继电器主要用于电动机的长期过载保护。电动机在运行过程中常会发生由于电气或机械等原因引起的过电流,如果过电流不大,持续时间短,绕组不超过允许温升,这种过电流是允许的;如果过电流较大,持续时间较长,电动机绕组的温升就会超过允许值,加速电动机绝缘老化,缩短电动机的使用寿命,甚至烧毁电动机,这种过载是电动机不能承受的。因此,在电动机回路中应该设置保护装置,热继电器即能实现这种保护功能。

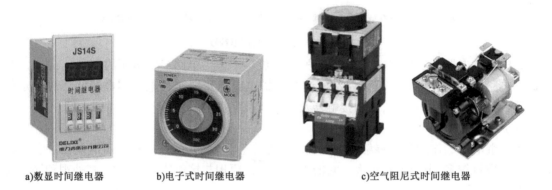

a)数显时间继电器　　b)电子式时间继电器　　c)空气阻尼式时间继电器

图 6-29　时间继电器外形

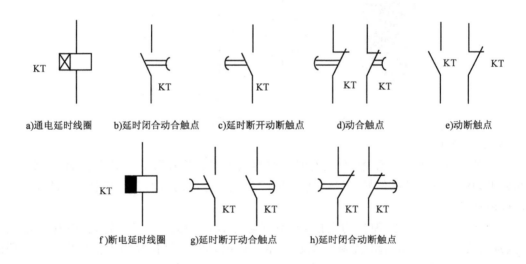

a)通电延时线圈　b)延时闭合动合触点　c)延时断开动断触点　d)动合触点　e)动断触点

f)断电延时线圈　g)延时断开动合触点　h)延时闭合动断触点

图 6-30　时间继电器的图形符号

热继电器有多种形式,其中以双金属片式应用最多。双金属片式热继电器利用电流的热效应原理来工作,主要由发热元件、主双金属片和触点三部分组成,如图 6-31 所示,热继电器的图形符号如图 6-32 所示。发热元件由电阻丝组成,主双金属片是热继电器的感测元件,由两种膨胀系数不同的金属片碾压而成。当串联在电动机定子绕组中的发热元件有电流流过时,发热元件产生的热量使双金属片膨胀伸长,由于膨胀系数不同,双金属片向膨胀系数小的一侧弯曲。电动机正常运行时,双金属片的弯曲程度不足以使热继电器动作。但是当电动机过载时,流过发热元件的电流增大,会加大双金属片的弯曲程度,最终使得双金属片推动导板使热继电器的触点动作,切断电动机的控制电路。

项目6 三相异步电动机的控制

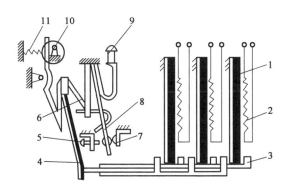

图 6-31　热继电器的结构

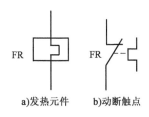

图 6-32　热继电器的图形符号

1-主双金属片；2-电阻丝；3-导板；4-补偿双金属片；5-螺钉；6-推杆；7-静触点；
8-动触点；9-复位按钮；10-调节凸轮；11-弹簧

学习活动 2　三相异步电动机的点动和连续运行控制

一、三相异步电动机的点动控制

在生产实践过程中，某些生产机械常要求既能连续运行，又能完成调整位置的点动工作。所谓点动，就是按住按钮，电动机就运转；松开按钮，电动机就停转。实现点动控制功能的线路就称为点动控制线路。图 6-33a)就是点动控制电路结构图，控制电路中使用了开关 Q、交流接触器 KM、按钮 SB、熔断器 FU 等几种低压电器。

该电路工作时，先闭合开关 Q，为电动机启动做好准备。当按下按钮 SB 时，接触器 KM 线圈得电，铁芯被磁化，衔铁被吸合，三对主触点闭合，电动机接通三相交流电源，开始工作。当松开按钮 SB 时，接触器 KM 线圈失电，铁芯磁性消失，衔铁在复位弹簧的作用下复位，三对主触点断开，电动机和电源之间断开连接，电动机停止工作。

这个控制电路可以实现短路保护和零压（或欠压）保护。其中起短路保护作用的是熔断器 FU，一旦发生短路事故，电路中电流陡然增大，使熔丝熔断，电动机停止工作。零压（或欠压）保护就是当电源突然断电或者电压严重下降时，将电动机和电源断开。这是为了避免在停电时未及时断开电源，当电源电压恢复后，电动机自行启动，可能造成的事故。在电路中实现零压保护的是接触器，当电源突然断电时，接触器的线圈电流减弱，铁芯磁性减弱，衔铁受到的弹簧弹力大于铁芯的电磁吸力，衔铁复位，带动主触点断开，从而切断电路，实现零压保护。

电动机的点动控制电路分为主电路和控制电路两个部分。主电路由三相电源、开关 Q、熔断器 FU、交流接触器 KM（主触点）、三相异步电动机组 M 组成。控制电路由按钮 SB、接触器 KM 线圈组成。控制电路功率较小，因此在这个电路中，可以通过小功率的控制电路控制大功率的电动机。

从图 6-33a)所示的点动控制电路结构图中，容易看出低压电器的结构，但是当电路比较复杂时，由于同一电器的不同部分可能不连接在电路的同一位置，电路不容易看清楚，为了读图和分析方便，通常根据其作用原理，分开绘制主电路和控制电路，这样的图称为控制电路原理图，图6-33b)所示为点动控制电路的原理图。在点动控制电路的原理图中，各种电器都用其图形符号来表示，同一电器的各部件在电路中可能是分散的，但是都用统一的文字符号表示，比较容易识别。

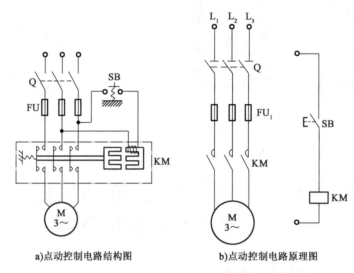

a)点动控制电路结构图　　　　　　b)点动控制电路原理图

图6-33　点动控制电路图

二、三相异步电动机的连续运行控制

在生产实践过程中，某些生产机械常要求启动后，能长时间连续工作，即按下按钮，电动机就运转；松开按钮，电动机仍然继续工作，直到按下停止按钮，电动机才停转，这种控制方法称为连续运行控制。实现连续运行控制功能的线路称为自锁控制线路，这是由于在电路中存在自锁环节。自锁是指交流接触器通过自身的常开辅助触点使线圈总是处于得电状态的现象，这个常开辅助触点就称为自锁触点。

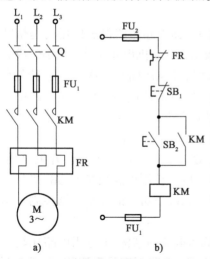

图6-34　异步电动机自锁控制电路

图6-34所示为自锁控制电路。想让电动机工作，需要先按下启动按钮SB_2，接触器KM线圈得电，电动机主电路中的KM的主触点闭合，同时与SB_2并联的KM辅助动合触点闭合，此时即使松开按钮SB_2，由于KM的辅助动合触点闭合，也可以使KM线圈保持得电，从而实现电动机的连续运转。想让电动机停止工作，需要按下停止按钮SB_1，接触器KM线圈失电，电动机主电路中的KM的主触点断开，同时与SB_2并联的KM辅助动合触点断开，电动机停转。电路中与SB_2并联的KM辅助动合触点，就是自锁环节。

图6-34所示自锁控制电路还可实现短路保护、过载保护和零压(或欠压)保护。起短路保护作用的是串接在主电路和控制电路中的熔断器FU_1和FU_2。起零压(或欠

压)保护作用的是接触器 KM。起过载保护作用的是热继电器 FR。当过载时,热继电器的发热元件发热增多,机构动作,动断触点断开,使接触器 KM 线圈失电,串联在电动机主电路中的 KM 主触点断开,电动机停转。同时 KM 辅助动合触点也断开,解除自锁。故障排除后若要重新启动,需按下 FR 的复位按钮,使 FR 的动断触点复位即可。

学习活动 3　三相异步电动机的正反转控制

生产过程中,生产机械的运动部件往往要求能进行正反两个方向的运动,如起重机的上升与下降、机床工作台的前进与后退等,这就要求拖动机械部件运动的电动机能进行正反两个方向旋转。由电动机的工作原理可知,将接至电动机的三根电源相线中的任意两根对调,即可改变电动机的旋转方向。

图 6-35a) 所示为电动机正反转控制电路的主电路,当正转接触器 KM_1 闭合时,电动机正转;当反转接触器 KM_2 闭合时,调换了两根电源相线,因此电动机反转。从电路中可以看出,如果两个接触器同时闭合,电源会通过它们的主触点而发生短路,所以,对正反转控制电路的基本要求是要保证两个接触器不能同时闭合。

图 6-35 给出三种不同形式的控制电路,图 6-35b) 所示的控制电路中,启动时,闭合开关 Q,引入三相电源。按下正转启动按钮 SB_2,正转接触器 KM_1 线圈得电,KM_1 主触点闭合,电动机正转,同时与按钮 SB_2 并联的 KM_1 辅助动合触点闭合,实现自锁,松开按钮 SB_2,电动机可以连续正转运行。需要转换成反转时,必须先按下停止按钮 SB_1,让电动机停止工作;然后按下反转启动按钮 SB_3,反转接触器 KM_2 线圈得电,KM_2 主触点闭合,电动机反转,同时与按钮 SB_3 并联的 KM_2 辅助动合触点闭合,使接触器 KM_2 自锁,松开按钮 SB_3 后,电动机可以连续反转运行。这个电路的问题在于,如果在电动机正转时,误操作反转启动按钮 SB_3,使 KM_2 主触点闭合,就会造成电源短路,因此需要对电路进行改进。

图 6-35c) 所示的控制电路中,增加了 KM_1 和 KM_2 的辅助动断触点,电动机运行的操作过程和图 6-35b) 相同。当电动机正转时,如果误操作按下反转启动按钮 SB_3,由于 KM_1 线圈得电时,与 KM_2 线圈串联的 KM_1 辅助动断触点断开,使得 KM_2 线圈无法得电,KM_2 主触点就不会闭合,避免了误操作使电源短路的问题。这种在同一时间里两个接触器只允许一个工作的控制作用称为互锁。增加了互锁环节后,解决了两个接触器同时闭合造成电源短路的问题,但是这个电路由正转转换成反转时,必须按下停止按钮,再进行相反方向启动。然而对于生产过程中要求频繁地实现正反转的电动机,为提高生产效率,减少辅助工时,往往要求能直接实现电动机正反转控制。

图 6-35d) 所示电路中,使用了联锁按钮,当电动机正转时,如果按下按钮 SB_3,串联在接触器 KM_1 线圈所在电路中的 SB_3 动断触点断开,接触器 KM_1 线圈失电,主触点断开;同时,接触器 KM_2 线圈得电,其主触点 KM_2 闭合,电动机反转。要使电动机停止运行,按下开关 SB_1 即可。这就实现了电动机直接由正转到反转的控制过程。

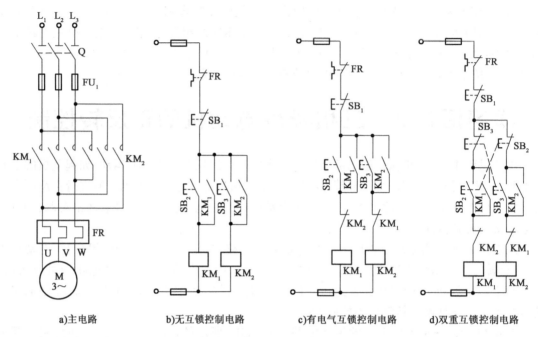

图 6-35 三相异步电动机正反转控制电路

请完成三相异步电动机的点动和连续运行控制电路连接、三相异步电动机的正反转控制电路连接，见教材配套工作手册 10、11。

直流稳压电源的制作

项目 7

项目概述

在工业生产和日常生活中,直流电源应用非常广泛,例如:电解、电镀等场合以及直流电动机等设备都需要直流电源供电。而在电子线路中,一般也需要电压稳定的直流电源。直流电源可以采用直流发电机或者化学电池,但在大多数情况下,广泛采用半导体直流稳压电源。它们能够将电网提供的单相交流电转换成直流电。在本项目中,通过对直流稳压电源的制作技能训练及相关知识的学习,读者可以掌握电子器件的基本知识、电子器件构成电路的分析等理论知识,以及电子器件的识别、检测,电路安装、调试等实践技能。

 学习清单

知识清单	1. 了解半导体材料的导电特性,理解半导体的导电机理。 2. 掌握杂质半导体和 PN 结的构成及特性。 3. 掌握半导体二极管的结构、工作原理及伏安特性。 4. 掌握半导体三极管的结构、工作原理及伏安特性。 5. 掌握直流稳压电源的组成和各部分的作用。 6. 掌握整流电路的结构、工作原理及电路参数。 7. 掌握滤波电路的结构和工作原理。 8. 掌握稳压电路的结构和工作原理
能力清单	1. 能识别和使用半导体二极管和半导体三极管等常用电子器件。 2. 能正确使用仪器判断器件引脚的好坏。 3. 能正确分析整流电路并计算电路参数。 4. 能设计并制作直流稳压电源。 5. 任务完成后能按照管理规定清理现场
素质清单	1. 在完成任务的过程中,树立团队协作的意识,安全、规范操作意识和吃苦耐劳的劳动精神。 2. 逐步形成分析、解决电路问题的能力。 3. 培养勤于思考、自主学习的学习习惯

微课堂自主学习

请同学们扫描二维码观看教学视频,完成课前预习。

任务7.1

半导体二极管和三极管的识别

学习活动1　识别半导体二极管

一、半导体的基本知识

自然界中的物质,按照导电能力的强弱分为导体、半导体和绝缘体三大类。其中,半导体的导电能力介于导体和绝缘体之间,常用的半导体材料有硅、锗、硒、砷化镓及部分硫化物、氧化物等。

半导体的导电机理不同于导体,它具有特殊的导电性质——热敏性、光敏性和掺杂性。其中,热敏性是指当温度升高时,半导体材料的电阻率减小,导电能力显著增强。例如:纯锗的温度每升高10℃,其电阻率就要减小到原来的1/2。光敏性是指当半导体材料受到光照时,其电阻率减小,导电能力显著增强。例如:硫化镉材料在没有光照时,电阻为几十兆欧;受到光照时,电阻一下降到几十千欧,电阻率显著降低。掺杂性是指在纯净的半导体中掺入某些特定的杂质,其电阻率减小,导电能力显著增强。例如:在纯硅中掺入百万分之一的硼元素,其电阻率会从 $0.214 \times 10^6\ \Omega \cdot cm$ 减小到 $0.4\ \Omega \cdot cm$,电阻率为之前的几十万分之一,变化很大。半导体由于具有这些特殊性质而得到了广泛的应用。

1. 本征半导体

(1)本征半导体的结构

纯净的不含杂质的半导体称为本征半导体。半导体一般都具有晶体结构,常用的半导体材料是硅和锗,硅和锗元素都是四价元素,原子最外层轨道上有四个价电子,把硅或锗材料拉制成单晶体时,相邻两个原子的一对价电子成为共用电子对,称为共价键,因此每个原子会与相邻的四个原子形成四个共价键,每个原子最外层等效为八个电子,如图7-1所示,晶体处于较为稳定的状态。

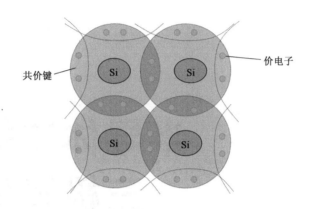

图 7-1　硅晶体的共价键结构

(2) 半导体的本征激发和复合现象

当本征半导体处于绝对零度,并且没有外界影响时,价电子全部被原子核束缚在共价键中,晶体中没有自由电子,此时半导体不导电。

当半导体温度升高或受到光的照射时,价电子获得能量,某些价电子可以挣脱原子核的束缚而参与导电,成为自由电子,同时在相应的共价键中留下一个空位置,称为空穴,这一现象称为本征激发。本征激发产生的自由电子和空穴是同时成对出现的,称为电子空穴对,如图 7-2 所示。

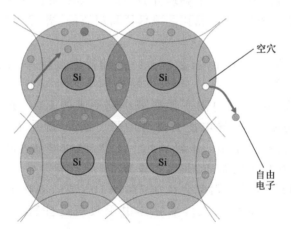

图 7-2　本征激发产生的电子空穴对

在晶体内部运动的过程中,部分自由电子又会在和空穴相遇后,填补空穴,重新成为价电子,这个过程称为复合。

(3) 半导体的导电机理

本征激发产生的自由电子,是一种可以参与导电的带电粒子(即载流子)。自由电子的运动使失掉电子的原子变成带正电的离子,带正电的离子很容易吸引相邻原子中的价电子来填补这个空穴,相邻原子中又会留下一个新的空穴,如此继续下去,使本征半导体中形成一种与自由电子运动方向相反的粒子迁移运动,即空穴运动。因此,空穴可以看作一种带正电的载流子。在一定温度下,本征激发和复合会达到动态平衡,此时,载流子浓度一定,且自由电子数和空穴数相等。

当在半导体两端加上外电压时，半导体中将出现两部分电流：自由电子的定向运动形成电子电流，空穴的定向运动形成空穴电流。因此，半导体中有自由电子和空穴两种载流子，这是半导体导电方式的最大特点，也是半导体和金属在导电机理上最本质的区别。

载流子的数量决定了半导体的导电能力，载流子浓度越高，半导体的导电能力越强。由于半导体具有热敏性、光敏性、掺杂性，因此半导体的导电能力也与温度、光照、掺入杂质的浓度等因素有关。

2. 杂质半导体

在本征半导体中掺入微量其他元素后形成杂质半导体，掺入杂质后，半导体的导电性能会发生显著的变化。根据掺入杂质的不同，杂质半导体分为两大类：N型半导体和P型半导体。

(1) N型半导体

在本征半导体中，掺入微量磷（或其他五价元素），则原来晶体中的某些硅（或锗）原子被磷原子代替，形成N型半导体。由于磷原子的最外层有五个价电子，因此它与周围四个硅（或锗）原子组成共价键时，还多出一个价电子，它不受共价键的束缚，只受自身原子核的束缚，因此，它只要得到较少的能量就能成为自由电子，并留下带正电的杂质离子，如图7-3所示。掺入的杂质元素越多，自由电子的浓度就越高，杂质半导体的导电能力就越强，而且这种杂质半导体中自由电子的浓度远远大于空穴的浓度，因此自由电子称为多数载流子（简称多子），空穴称为少数载流子（简称少子）。

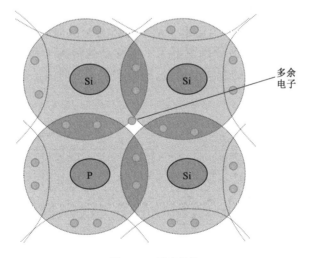

图7-3　N型半导体

(2) P型半导体

在本征半导体中掺入少量的硼（或其他三价元素），则原来晶体中的某些硅（或锗）原子被硼原子代替，形成P型半导体。由于硼原子的最外层只有三个价电子，当它与周围四个硅（或锗）原子组成共价键时，因缺少一个价电子，会出现一个空穴，并留下带负电的杂质离子，如图7-4所示。这种杂质半导体中空穴的浓度远远大于自由电子的浓度，因此空穴是多子，自由电子是少子。

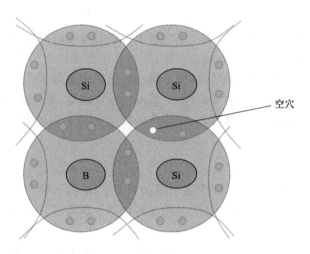

图 7-4　P 型半导体

3. PN 结

(1) PN 结的形成

在同一块半导体晶片上,利用不同的掺杂工艺,将其一边制成 P 型半导体,另一边制成 N 型半导体,它们的交界面附近会形成一个有特殊性质的区域,称为 PN 结。N 型半导体中自由电子多,空穴少;而 P 型半导体中空穴多,自由电子少。在交界面两侧存在载流子浓度的差异,会引起自由电子和空穴的扩散运动,如图 7-5a)所示。空穴从浓度高的 P 区向浓度低的 N 区扩散,并在 N 区与自由电子复合;自由电子从浓度高的 N 区向浓度低的 P 区扩散,并在 P 区和空穴复合。这样,在 P 区和 N 区分别留下了不能移动的负离子和正离子,在交界面的两侧就形成了由等量正、负离子组成的空间电荷区,同时产生了方向由正电荷区指向负电荷区的电场,称为内电场,如图 7-5b)所示。

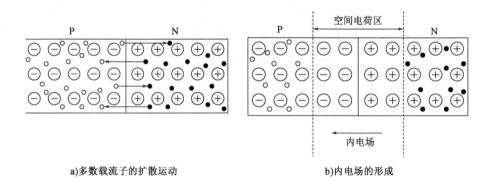

a) 多数载流子的扩散运动　　　　b) 内电场的形成

图 7-5　PN 结的形成

内电场对多数载流子的扩散运动起阻碍作用,但却会推动少数载流子越过空间电荷区,这种在电场作用下载流子的运动称为漂移运动。

综上所述,在 P 型半导体和 N 型半导体的交界面上存在两种运动:多子的扩散运动和少子的漂移运动。当两种运动达到动态平衡时,空间电荷区的宽度就基本稳定下来,此时 PN 结处于相对稳定的状态。

（2）PN结的单向导电性

如果在PN结两端外加一定电压,那么动态平衡状态将被打破。如果给PN结外加正向电压,即P区接电源的正极,N区接电源的负极,称为正向偏置(简称正偏),如图7-6a)所示。这时外电场与内电场方向相反,内电场被削弱,空间电荷区变窄,多子的扩散运动增强,形成较大的扩散电流,方向由P区指向N区,称为正向电流。同时少子的漂移运动减弱,而且少子是由本征激发产生的,本来数量就很少,故对总电流的影响可以忽略。此时,PN结处于低阻导通状态。

如果给PN结外加反向电压(P区接电源的负极,N区接电源的正极),称为反向偏置(简称反偏),如图7-6b)所示。这时外电场与内电场方向相同,内电场被加强,空间电荷区变宽,多子的扩散运动难以进行,而少子的漂移运动增强,形成的漂移电流方向由N区指向P区,称为反向电流,但是少子数量很少,所以反向电流很小。此时,PN结处于高阻截止的状态。

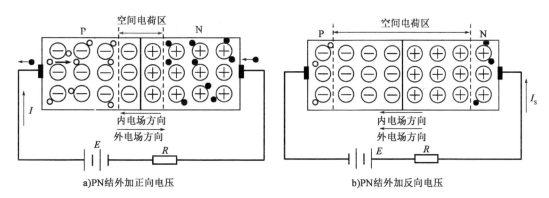

a) PN结外加正向电压　　　　　　　b) PN结外加反向电压

图7-6　PN结的导电特性

综上所述,PN结具有单向导电性,即正偏导通,反偏截止。

二、二极管

1. 二极管的结构

把PN结用管壳封装,P区和N区分别向外引出一个电极,就构成二极管,其结构示意图如图7-7a)所示。从P区引出的电极称为阳极或正极,从N区引出的电极称为阴极或负极,二极管的图形符号和外观如图7-7b)、c)所示。

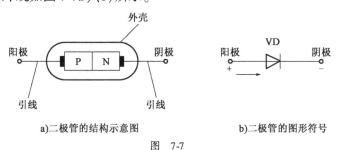

a) 二极管的结构示意图　　　　　　b) 二极管的图形符号

图　7-7

c)二极管的外观

图7-7 二极管的结构、图形符号与外观

二极管按材料分为硅二极管和锗二极管等,按用途分为整流二极管、稳压二极管、检波二极管、开关二极管等。

二极管按结构分为点接触型、面接触型和平面型三大类,如图7-8所示。点接触型二极管PN结面积小,结电容小,常用于检波和变频等高频电路。面接触型二极管PN结面积大,结电容大,常用于工频大电流整流电路。平面型二极管PN结面积可大可小,PN结面积大的主要用于功率整流,PN结面积小的可作为数字脉冲电路中的开关管。

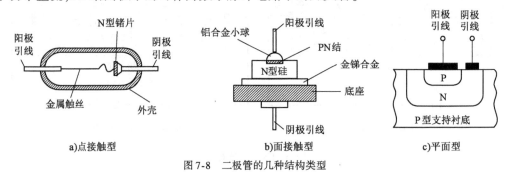

a)点接触型　　b)面接触型　　c)平面型

图7-8 二极管的几种结构类型

2. 二极管的伏安特性

二极管的伏安特性是指加在二极管两端的电压和流过二极管的电流之间的关系,其伏安特性与PN结的伏安特性是一致的,如图7-9所示。

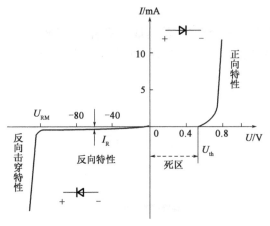

图7-9 二极管的伏安特性

根据二极管外加电压的正负,伏安特性曲线分为正向特性和反向特性两部分。

(1) 正向特性

当外加正向电压较小时,外电压不足以克服PN结内电场对多子扩散运动的阻碍作用,二极管呈现较大的电阻,正向电流几乎为零,这个范围称为死区,对应的电压称为死区电压。死区电压的大小与二极管的材料及温度等因素有关,硅二极管的死区电压约为0.5V,锗二极管的死区电压约为0.1V。

当外加正向电压大于死区电压时,二极管

正向导通。导通后,随着正向电压的增大,二极管的正向电流急剧增大,此时二极管两端的电压称为二极管的导通压降,这个电压比较稳定,硅二极管的导通压降约为0.7V,锗二极管的导通压降约为0.2V。

(2)反向特性

当给二极管外加反向电压时,加强了PN结的内电场,少子的漂移运动形成很小的反向电流。反向电压不超过一定范围时,反向电流基本不变,该电流值通常称为反向饱和电流。

当外加反向电压超过某一数值时,反向电流急剧增大,二极管失去了单向导电性,这种现象称为反向击穿,对应的电压值称为反向击穿电压。

3. 二极管的主要参数

(1)最大整流电流 I_F

最大整流电流是指二极管长期工作时,允许通过的最大正向平均电流。最大整流电流由PN结的面积和散热条件决定。使用二极管时,工作电流不能超过此值,否则可能烧坏二极管。

(2)最大反向工作电压 U_{RM}

最大反向工作电压是指二极管工作时,允许外加的反向电压的最大值。为了安全起见,通常取反向击穿电压的一半。

(3)最大反向电流 I_{RM}

最大反向电流是指在二极管两端加上最大反向工作电压时,流过二极管的反向电流。最大反向电流受温度影响较大,二极管的最大反向电流越小,性能越好。

(4)最高工作频率 f_M

最高工作频率是指二极管正常工作的上限频率。若超过此值,结电容的作用将使二极管的单向导电性变差。

如图7-10所示电路中,判断二极管的工作状态,并计算 U_o 的值。设二极管正向导通压降为0.7V。

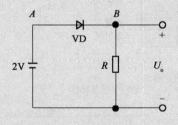

图7-10 学中练7-1图

解:假定二极管VD断开,则VD左端A点电势和右端B点电势分别为2V和0。

接上二极管VD,则VD正偏导通,二极管正向导通后,其正向导通压降为0.7V,用一个由阳极指向阴极的0.7V电压源代替。

因此,$U_o = 1.3V$。

由以上分析可知,二极管电路的一般分析方法如下：

(1)确定二极管状态：假定二极管状态为截止,将其用断路代替,判断阳极和阴极的电势。若阳极电势高于阴极电势,则二极管导通；若阳极电势低于阴极电势,则二极管截止。

(2)电路中二极管用模型代替(导通时用一个电压源代替,截止时用断路代替)。

(3)在等效后的线性电路中,对电路进行分析和计算。

学习活动 2　识别半导体三极管

半导体三极管是一种常用的半导体器件,它是构成放大电路的主要元件。半导体三极管按照结构和工作原理的不同分为双极型和单极型两大类。双极型三极管简称三极管,也称为晶体三极管,其中自由电子和空穴两种载流子都参与导电；单极型三极管只有自由电子或空穴其中一种载流子参与导电。

一、三极管的结构

三极管是在一块半导体晶片上制作两个紧挨着的 PN 结,并引出三个电极,其结构示意图和图形符号如图 7-11 所示。三极管一般分为 NPN 型和 PNP 型两大类。从结构上看,不论是 NPN 型三极管还是 PNP 型三极管都有两个 PN 结、三个电极和三个区。三极管的三个区分别为发射区——发射载流子的区域,基区——载流子传输的区域,集电区——收集载流子的区域。各区引出的电极依次为发射极(E)、基极(B)和集电极(C)。发射区和基区在交界处形成发射结,基区和集电区在交界处形成集电结。

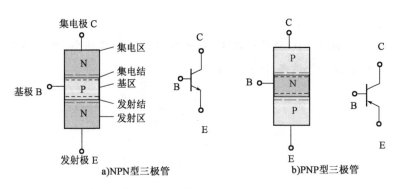

图 7-11　三极管的结构和图形符号

三极管的三个区掺杂浓度不同,具体结构也不同。发射区掺杂浓度最高；基区掺杂浓度最低,而且最薄；集电区掺杂浓度较低,但几何尺寸最大。三极管有三个电极,当和其他两端元件连接构成电路时,会构成两个回路,两个回路之间必然有一个电极作为公共端,因此三极管有三种不同的连接方式,称为三极管的三种组态,分别为共发射极组态、共基极组态和共集电极组态。

二、三极管的电流放大作用

三极管最重要的特性是具有电流放大作用,实现电流放大作用必须满足的外部条件是发射结正偏,集电结反偏。下面以 NPN 型三极管为例来说明三极管的电流放大作用,图 7-12 所示电路就是采用共发射极接法的三极管放大电路,其中,有两个直流电源 U_{BB} 和 U_{CC},电源 U_{BB} 使发射结正偏,电源 U_{CC} 使集电结反偏,因此两个电源电压要满足 $U_{CC} > U_{BB}$。

我们可以通过三极管内部载流子的运动过程来说明其电流放大作用,载流子的运动主要分为三个过程:

（1）发射区向基区注入自由电子

由于发射结正偏,发射结两侧多子的扩散运动增强,发射区中的多子自由电子越过发射结进入基区,并由电源不断向发射区补充自由电子,形成发射极电流 I_E。同时,基区中的多子空穴扩散进入发射区,由于基区掺杂浓度很低,因此基区的空穴浓度远低于发射区的自由电子浓度,形成的空穴电流很小,所以基区空穴电流可以忽略不计。

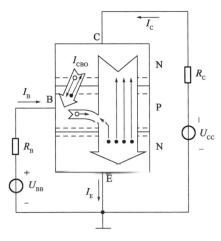

图 7-12　三极管中载流子的运动和电流分配

（2）自由电子在基区扩散与复合

从发射区扩散进入基区的自由电子,在发射结处浓度最大,在集电结处浓度最小。因此,在基区中产生自由电子的浓度差,在该浓度差的作用下,进入基区的自由电子将继续向集电结方向扩散。在扩散过程中,一部分自由电子会与基区中的空穴相遇而发生复合,但由于基区很薄且空穴浓度很低,因此被复合的电子数极少,基极电源不断向基区补充空穴,形成基极电流 I_B。由于只有一小部分自由电子发生复合,因此,绝大部分自由电子扩散到集电结边缘。

（3）集电区收集自由电子

由于集电结反偏,因此扩散到集电结边缘的自由电子在电场作用下漂移到集电区,形成集电极电流 I_C。另外,集电区和基区的少子在集电结反向电压作用下,向对方区域漂移形成集电结反向饱和电流 I_{CBO},其数值很小。

由以上分析可得: $I_E = I_B + I_C$ 且 $I_C \gg I_B$。

通常用电流放大系数来表征三极管的电流放大能力,三极管既可以放大直流电流,也可以放大交流电流。直流电流放大系数定义为集电极电流与基极电流的比值,即 $\bar{\beta} = \dfrac{I_C}{I_B}$；交流电流放大系数定义为集电极电流变化量与基极电流变化量的比值,即 $\beta = \dfrac{\Delta I_C}{\Delta I_B}$。

已知工作在放大状态的三极管的两个电极上的电流,如图 7-13 所示。求:(1)另一个电极上的电流,并说明其实际方向;(2)确定各引脚的电极,判断三极管的管型;(3)估算三极管的 β 值。

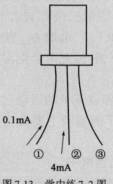

图 7-13 学中练 7-2 图

解:(1)因为三极管各电极电流满足基尔霍夫电流定律,即流入和流出三极管的电流大小相等,在图 7-13 中,①脚和②脚的电流均流入三极管,因此③脚电流必然流出三极管,大小为 $0.1+4=4.1(\text{mA})$。

(2)因为③脚电流最大,①脚电流最小,所以③脚为发射极,①脚为基极,②脚为集电极。该管发射极电流的实际方向是向外的,因此它是 NPN 型三极管。

(3)由 $I_B=0.1\text{mA}$,$I_C=4\text{mA}$,$I_E=4.1\text{mA}$,可得 $\bar{\beta}=I_C/I_B=4/0.1=40$。

三、三极管的伏安特性曲线

三极管的伏安特性曲线是描述三极管各电极电流与极间电压关系的曲线,三极管的伏安特性曲线包括输入特性曲线和输出特性曲线两组。这两组曲线可以用图 7-14 所示电路进行测试。

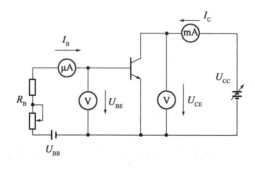

图 7-14 三极管伏安特性曲线测试电路

1. 输入特性曲线

输入特性是指当三极管的输出电压 U_{CE} 不变时，输入回路中基极电流 I_B 与基极和发射极之间电压 U_{BE} 之间的关系，即

$$I_B = f(U_{BE})|_{U_{CE}=常数} \tag{7-1}$$

三极管输入特性曲线如图 7-15 所示。

当 $U_{CE} = 0$ 时，三极管相当于两个并联的二极管，所以基极与发射极间加正向电压时，两个二极管都正偏，形成较大的基极电流 I_B。

当 U_{CE} 在 0～1V 范围内时，集电结反偏，在相同的 U_{BE} 下，基极电流比 $U_{CE} = 0$ 时的基极电流小，因此随着 U_{CE} 的增加，曲线右移。

当 $U_{CE} \geq 1V$ 时，无论 U_{CE} 再增大多少，只要 U_{BE} 不变，基极电流也不再减小，因此曲线不再右移，基本上重合。

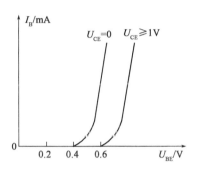

图 7-15 三极管的输入特性曲线

从输入特性曲线可以看出，三极管输入特性曲线形式与二极管的正向伏安特性曲线相似，当 U_{BE} 小于死区电压时，基极电流 I_B 基本为零，硅管的死区电压约为 0.5V，锗管约为 0.1V。U_{BE} 大于死区电压后，基极电流急剧增大，此时 U_{BE} 为管子的导通压降，硅管约为 0.7V，锗管约为 0.2V。

2. 输出特性曲线

输出特性是指当三极管的基极电流 I_B 不变时，输出回路中，集电极电流 I_C 与集电极和发射极之间电压 U_{CE} 之间的关系，即

$$I_C = f(U_{CE})|_{I_B=常数} \tag{7-2}$$

三极管的输出特性曲线如图 7-16 所示。

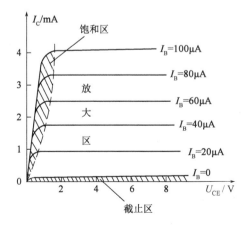

图 7-16 三极管的输出特性曲线

由图 7-16 可见，输出特性可以划分为三个区域，对应于三种工作状态。

(1) 截止区

通常将 $I_B = 0$ 以下的区域称为截止区,此时集电极电流 I_C 基本上等于零。当 $I_B = 0$ 时,I_C 并不为零,而等于基极开路时发射极到集电极的反向截止电流,称为穿透电流,$I_C = I_{CEO}$。常温下,穿透电流很小。

三极管处于截止状态时,发射结和集电结均反偏。

(2) 放大区

在放大区,各条曲线较为平坦,当 I_B 一定时,I_C 基本不随 U_{CE} 变化,当 I_B 等量增加时,输出特性曲线等间隔地平行上移,满足 $I_C = \bar{\beta} I_B$,该式体现了三极管的电流放大作用。

三极管处于放大状态时,发射结正偏,集电结反偏。

(3) 饱和区

在饱和区,I_C 与 I_B 不成比例,它随 U_{CE} 的上升而迅速增加,三极管失去了电流放大作用。

三极管处于饱和状态时,发射结和集电结均正偏。

四、三极管的主要参数

1. 电流放大系数

(1) 共发射极直流电流放大系数 $\bar{\beta}$:在无输入信号时,集电极电流与基极电流的比值。

$$\bar{\beta} = \frac{I_C}{I_B} \tag{7-3}$$

(2) 共发射极交流电流放大系数 β:在有输入信号时,集电极电流变化量与基极电流变化量的比值。

$$\beta = \frac{\Delta I_C}{\Delta I_B} \tag{7-4}$$

2. 极间饱和电流

(1) 集电极与基极之间反向饱和电流 I_{CBO}:发射极开路时,集电极与基极之间的反向电流。I_{CBO} 受温度影响很大,温度升高时,I_{CBO} 急剧增大,选管时应选 I_{CBO} 小且 I_{CBO} 受温度影响小的三极管。

(2) 集电极与发射极之间反向饱和电流 I_{CEO}:基极开路时,集电极与发射极之间的反向电流。它反映了三极管的稳定性,其值越小,受温度影响越小,三极管的工作就越稳定。

3. 极限参数

(1) 集电极最大允许电流 I_{CM}:当集电极电流 I_C 增加时,β 就要下降,当下降到线性放大区 β 值的 2/3 时,所对应的集电极电流称为集电极最大允许电流 I_{CM}。可见,三极管的集电极电流 I_C 超过 I_{CM} 时,三极管的性能会变差。

(2) 集电极最大允许耗散功率 P_{CM}:集电结上允许消耗的最大功率。集电极功率大于 P_{CM} 时,会使集电结温度升高,三极管发热,三极管的性能明显变差,甚至烧坏。

(3) 极间反向击穿电压:三极管某一电极开路时,另外两个电极之间所允许外加的最高反向电压,即为极间反向击穿电压,超过此值三极管会发生击穿现象。极间反向击穿电压有三种: $U_{(BR)EBO}$、$U_{(BR)CBO}$ 和 $U_{(BR)CEO}$。

测得各三极管在无信号输入时,三个电极对地电压如图7-17所示。试问:哪些管子工作于放大状态,哪些处于截止、饱和状态,哪些管子已经损坏?

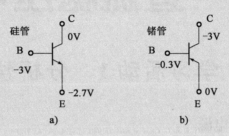

图7-17 学中练7-3图

解:(1)图7-17a)中的硅管,三个电极对地电压,也就是各点电势分别是 $U_B = -3V,U_C = 0V,U_E = -2.7V$。

①判断管型,发射极箭头向外,这是一个NPN型三极管。

②计算两个PN结的电压。

$U_{BE} = U_B - U_E = -3 - (-2.7) = -0.3(V)$ 发射结反偏

$U_{BC} = U_B - U_C = -3 - 0 = -3(V)$ 集电结反偏

③因此,该三极管处于截止状态。

(2)图7-17b)中的锗管,三个电极的对地电压,也就是各点电势分别是 $U_B = -0.3V,U_C = -3V,U_E = 0V$。

①判断管型,发射极箭头向内,这是一个PNP型三极管。

②计算两个PN结的电压。

$U_{EB} = U_E - U_B = 0 - (-0.3) = 0.3(V)$ 发射结正偏

$U_{CB} = U_C - U_B = -3 - (-0.3) = -2.7(V)$ 集电结反偏

③因此,该三极管处于放大状态。

请完成半导体二极管、三极管的识别和检测,见教材配套工作手册12。

任务7.2 直流稳压电源的制作

学习活动1 分析整流电路

一、直流稳压电源

直流稳压电源一般由电源变压器、整流电路、滤波电路和稳压电路四个部分组成,如图7-18所示。

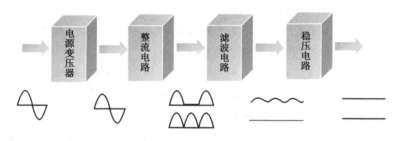

图7-18 直流稳压电源原理框图

1. 电源变压器

电源变压器把工频交流电压转换成大小合适的低压交流电,以满足整流输出的要求。

2. 整流电路

整流电路将电源变压器输出的交流电转换成脉动直流电。由于整流电路输出的脉动直流电幅度变化较大,这种直流电一般不能直接供给电子电路使用。

3. 滤波电路

滤波电路将脉动较大的直流电转换成脉动较小、比较平滑的直流电。经滤波后的输出电压会受到电网电压波动以及负载变化的影响,因此滤波电路输出的电压是不稳定的。

4. 稳压电路

稳压电路把不稳定的直流电压转换成稳定的直流电压输出到负载上。

二、整流电路

整流电路把交流电转换成脉动直流电,需要利用二极管的单向导电性。整流电路的主要形式有半波整流电路、全波整流电路、桥式整流电路等,其中最常用的是桥式整流电路,本书仅分析单相半波整流电路和单相桥式整流电路。

1. 单相半波整流电路

(1) 电路组成

单相半波整流电路如图 7-19 所示,其中 T 为电源变压器,VD 为整流二极管,R_L 为负载电阻,u_1、u_2 分别为变压器一次电压、二次电压,u_1 为工频正弦交流电,u_o 为输出电压,u_D 为二极管上的电压。

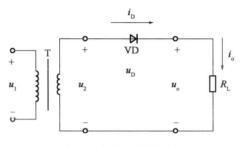

图 7-19 单相半波整流电路

(2) 工作原理

设变压器二次电压 $u_2 = \sqrt{2} U_2 \sin\omega t$。在 u_2 正半周,其极性为上正下负,二极管 VD 正偏导通,若忽略二极管的正向导通压降,则输出电压 $u_o = u_2$;在 u_2 负半周,其极性为上负下正,二极管 VD 反偏截止,流过负载电阻的电流 $i_o = 0$,输出电压 $u_o = 0$,此时 u_2 全部加在二极管两端。之后每个周期重复上述过程。在一个工频周期内,只有正半周电路导通,电路的输出电压是半个正弦波,因此称为半波整流。

综上所述,可以画出电路中各电压、电流的波形图,如图 7-20 所示。

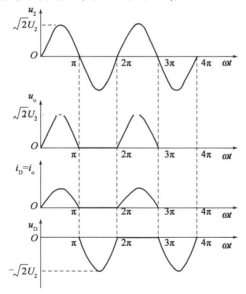

图 7-20 单相半波整流电路波形图

(3) 电路参数

① 输出直流电压 U_o。

输出直流电压是指输出电压 u_o 在一个周期内的平均值,忽略二极管的正向导通压降,可得

$$U_o = \frac{1}{2\pi}\int_0^{2\pi} \sqrt{2}\, U_2 \sin\omega t\, d(\omega t) = \frac{\sqrt{2}}{\pi} U_2 \approx 0.45\, U_2 \qquad (7\text{-}5)$$

② 输出直流电流 I_o。

输出直流电流是指流过负载的电流 i_o 在一个周期内的平均值,即

$$I_o = \frac{U_o}{R_L} \approx 0.45 \frac{U_2}{R_L} \qquad (7\text{-}6)$$

③ 流过二极管的电流平均值 I_D。

单相半波整流电路中,流过二极管的电流和流过负载的电流相等,它们的平均值也相等,有

$$I_D = I_o = \frac{U_o}{R_L} \approx 0.45 \frac{U_2}{R_L} \qquad (7\text{-}7)$$

④ 二极管承受的最大反向电压 U_{DRM}。

u_2 负半周时二极管截止,变压器二次电压 u_2 全部加在二极管两端,$u_D = u_2$,因此

$$U_{DRM} = \sqrt{2}\, U_2 \qquad (7\text{-}8)$$

I_D 和 U_{DRM} 是选择电路中整流二极管的主要依据,根据计算得到的参数值查阅半导体器件手册,就可以选择合适的二极管。选择二极管时,各参数值一般要比计算得出的理论值大 $1/3 \sim 1$。

单相半波整流电路结构简单,所用元件少,由于只利用了交流电压的半个周期,因而效率低,输出脉动大,直流成分少,一般只适用于输出电流小,要求不高的小功率电路。

2. 单相桥式整流电路

(1) 电路组成

单相桥式整流电路如图 7-21a)所示,其中 T 为变压器,R_L 为负载电阻,$VD_1 \sim VD_4$ 为四个整流二极管。由于四个二极管接成电桥形式,故该电路称为桥式整流电路。又由于电压 u_2 的正负半周均有电流流过负载,在负载上形成单方向的全波脉动电压,因此桥式整流属于全波整流。图 7-21b)为电路图简化画法。

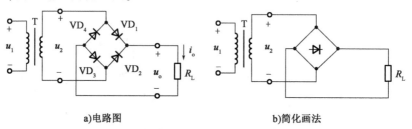

a) 电路图　　　　　　　　　　　b) 简化画法

图 7-21　单相桥式整流电路

(2) 工作原理

设变压器二次电压 $u_2 = \sqrt{2}U_2\sin\omega t$,在 u_2 正半周,其极性为上正下负,VD_1、VD_3 导通,VD_2、VD_4 截止,忽略二极管的正向导通压降,$u_o = u_2$,负载电阻 R_L 端电压 u_o 极性为上正下负;在 u_2 负半周,其极性为上负下正,VD_1、VD_3 截止,VD_2、VD_4 导通,负载电阻 R_L 端电压 u_o 大小与 u_2 相等,极性为上正下负,因此 $u_o = -u_2$。可见,交变的 u_2 使 VD_1、VD_3 和 VD_2、VD_4 轮流导通,负载电流和电压的方向始终保持不变,负载 R_L 获得单方向的脉动电压输出。

综上所述,可以画出电路中各电压、电流的波形图,如图 7-22 所示。

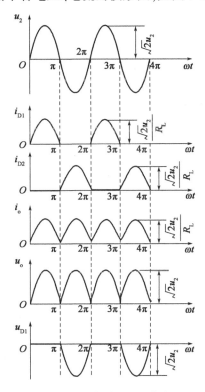

图 7-22 单相桥式整流电路波形图

(3) 电路参数

① 输出直流电压 U_o。

由输出电压 u_o 波形可知,桥式整流电路的输出直流电压是半波整流电路的 2 倍,即

$$U_o = 2\frac{\sqrt{2}}{\pi}U_2 \approx 0.9\,U_2 \tag{7-9}$$

② 输出直流电流 I_o。

$$I_o = \frac{U_o}{R_L} \approx 0.9\,\frac{U_2}{R_L} \tag{7-10}$$

③ 流过二极管的电流平均值 I_D。

由于在变压器二次电压 u_2 一个周期内,VD_1、VD_3 和 VD_2、VD_4 轮流导通,各工作半个周期,因此,流过每个二极管的平均电流只有负载电流的一半,即

$$I_D = \frac{1}{2}I_o = \frac{1}{2}\frac{U_o}{R_L} \approx 0.45\frac{U_2}{R_L} \quad (7\text{-}11)$$

④二极管承受的最大反向电压 U_{DRM}。

当 u_2 极性为上正下负时，VD_1、VD_3 导通，VD_2、VD_4 截止，相当于 VD_2、VD_4 并联后连接在变压器二次电压两端，其反向工作电压就是变压器二次电压，因此二极管承受的最大反向电压为

$$U_{DRM} = \sqrt{2}\,U_2 \quad (7\text{-}12)$$

如图7-21a)所示电路中，已知变压器二次电压有效值 $u_2 = 10\sqrt{2}\sin\omega t\,V$，负载电阻 $R_L = 50\Omega$。试求输出直流电压、输出直流电流、流过二极管的平均电流以及二极管承受的最大反向电压。

解：变压器二次电压有效值 $U_2 = 10V$，图7-21a)中的电路形式为单相桥式整流电路，因此输出直流电压为

$$U_o \approx 0.9\,U_2 = 0.9 \times 10 = 9(V)$$

输出直流电流为

$$I_o = \frac{U_o}{R_L} = \frac{9}{50} = 0.18(A)$$

流过二极管的平均电流为

$$I_D = \frac{1}{2}I_o = \frac{1}{2} \times 0.18 = 0.09(A)$$

二极管承受的最大反向电压为

$$U_{DRM} = \sqrt{2}\,U_2 \approx 1.41 \times 10 = 14.1(V)$$

与单相半波整流电路相比，在变压器二次电压有效值相同的条件下，单相桥式整流电路输出电压的平均值提高了100%，而在输出电流相同的条件下，流过每个二极管的平均电流减少50%。单相桥式整流电路的总体性能优于单相半波和全波整流电路，是目前广泛使用的一种电路形式。

学习活动2　分析滤波电路

整流电路输出的直流电压脉动较大，含有较多的交流成分，这种电压只能用于对输出电压平滑程度要求不高的电子设备中。当电子设备对电源要求较高时，必须通过一定的方式消除整流输出脉动直流电中的交流成分，保留直流成分，以得到更平滑、稳定的直流输出，来满足直流负载的要求。为此，通常在整流电路之后连接滤波电路。常见的滤波电路有电容滤波、电感滤波和复式滤波等几种形式。

一、电容滤波电路

1. 电路组成

利用储能元件电容的端电压不能突变的性质,把电容与电路的负载并联,可以起到滤波的作用,使电路的输出电压变得更平滑。图 7-23 所示是桥式整流电容滤波电路,其中在负载 R_L 两端并联了一个容量较大(通常有几百至几千微法)的电容 C,构成的就是电容滤波电路。

2. 工作原理

假设电容 C 的初始电压为 0,并在 $\omega t = 0$ 时接通电源,当变压器二次电压 u_2 为正半周(极性为上正下负)并逐渐增大时,VD_1、VD_3 正偏导通,电流流过二极管 VD_1 后,一路流过负载电阻 R_L,另一路对电容 C 充电。如果忽略二极管的正向导通压降,由于电容与负载电阻并联,在 u_2 达到最大值之前,始终有 $u_o = u_C = u_2$,当 u_2 增大到最大值,开始减小时,电容 C 通过负载电阻 R_L 放电,此时 $u_o = u_C$,并且波形与 u_2 基本相同。由于电容以指数规律放电,当 u_2 减小到一定数值后,其减小速度比 u_C 快,此时 $u_C > u_2$,二极管 VD_1、VD_3 反偏截止,之后电容 C 继续通过负载电阻 R_L 放电,此时 $u_o = u_C$,并按照指数规律减小。直到 u_2 负半周,当 $|u_2| > u_C$ 后,二极管 VD_2、VD_4 正偏导通,电容 C 再次被充电,此时 $u_o = u_C = u_2$,当 u_2 增大到峰值后开始减小,电容 C 通过负载电阻 R_L 放电,直到 u_2 减小到一定数值时,二极管 VD_2、VD_4 反偏截止,电容 C 继续向负载电阻 R_L 以指数规律放电。如此反复,可得到如图 7-24 所示的输出电压波形。从图中可以看出,经电容滤波后,输出电压变得平滑,并且输出电压平均值也有所提高。

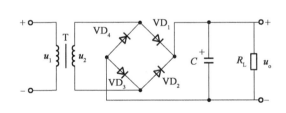
图 7-23 桥式整流电容滤波电路

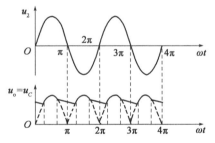
图 7-24 桥式整流电容滤波电路波形图

电容放电的快慢取决于放电时间常数 τ,τ 越大,放电速度越慢,而 $\tau = R_L C$,因此 $R_L C$ 的值越大,滤波效果越好,所以实际应用中,滤波电容容量都比较大。工程上,一般选择 $R_L C \geq (3 \sim 5)\dfrac{T}{2}$(其中,$T$ 为电网电压的周期),在这样的条件下,在桥式整流电容滤波后,输出直流电压一般采用经验公式 $U_o \approx 1.2\, U_2$ 估算,可见其输出直流电压比桥式整流电路的高。

电容滤波电路结构简单,输出电压平均值高,滤波效果好,但是外特性较差,二极管承受的冲击电流大。因此,电容滤波电路适用于输出电流小且变化不大的场合。

二、电感滤波电路

1. 电路组成

利用储能元件电感的电流不能突变的性质,把电感与电路的负载串联,也可以起到滤波的作用，图 7-25 所示为桥式整流电感滤波电路。

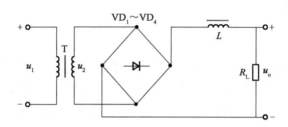

图 7-25　桥式整流电感滤波电路

2. 工作原理

电感具有阻碍流过自身的电流变化的特点，当通过电感的电流发生变化时，电感线圈中产生的感应电动势会阻碍电路中电流的变化，因此会使通过负载的电流变化较小，比较平稳。另外，电感具有"通直阻交"的特点，即电感对直流分量阻抗很小，对交流分量呈现出较大的阻抗，而且交流分量频率越高，阻抗越大，因此它可以滤除整流电路输出电流中的交流分量，保留直流分量输出到负载。在桥式整流电感滤波后，输出直流电压一般采用经验公式 $U_o \approx 0.9 U_2$ 估算，可见经电感滤波后，其输出直流电压平均值和未经滤波时是一样的。

电感滤波电路一般适用于输出电压低、输出电流大的场合。

三、复式滤波电路

如果需要进一步改善滤波的效果，可以采用复式滤波电路。

复式滤波电路有 LC 滤波电路、$LC\text{-}\pi$ 型滤波电路、$RC\text{-}\pi$ 型滤波电路。

1. LC 滤波电路

LC 滤波电路是在电容滤波电路的基础上又加了一级电感滤波，可以进一步减小输出电压的脉动程度，如图 7-26 所示。

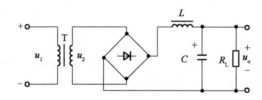

图 7-26　LC 滤波电路

与电容滤波电路相比，LC 滤波电路的优点是外特性较好，负载对输出电压影响较小，电感元件限制了电流的脉动峰值，减小了对整流二极管的冲击。它主要适用于电流较大、要求电压脉动较小的场合。

2. $LC\text{-}\pi$ 型滤波电路

在电容滤波电路的基础上再加一级 LC 滤波电路，就构成 $LC\text{-}\pi$ 型滤波电路，如图 7-27 所示。这种电路滤波效果好，而且电感没有直流功率损耗，所以一般用在负载电流较大、电源频率较高的场合。其缺点是电感的体积大，电路比较笨重。

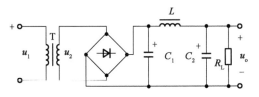

图 7-27 LC-π 型滤波电路

3. RC-π 型滤波电路

在电容滤波电路的基础上再加一级 RC 滤波电路,就构成了 RC-π 型滤波电路,如图 7-28 所示。这种电路滤波效果较好,比 LC-π 型滤波电路体积小、成本低,但是电阻要消耗功率,所以一般适用于负载电流较小的场合。

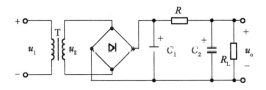

图 7-28 RC-π 型滤波电路

如图 7-23 所示的桥式整流电容滤波电路中,已知交流电源频率为 50Hz,滤波电容为 100μF,负载电阻 $R_L = 1\text{k}\Omega$,若要求输出直流电压为 8V,U_2 应为多少?

解:电容放电时间常数为 $\tau = R_L C = 1 \times 10^3 \times 100 \times 10^{-6} = 0.1(\text{s})$

交流电源周期 $T = \dfrac{1}{f} = \dfrac{1}{50} = 0.02(\text{s})$

满足 $R_L C \geq (3 \sim 5)\dfrac{T}{2}$

输出直流电压为 $U_o \approx 1.2 U_2$

变压器二次电压有效值为 $U_2 \approx \dfrac{U_o}{1.2} = \dfrac{8}{1.2} \approx 6.7(\text{V})$

学习活动 3 分析稳压电路

经过整流、滤波电路后,电网 220V、50Hz 的交流电转换成比较平滑的直流电,但是还存在一定的脉动纹波,而且输出直流电还会受交流电网电压波动和负载变化的影响,使得输出电压产生相应的波动,因此仅由整流滤波电路构成的直流电源只适用于要求不高的场合。对于要求稳定性好、带负载能力强的场合,在整流滤波电路之后还需要加上稳压电路来构成直流电源。

常用的稳压电路有稳压管稳压电路、串联型稳压电路、集成稳压电路。本教材只介绍稳压管稳压电路和集成稳压电路。

一、稳压管稳压电路

1. 电路组成

如图 7-29 所示,稳压管稳压电路由限流电阻 R 和稳压管 VD_Z 组成,主要利用稳压二极管达到稳定输出电压的目的。

2. 稳压二极管

(1) 稳压二极管的结构

稳压二极管简称稳压管,是一种特殊的二极管,和普通二极管一样也是由一个 PN 结构成的,是一种用特殊工艺制成的面接触型半导体二极管。与普通二极管不同的是,普通二极管一般不允许工作在反向击穿区,而稳压二极管可以工作在反向击穿区,而且它就是通过反向击穿特性来实现稳压作用的。如图 7-30 所示是稳压二极管的结构和图形符号,其外形与普通二极管相似。

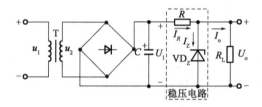

图 7-29 稳压管稳压电路

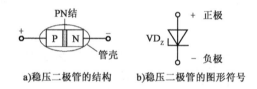

a) 稳压二极管的结构　　b) 稳压二极管的图形符号

图 7-30 稳压二极管的结构与图形符号

(2) 稳压二极管的伏安特性

稳压管的伏安特性与普通二极管类似,如图 7-31 所示。其正向特性和普通二极管一样,为指数曲线;与普通二极管不同的是其反向特性曲线中的击穿区,当外加反向电压的数值增大到超过击穿电压时,发生击穿,反向电流急剧增大,击穿曲线很陡,几乎与纵轴平行,当电流在一定范围内变化时,稳压管端电压几乎不变,表现出很好的稳压特性。稳压二极管工作在稳压状态时即是工作在反向击穿区,因此由稳压管构成的稳压电路中,稳压管要与被稳压负载反向并联。稳压管的击穿电压比普通二极管低,只要反向电流不超过允许值,稳压管就不会因过热而损坏。撤去外加反向电压后,稳压管又恢复到原来的状态。为保证电流不超过允许值,一般在稳压管稳压电路中要串联限流电阻。

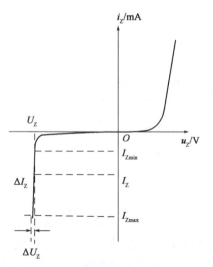

图 7-31 稳压管的伏安特性

(3) 稳压二极管的主要参数

① 稳定电压 U_Z。

稳定电压是稳压管工作在反向击穿区,流过规定电流时稳压管两端的电压值。稳定电压是选择稳压管的主要依据之一,不同型号的稳压管,其稳定电压值不同。同一型号的稳压管,由于制造工艺的分散性,其稳定电压会在一定区间变化。例如:稳压管2CW6A,其稳定电压为7~8.5V,有的稳压管稳定值可能是7V,有的可能是8.5V。

②稳定电流I_Z。

稳定电流是工作电压等于稳定电压时的反向电流。稳压管在工作时,其工作电流有一定范围限制,最小值称为最小稳定电流,用I_{Zmin}表示,电流小于此值时,会进入反向截止区,无法实现稳压作用;最大值称为最大稳定电流,用I_{Zmax}表示,电流大于此值时,稳压管会因发生热击穿而损坏。

3. 工作原理

(1)电网电压波动时的稳压原理

当电网电压升高时,整流滤波电路输出电压U_I随之增大,负载电压U_o也会增大。由于负载和稳压管反向并联,因此$U_o = U_Z$,稳压管端电压U_Z也增大。根据稳压管的伏安特性,电压稍有增大,电流I_Z就会显著增大,因此限流电阻R上的压降U_R增大。如果电路参数选择合适,可以使限流电阻上压降的增量与电压U_I的增量近似相等,从而使输出电压U_o基本保持不变。

$$电网电压 \uparrow \to U_I \uparrow \to U_o(U_Z) \uparrow \to I_Z \uparrow \to U_R \uparrow$$
$$U_o \downarrow \longleftarrow$$

如果电网电压下降,调节过程与上述过程相反。

(2)负载电阻变化时的稳压原理

当电源电压保持不变,负载电阻R_L减小时,负载电流I_o增大,限流电阻R上的压降U_R增大,负载电压U_o因而减小。只要U_o稍有减小,稳压管电流I_Z就显著减小,流过限流电阻R的电流I_R也减小。如果电路参数选择合适,可以使流过限流电阻R的电流I_R和限流电阻上的压降U_R保持近似不变,从而使输出电压U_o也基本保持不变。

$$R_L \downarrow \to I_o \uparrow \to I_R \uparrow \to U_R \uparrow \to U_o(U_Z) \downarrow \to I_Z \downarrow$$
$$I_R \downarrow \longleftarrow$$

如果负载电阻减小,调节过程与上述过程相反。

稳压管稳压电路的结构简单,使用方便,但是输出电流小,带负载能力差,而且输出电压不可调节,输出电压稳定性不够高,一般适用于负载电流小,并且对电压稳定性要求不高的场合。

二、集成稳压电路

集成稳压电路是利用集成工艺,把稳压电路中的大部分元件或者全部元件集成在一块硅基片上的一种集成电路,大多数集成稳压电路采用串联型稳压电路。它具有体积小、使用方便、可靠性高等优点,因此应用比较广泛。

集成稳压电路种类很多,在电子设备中应用最普遍的是三端式固定输出电压集成稳压电路。这种类型的集成稳压电路从外部看,有三个引出端,分别为输入端、输出端和公共端,并且电路的输出电压是固定值,不可调节。三端式固定输出电压集成稳压电路分为固定正压输出和固定负压输出两大系列,代号分别为 CW78×× 和 CW79××,×× 表示输出固定电压值的大小。图 7-32 所示为 CW78 系列稳压电路的外形和引脚。CW78 系列,最大输出电流 1~1.5A;CW78M00 系列,最大输出电流 0.5A;CW78L00 系列,最大输出电流 100mA 左右。CW7800 系列输出电压等级有 5V、6V、9V、12V、15V、18V、24V 等,CW7900 系列输出电压等级有 -5V、-6V、-9V、-12V、-15V、-18V、-24V 等。

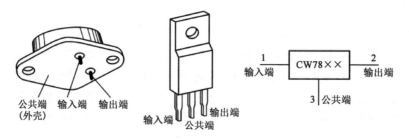

图 7-32　CW78 系列稳压电路的外形和引脚

请完成直流稳压电源的制作,见教材配套工作手册13。

放大电路的安装与测试

项目 8

项目概述

　　放大电路的主要作用是将一个微弱的电信号放大成负载所需的较强的电信号。在现代电子线路中,电信号的产生、发送、接收、变换和处理,几乎都以放大电路为基础,它是使用最广泛的电子电路之一,在电力、交通运输、地质勘探、建筑施工等领域都有广泛的应用,在城市轨道交通车辆上也有很多应用,如城市轨道交通车辆广播系统、通信系统、自动控制系统等。在本项目中,通过对基本放大电路安装与测试的技能训练及相关知识的学习,读者可以掌握基本放大电路的基本知识、分析计算等理论知识,以及基本放大电路的电路图识读、安装、测试等实践技能。

学习清单

知识清单	1. 掌握基本共发射极放大电路的结构、工作原理和分析方法。 2. 理解共集电极和共基极放大电路的结构、工作原理和分析方法。 3. 掌握三种基本放大电路的特点。 4. 掌握多级放大电路的三种级间耦合方式。 5. 理解多级放大电路的动态参数
能力清单	1. 能绘制基本放大电路的直流通路、交流通路、微变等效电路。 2. 能正确分析基本共发射极放大电路并计算电路参数。 3. 能正确分析共集电极和共基极放大电路并计算电路参数。 4. 能正确安装、调试基本共发射极放大电路,并测量电路参数。 5. 学习活动完成后能按照管理规定清理现场
素质清单	1. 在完成学习活动的过程中,树立团队协作的意识,安全、规范操作意识和吃苦耐劳的劳动精神。 2. 逐步形成分析、解决电路问题的能力。 3. 培养勤于思考、自主学习的学习习惯

 微课堂自主学习

　　请同学们扫描二维码观看教学视频,完成课前预习。

学习活动1　分析共发射极放大电路

一、基本共发射极放大电路的组成

放大电路能将一个微弱的电信号不失真地放大到所需要的数值,而且放大后的电信号与原输入信号变化规律一致。只有在不失真的情况下放大才有意义。放大作用的本质是能量的控制与转换,放大电路将直流电源能量中的一部分转换成输出信号的能量,输入信号的作用是控制这种能量转换过程,使放大电路输出信号的变化反映输入信号的变化,实现以较小能量控制较大能量。

放大电路的核心元件是三极管,三极管构成电路时,有三种不同的组态,因此,放大电路有共发射极、共集电极、共基极三种基本组态,其中最常用的是共发射极放大电路。

共发射极放大电路如图 8-1 所示,电路中有两个交流回路:一个在三极管的基极和发射极之间,由信号源 u_S、信号源内阻 R_S、输入耦合电容 C_1、三极管的基极和发射极构成,这个回路称为放大电路的输入回路;另一个在三极管的集电极和发射极之间,由输出耦合电容 C_2、负载电阻 R_L、三极管的集电极和发射极构成,这个回路称为输出回路。两个回路以三极管的发射极作为公共端,因此称为共发射极放大电路。这个电路结构比较复杂,有两个直流电源供电,用一个电源同样能保证三极管工作在放大状态,因此为使用方便,将 U_{BB} 用 U_{CC} 代替。而且电路中的公共端电势为零(图中用接地符号表示),在画电路图时,可以不画电源,只在电源正极标出其对地电压 U_{CC} 即可。图 8-2 是图 8-1 所示放大电路的简化形式,电路中各部分作用如下:

(1) 三极管 VT:电路中实现放大作用的元件,利用它的基极电流对集电极电流的控制实现对信号的放大。

(2) 直流电源 U_{CC}:一方面为放大电路提供能量,将自身能量转换成输出信号的能量;另一方面为三极管工作在放大状态提供外部工作条件,保证三极管的发射结正偏、集电结反偏。U_{CC} 的取值一般为几伏到几十伏。

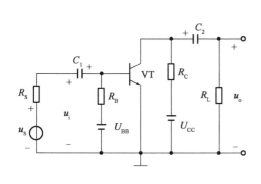

图 8-1　共发射极放大电路

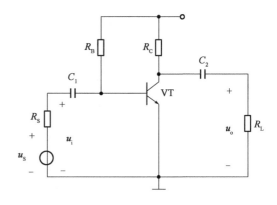

图 8-2　共发射极放大电路的简化形式

(3) 基极偏置电阻 R_B：一方面和直流电源 U_{CC} 共同作用为三极管的发射结提供正偏电压；另一方面用来调节基极偏置电流 I_B 的大小，使放大电路获得合适的工作状态。R_B 的取值一般为几十千欧至几百千欧。

(4) 集电极电阻 R_C：一方面和直流电源 U_{CC} 共同作用为三极管的集电结提供反偏电压；另一方面把集电极电流的变化转换成电压的变化，以实现电压放大作用。R_C 的取值一般为几千欧到几十千欧。

(5) 耦合电容 C_1 和 C_2：电容具有"隔直通交"的作用。一方面将信号源与放大电路之间和放大电路与负载之间的直流信号隔离，使信号源、放大电路、负载之间的直流信号互不影响；另一方面用来传递交流信号，将信号源的交流信号耦合到放大电路，放大后耦合给负载，起到交流耦合作用。耦合电容的取值一般为几十微法，通常采用电解电容。

二、基本共发射极放大电路的分析要点

放大电路中既有直流信号，又有交流信号，为了分析方便、表达明确，对电压、电流符号规定如下（以基极电流为例）：

I_B：符号与下标均大写，表示直流分量的瞬时值。

I_b：符号大写、下标小写，表示交流分量的有效值。

i_b：符号与下标均小写，表示交流分量的瞬时值。

i_B：符号小写、下标大写，表示直流与交流的总量瞬时值，即 $i_B = I_B + i_b$。

为了方便分析电路中的直流分量和交流分量，先画出基本共发射极放大电路的直流通路和交流通路。

1. 直流通路和交流通路

直流通路是电路中直流信号通过的路径。直流通路的画法：①凡是对直流短路的元件（如电感），用短路线代替；②凡是对直流开路的元件（如电容），用断路代替，即将元件及其所在支路去掉；③其他元件保留，连接关系不变。根据上述原则，可以画出共发射极放大电路的直流通路，如图 8-3 所示。

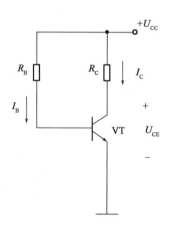

图 8-3 共发射极放大电路的直流通路

交流通路是电路中交流信号通过的路径。交流通路的画法：①凡是对交流短路的元件（如大电容、直流电压源），用短路线代替；②凡是对交流开路的元件（如大电感），用断路代替，即将元件及其所在支路去掉；③其他元件保留，连接关系不变。根据上述原则，可以画出共发射极放大电路的交流通路，如图 8-4 所示。

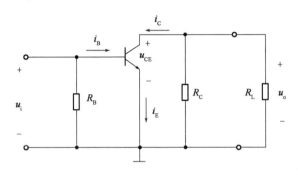

图 8-4　共发射极放大电路的交流通路

2. 放大电路的分析

放大电路未加输入电压信号时（$u_i=0$），电路中各处的电压、电流都是恒定不变的直流量，这时放大电路处于直流工作状态，简称静态；放大电路加上输入电压信号时（$u_i \neq 0$），电路中各处的电压、电流都是直流量与交流量相叠加的变化量，这时放大电路处于交流工作状态，简称动态。

对放大电路进行分析时，首先要分析放大电路没有输入信号时，电路各处的电压、电流的大小，以此判断电路是否工作在放大状态，此时分析的是电路中的直流量，称为静态分析；其次要分析放大电路对交流信号的放大性能，主要分析电路中的交流量，称为动态分析。

（1）放大电路的静态分析

①静态工作点。

对放大电路进行静态分析，就是要确定放大电路的静态工作点。静态工作点是指放大电路处于静态时，三极管各电极的直流电流值和电压值，即三极管 VT 的基极电流 I_B、集电极电流 I_C，以及集电极与发射极之间的电压 U_{CE}，因为它们在三极管的特性曲线上对应一个点，所以称为静态工作点，用 Q 表示，如图 8-5 所示。各电流、电压下标通常加上字母 Q，记为 I_{BQ}、I_{CQ} 和 U_{CEQ}。

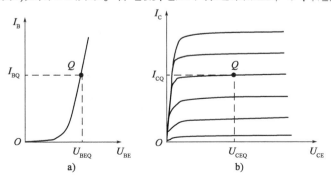

图 8-5　共发射极放大电路的静态工作点

常用的静态分析方法是估算法,在放大电路的直流通路(图8-3)中,有两条独立回路:一条由直流电源 U_{CC}、基极偏置电阻 R_B、三极管的基极和发射极组成;另一条由直流电源 U_{CC}、集电极电阻 R_C、三极管的集电极和发射极组成,可以列出两条回路的电压方程:

$$U_{CC} = I_{BQ}R_B + U_{BEQ} \tag{8-1}$$

$$U_{CC} = I_{CQ}R_C + U_{CEQ} \tag{8-2}$$

由式(8-1)和式(8-2)以及三极管处于放大状态时的电流关系 $I_C = \beta I_B$ 可得

$$I_{BQ} = \frac{U_{CC} - U_{BEQ}}{R_B} \approx \frac{U_{CC}}{R_B} \tag{8-3}$$

$$I_{CQ} = \beta I_{BQ} \tag{8-4}$$

$$U_{CEQ} = U_{CC} - I_{CQ}R_C \tag{8-5}$$

式中,U_{BEQ} 近似为常数,硅管约为 0.7V,锗管约为 0.2V。

图 8-2 所示电路中,已知 $U_{CC} = 12V$,$R_B = 300k\Omega$,$R_C = 3k\Omega$,$R_L = 3k\Omega$,$\beta = 50$。试求电路的静态工作点参数。

解:静态工作点参数:

$$I_{BQ} = \frac{U_{CC} - U_{BEQ}}{R_B} \approx \frac{U_{CC}}{R_B} = \frac{12}{300} = 0.04(mA) = 40(\mu A)$$

$$I_{CQ} = \beta I_{BQ} = 50 \times 0.04 = 2(mA)$$

$$U_{CEQ} = U_{CC} - I_{CQ}R_C = 12 - 2 \times 3 = 6(V)$$

② 静态工作点的设置。

放大电路设置静态工作点是为了保证三极管始终工作于放大状态。三极管是非线性器件,其线性放大工作的范围有限,如果放大电路的静态工作点设置不合适,会导致输出信号的波形与输入信号的波形不一致,这种由于三极管的非线性造成的失真称为非线性失真。

发生非线性失真的情况有两种:第一种情况是放大电路的静态工作点设置得偏低,在输入正弦信号的负半周,会使三极管进入截止区,造成集电极电流的底部被削平,这种失真称为截止失真,如图8-6c)所示;第二种情况是静态工作点设置得偏高,在输入正弦信号的正半周会使三极管进入饱和区,造成集电极电流的顶部被削平,这种失真称为饱和失真,如图8-6d)所示。

因此,放大电路要实现放大功能,一定要设置合适的静态工作点,既不能太低,也不能太高,这样才能得到不失真的输出信号,如图8-6b)所示。

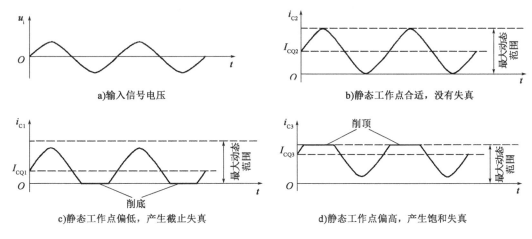

图 8-6 静态工作点对输出信号波形的影响

(2) 放大电路的动态分析

动态分析就是通过对放大电路交流通路的分析,得到其放大性能指标,即放大电路的电压放大倍数、输入电阻和输出电阻等。

常用的动态分析方法是微变等效电路法。这种方法是为了分析方便,将非线性元件三极管等效成线性元件,做等效变换的前提是输入信号变化范围很小,因此该方法只适用于小信号作用下的放大电路。具体的等效过程是:当输入信号变化很小时,放大电路在静态工作点附近工作,在这一范围内,三极管的特性曲线可以近似为一条直线,这样就可以用线性元件的组合来等效三极管,从而把非线性的放大电路变换成容易分析的线性电路。

① 三极管的微变等效电路。

在放大电路的输入回路中,连接了三极管的发射结,从三极管的输入特性曲线来看,在静态工作点附近的小范围内,特性曲线可以用静态工作点 Q 处的切线来代替,如图 8-7a) 所示,因此三极管的基极和发射极之间(b、e 间)可以等效为一个电阻,用 r_{be} 表示,$r_{be} = \dfrac{\Delta u_{BE}}{\Delta i_B}$,$r_{be}$ 一般用式(8-6)估算:

$$r_{be} = 300 + (1+\beta)\dfrac{26(\text{mV})}{I_{EQ}(\text{mA})}(\Omega) \tag{8-6}$$

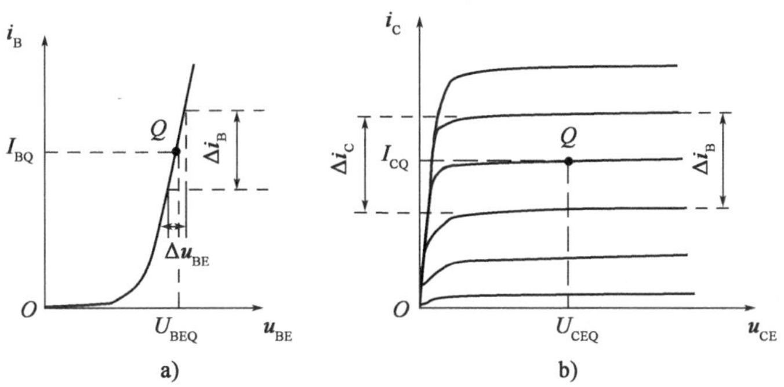

图 8-7 三极管输入、输出特性曲线的线性等效

在放大电路的输出回路中,连接了三极管的集电结,从三极管的输出特性曲线看,在静态工作点附近的小范围内,特性曲线可以近似看成一条与横轴平行的直线,如图 8-7b)所示,这样就可以认为集电极电流变化量 Δi_c 只取决于基极电流变化量 Δi_b,$\Delta i_c = \beta \Delta i_b$。因此三极管的集电极和发射极之间(C、E 间)可以等效为一个受 i_b 控制的电流源,$i_c = \beta i_b$。

综上所述,可得三极管的微变等效电路如图 8-8 所示。

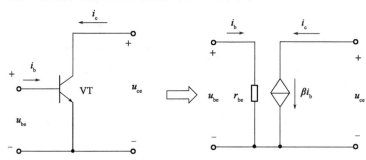

图 8-8 三极管的微变等效电路

②放大电路的交流微变等效电路。

将交流通路中的三极管用其微变等效电路代替,可以得到共发射极放大电路的交流微变等效电路,如图 8-9 所示。

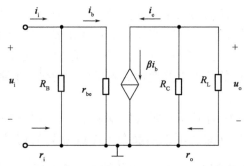

图 8-9 共发射极放大电路的交流微变等效电路

③放大电路的动态参数。

根据如图 8-9 所示的微变等效电路,可得

$$\dot{U}_i = r_{be} \dot{I}_b, \dot{U}_o = -R'_L \dot{I}_c = -\beta R'_L \dot{I}_b \tag{8-7}$$

式中,$R'_L = R_C // R_L$。

a. 电压放大倍数 $\dot{A}_u$。

放大电路的电压放大倍数定义为输出电压与输入电压的相量之比,即

$$\dot{A}_u = \frac{\dot{U}_o}{\dot{U}_i} = -\frac{\beta R'_L}{r_{be}} \tag{8-8}$$

式中,负号表示输出电压与输入电压相位相反。

当负载电阻开路时,

$$\dot{A}_u = -\frac{\beta R_C}{r_{be}} \tag{8-9}$$

b. 电路的输入电阻 r_i。

放大电路的输入电阻是从放大电路的输入端看进去的等效电阻,定义为输入电压与输入电流的相量之比,即

$$r_i = \frac{\dot{U}_i}{\dot{I}_i} = R_B \mathbin{/\mkern-6mu/} r_{be} \tag{8-10}$$

c. 电路的输出电阻 r_o。

放大电路的输出电阻是从放大电路的输出端看进去的等效电阻,即

$$r_o = R_C \tag{8-11}$$

图 8-3 所示电路中,已知 $U_{CC} = 12\text{V}$,$R_B = 300\text{k}\Omega$,$R_C = 3\text{k}\Omega$,$R_L = 3\text{k}\Omega$,$\beta = 50$。

试求:

(1) 负载电阻 R_L 接入和断开两种情况下的电压放大倍数;

(2) 放大电路的输入电阻和输出电阻。

解:(1) $r_{be} = 300 + (1+\beta)\dfrac{26(\text{mV})}{I_{EQ}(\text{mA})} = 300 + (1+50) \times \dfrac{26}{2} = 963(\Omega)$

$= 0.963(\text{k}\Omega)$

R_L 接入时的电压放大倍数:

$$R'_L = R_C \mathbin{/\mkern-6mu/} R_L = \frac{3 \times 3}{3+3} = 1.5(\text{k}\Omega)$$

$$\dot{A}_u = -\frac{\beta R'_L}{r_{be}} = -\frac{50 \times 1.5}{0.963} \approx -78$$

R_L 断开时的电压放大倍数:

$$\dot{A}_u = -\frac{\beta R_C}{r_{be}} = -\frac{50 \times 3}{0.963} \approx -156$$

(2) 输入电阻:

$$r_i = R_B \mathbin{/\mkern-6mu/} r_{be} = 300 \mathbin{/\mkern-6mu/} 0.963 = \frac{0.963 \times 300}{0.963 + 300} \approx 0.96(\text{k}\Omega)$$

(3) 输出电阻:

$$r_o = R_C = 3(\text{k}\Omega)$$

学习活动 2　比较共集电极和共基极放大电路

一、共集电极放大电路

1. 电路结构

图 8-10 所示是一个基本共集电极放大电路,由图 8-11b)的交流通路可以看出,输入回路

与输出回路的公共端是三极管的集电极,所以属于共集电极组态。这种电路输出信号从发射极引出,因此也称为射极输出器。

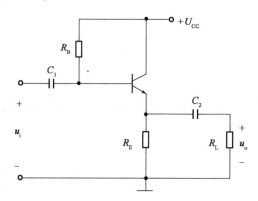

图 8-10 共集电极放大电路

为便于对共集电极放大电路进行分析,先画出其直流通路和交流通路,如图 8-11 所示。

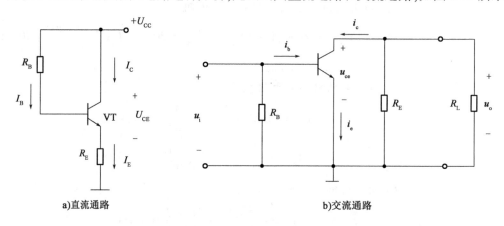

a)直流通路　　　　　　　　　　　　b)交流通路

图 8-11 共集电极放大电路的直流通路和交流通路

2. 电路分析

(1) 静态分析

图 8-11a) 所示的共集电极放大电路直流通路中,列出两个回路的电压方程,可求得电路的静态工作点参数:

$$I_{BQ} = \frac{U_{CC} - U_{BEQ}}{R_B + (1+\beta)R_E} \tag{8-12}$$

$$I_{CQ} \approx \beta I_{BQ} \tag{8-13}$$

$$U_{CEQ} = U_{CC} - I_{EQ}R_E \approx U_{CC} - I_{CQ}R_E \tag{8-14}$$

(2) 动态分析

根据图 8-11b) 所示的共集电极放大电路交流通路,画出其微变等效电路,如图 8-12 所示,在微变等效电路中求解电路的动态参数。

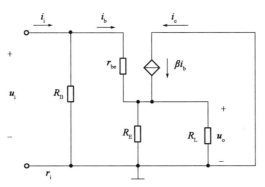

图 8-12 共集电极放大电路微变等效电路

① 电压放大倍数 $\dot{A}_u$。

$$\dot{U}_i = \dot{I}_b r_{be} + (\dot{I}_b + \beta \dot{I}_b) R'_L = \dot{I}_b [r_{be} + (1+\beta)] R'_L$$

式中

$$R'_L = R_B /\!/ R'_i$$

$$\dot{U}_o = (\dot{I}_b + \beta \dot{I}_b) R'_L = \dot{I}_b (1+\beta) R'_L$$

所以

$$\dot{A}_u = \frac{\dot{U}_o}{\dot{U}_i} = \frac{(1+\beta) R'_L}{r_{be} + (1+\beta) R'_L} \tag{8-15}$$

一般情况下 $(1+\beta) R'_L \gg r_{be}$，故射极输出器电压放大倍数 $|\dot{A}_u|$ 接近于 1，而略小于 1。可见，输出电压随着输入电压的变化而变化，大小近似相等，相位相同，因此射极输出器也称为射极跟随器。可见，射极输出器没有电压放大作用，但有电流放大作用。

② 输入电阻 r_i。

$$r_i = R_B /\!/ r'_i \tag{8-16}$$

$$r'_i = \frac{\dot{U}_i}{\dot{I}_b} = r_{be} + (1+\beta) R'_L$$

由此可见，与基本共发射极放大电路相比，射极输出器输入电阻 r_i 是比较大的，它比基本共发射极放大电路的输入电阻大几十倍到几百倍。

③ 输出电阻 r_o。

计算输出电阻 r_o 的电路如图 8-13 所示。图中已将信号源短路，但保留信号源内阻 R_S。在输出端去掉负载电阻 R_L，并接一个电压源 $\dot{U}_o$，下面利用输出端外加独立电源法求输出电阻 r_o。

由图 8-13 可知

$$\dot{I}_o = \dot{I}_b + \beta \dot{I}_b + \dot{I}_{R_E} = (1+\beta) \dot{I}_b + I_{R_e} = (1+\beta) \frac{\dot{U}_o}{r_{be} + R'_S} + \frac{\dot{U}_o}{R_e}$$

于是

$$G_o = \frac{\dot{I}_o}{\dot{U}_o} = \frac{1}{R_e} + \frac{1+\beta}{r_{be} + R'_S} = \frac{1}{R_e} + \frac{1}{\dfrac{r_{be} + R'_S}{1+\beta}}$$

所以
$$r_o = \frac{1}{G_o} = R_E \mathbin{/\mkern-6mu/} \frac{r_{be} + R'_S}{1+\beta} \tag{8-17}$$

式中
$$R'_S = R_S \mathbin{/\mkern-6mu/} R_B$$

式(8-17)说明,输出电阻 r_o 为发射极电阻 R_E 与电阻 $\dfrac{r_{be}+R'_S}{1+\beta}$ 并联组成的。后一部分是基极回路电阻折合到发射极回路的等效电阻,通常 $R_E \gg \dfrac{r_{be}+R'_S}{1+\beta}$。

又因 $\beta \gg 1$,于是
$$r_o \approx \frac{r_{be}+R'_S}{\beta} \tag{8-18}$$

由式(8-18)可见,共集电极放大电路的输出电阻非常小,一般为几十欧左右。

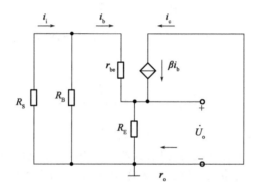

图 8-13 求共集电极电路的输出电阻的等效电路

图 8-10 所示的共集电极放大电路中,$U_{CC}=10\text{V}$,$R_E=5.6\text{k}\Omega$,$R_B=240\text{k}\Omega$,三极管的 $\beta=40$,信号源内阻 $R_S=10\text{k}\Omega$,负载电阻 R_L 开路。

试估算:(1)静态工作点参数;(2)电压放大倍数、输入电阻和输出电阻。

解:(1)静态工作点参数:
$$I_{BQ} = \frac{U_{CC}-U_{BEQ}}{R_B+(1+\beta)R_E} = \frac{10-0.7}{240+(1+40)\times 5.6} \approx 0.02(\text{mA})$$
$$I_{CQ} \approx \beta I_{BQ} = 40 \times 0.02 = 0.8(\text{mA})$$
$$U_{CEQ} \approx U_{CC} - I_{CQ}R_E = 10 - 0.8 \times 5.6 = 5.52(\text{V})$$

(2)电压放大倍数:
$$\dot{A}_u = \frac{\dot{U}_o}{\dot{U}_i} = \frac{(1+\beta)R'_L}{r_{be}+(1+\beta)R'_L}$$

式中，$R'_L = R_B // R_L = 5.6 \text{k}\Omega$

$$r_{be} = r'_{bb} + (1+\beta)\frac{26}{I_{EQ}} = 300 + \frac{41 \times 26}{0.8} \approx 1633(\Omega) \approx 1.6(\text{k}\Omega)$$

则

$$\dot{A}_u = \frac{41 \times 5.6}{1.6 + 41 \times 5.6} \approx 0.993$$

输入电阻：

$$r_i = [r_{be} + (1+\beta)]R'_L // R_B = [1.6 + (1+40) \times 5.6] // 240 \approx 117.8(\text{k}\Omega)$$

输出电阻：

$$r_o = R_E // \frac{r_{be} + R'_S}{1+\beta}$$

式中，$R'_S = R_S // R_B = \frac{10 \times 240}{10 + 240} = 9.6(\text{k}\Omega)$

则

$$\frac{r_{be} + R'_S}{1+\beta} = \frac{1.6 + 9.6}{41} \approx 0.273(\text{k}\Omega)$$

所以

$$r_o = \frac{0.273 \times 5.6}{0.273 + 5.6} \approx 0.26(\text{k}\Omega) = 260(\Omega)$$

二、共基极放大电路

1. 电路结构

图 8-14 所示是基本共基极放大电路，其中，R_C 为集电极电阻，R_E 为发射极电阻，R_{B1}、R_{B2} 为基极偏置电阻，C_B 为基极旁路电容，C_1、C_2 为耦合电容。由图 8-15b）的交流通路可以看出，输入回路与输出回路的公共端是三极管的基极，所以属于共基极组态。

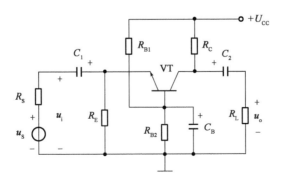

图 8-14 共基极放大电路

2. 电路分析

（1）静态分析

根据图 8-15a) 共基极放大电路的直流通路可求得静态值，即

$$U_{BQ} = \frac{R_{B1}}{R_{B1} + R_{B2}} U_{CC} \tag{8-19}$$

$$I_{EQ} = \frac{U_{EQ}}{R_C} = \frac{U_{BQ} - U_{BEQ}}{R_C} \tag{8-20}$$

$$I_{CQ} \approx I_{EQ} = \frac{U_{BQ} - U_{BEQ}}{R_C} \tag{8-21}$$

$$U_{CEQ} = U_{CC} - I_{CQ} R_E - I_{EQ} R_E \approx U_{CC} - I_{CQ}(R_C + R_E) \tag{8-22}$$

$$I_{BQ} \approx I_{CQ} / \beta \tag{8-23}$$

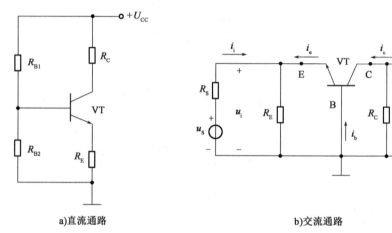

图 8-15 共基极放大电路的直流通路和交流通路

（2）动态分析

根据图 8-16 所示的共基极放大电路微变等效电路可求得动态参数。

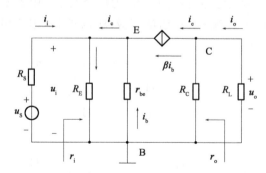

图 8-16 共基极放大电路微变等效电路

① 电压放大倍数 $\dot{A}_u$。

由图 8-16 可得

$$\dot{U}_\mathrm{i} = -\dot{I}_\mathrm{b}\, r_\mathrm{be}$$

$$\dot{U}_\mathrm{o} = -\beta \dot{I}_\mathrm{b}\, R'_\mathrm{L}$$

式中

$$R'_\mathrm{L} = R_\mathrm{C} /\!/ R_\mathrm{L}$$

于是

$$\dot{A}_\mathrm{u} = \frac{\dot{U}_\mathrm{o}}{\dot{U}_\mathrm{i}} = \frac{-\beta \dot{I}_\mathrm{b} R'_\mathrm{L}}{-\dot{I}_\mathrm{b}\, r_\mathrm{be}} = \frac{\beta R'_\mathrm{L}}{r_\mathrm{be}} \tag{8-24}$$

由式(8-24)可知,共基极放大电路虽然没有电流放大作用,但是具有电压放大作用。其电压放大倍数与共射极电路的电压放大倍数在数值上相等,但是没有负号,表明共基极放大电路的输出电压与输入电压相位一致,即没有倒相作用。

②输入电阻 r_i。

$$r'_\mathrm{i} = \frac{\dot{U}_\mathrm{i}}{-\dot{I}_\mathrm{c}} = \frac{-\dot{I}_\mathrm{b}\, r_\mathrm{be}}{-(1+\beta)\dot{I}_\mathrm{b}} = \frac{r_\mathrm{be}}{1+\beta} \tag{8-25}$$

$$r_\mathrm{i} = R_\mathrm{E} /\!/ r'_\mathrm{i} = R_\mathrm{E} /\!/ \frac{r_\mathrm{be}}{1+\beta} \tag{8-26}$$

上式说明,共基极接法的输入电阻比共发射极接法的输入电阻小。

③输出电阻 r_o。

共基极放大电路的输出电阻为

$$r_\mathrm{o} \approx R_\mathrm{C} \tag{8-27}$$

图 8-14 所示的共基极放大电路中,已知 $R_\mathrm{C} = 5.1\mathrm{k}\Omega$,$R_\mathrm{E} = 2\mathrm{k}\Omega$,$R_\mathrm{B1} = 3\mathrm{k}\Omega$,$R_\mathrm{B2} = 10\mathrm{k}\Omega$,负载电阻 $R_\mathrm{L} = 5.1\mathrm{k}\Omega$,$U_\mathrm{CC} = 12\mathrm{V}$,三极管的 $\beta = 50$。

试估算:(1)静态工作点参数;(2)电压放大倍数、输入电阻和输出电阻。

解: (1)静态工作点参数:

$$I_\mathrm{EQ} = \frac{1}{R_\mathrm{E}}\left(\frac{R_\mathrm{B1}}{R_\mathrm{B1} + R_\mathrm{B2}} U_\mathrm{CC} - U_\mathrm{BEQ}\right)$$

$$= \frac{1}{2} \times \left(\frac{3}{3+10} \times 12 - 0.7\right) \approx 1.03(\mathrm{mA}) \approx I_\mathrm{CQ}$$

$$I_\mathrm{BQ} = \frac{I_\mathrm{EQ}}{1+\beta} = \frac{1.03}{1+50} \approx 0.02(\mathrm{mA}) = 20(\mu\mathrm{A})$$

$$U_\mathrm{CEQ} \approx U_\mathrm{CC} - I_\mathrm{CQ}(R_\mathrm{C} + R_\mathrm{E}) = 12 - 1.03 \times (5.1 + 2) \approx 4.7(\mathrm{V})$$

(2)电压放大倍数:

为了计算 $\dot{A}_\mathrm{u}$,首先求出 R'_L 和 r_be,其中

$$R'_L = R_C \mathbin{/\mkern-6mu/} R_L = \frac{5.1 \times 5.1}{5.1 + 5.1} = 2.55(\text{k}\Omega)$$

$$r_{be} = 300 + (1+\beta)\frac{26}{I_{EQ}} = 300 + \frac{51 \times 26}{1.03} \approx 1587(\Omega) \approx 1.6(\text{k}\Omega)$$

则

$$\dot{A}_u = \frac{\beta R'_L}{r_{be}} = \frac{50 \times 2.55}{1.6} \approx 79.7$$

输入电阻：

$$r_i = \frac{r_{be}}{1+\beta} \mathbin{/\mkern-6mu/} R_E = \frac{\frac{1.6}{1+50} \times 2}{\frac{1.6}{1+50} + 2} \approx 0.03(\text{k}\Omega) = 30(\Omega)$$

输出电阻：

$$r_o \approx R_C = 5.1\text{k}\Omega$$

三、三种基本组态放大电路的比较

根据前面的分析，对共发射极、共集电极和共基极三种基本组态的主要特点和应用，可以大致归纳如下：

（1）共发射极电路同时具有较大的电压放大倍数和电流放大倍数，输入电阻和输出电阻值比较适中，所以，一般只要对输入电阻、输出电阻和频率响应没有特殊要求的场合，均常采用。因此，共发射极电路被广泛地用作低频电压放大电路的输入级、中间级和输出级。

（2）共集电极电路的特点是电压跟随，即电压放大倍数接近于1或小于1，而且输入电阻很高、输出电阻很低。由于具有这些特点，它常被用作多级放大电路的输入级、输出级或作为隔离用的中间级。

首先，可以利用它作为测量放大电路的输入级，以减小对被测电路的影响，提高测量的精度。

其次，如果放大电路输出端是一个变化的负载，那么为了在负载变化时保证放大电路的输出电压比较稳定，要求放大电路具有很低的输出电阻，此时，可以采用射极输出器作为放大电路的输出级。

（3）共基极电路的突出特点在于它具有很低的输入电阻，使三极管结电容的影响不显著，因而频率响应得到很大改善，所以这种接法常常用于宽频带放大电路中。常用于接收机的高频头，作为前置放大。另外，由于输出电阻高，共基极电路还可以作为恒流源。

学习活动3　分析多级放大电路

由单个三极管构成的放大电路称为单级放大电路，其放大倍数有限。在实际应用中，常常需要将毫伏级甚至是微伏级的输入信号放大到足够大才能驱动负载工作。为了达到负载所需要的信号强度,常将多个单级放大电路串联起来构成多级放大电路。图 8-17 所示为多级放大电路的组成框图,输入级接收信号源的信号并进行放大;中间级主要进行电压放大;输出级对信号进行功率放大,提供负载所需要的功率,驱动负载工作。

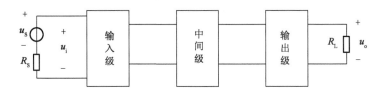

图 8-17　多级放大电路的组成框图

一、多级放大电路的级间耦合方式

多级放大电路级与级之间的连接方式称为耦合。常用的级间耦合方式有阻容耦合、直接耦合和变压器耦合。

1. 阻容耦合

图 8-18 所示是两级阻容耦合放大电路。前级放大电路通过耦合电容与后级放大电路的输入电阻连接起来,这种连接方式称为阻容耦合。

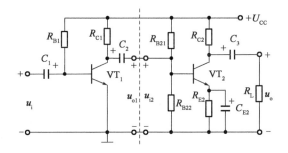

图 8-18　两级阻容耦合放大电路

阻容耦合多级放大电路的优点是:耦合电容具有"通交隔直"的作用,因此前、后级放大电路的静态工作点彼此独立,互不影响。其缺点是:由于耦合电容的存在,这样的电路不能放大变化缓慢的信号和直流信号。此外,电路中需要大容量的耦合电容,所以阻容耦合多级放大电路不便于集成。

2. 直接耦合

图 8-19 所示是两级直接耦合放大电路。前、后级放大电路之间用导线(或通过电阻)直接连接,这种连接方式称为直接耦合。

直接耦合多级放大电路的优点是:该电路既可以放大交流信号,又可以放大直流信号和变化缓慢的信号。此外,直接耦合多级放大电路易于集成,是集成电路中普遍采用的耦合方式。其缺点是:前、后级放大电路的静态工作点互相影响,此外,直接耦合多级放大电路还有一个最大的问题,就是存在零点漂移。零点漂移是指由于受温度等因素的影响,放大电路在无输入信号的情况下,输出电压出现缓慢而不规则波动的现象。这样会使人无法分清放大电路的输出是有用信号还是无用信号。

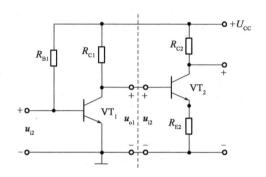

图 8-19　两级直接耦合放大电路

3. 变压器耦合

图 8-20 所示是两级变压器耦合放大电路。前、后级之间通过变压器连接起来,这种耦合方式称为变压器耦合。

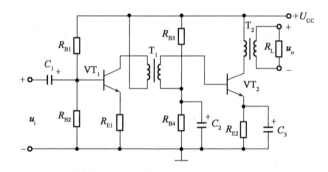

图 8-20　两级变压器耦合放大电路

变压器耦合多级放大电路的优点是:由于变压器具有"通交隔直"的作用,前、后级放大电路的静态工作点相互独立,互不影响;此外,变压器在传递信号的同时,可以通过改变原、副线圈匝数比,实现阻抗变换,从而获得较大的输出功率。其缺点是:变压器体积大、质量大,不能实现集成化;此外,由于频率特性差,变压器耦合多级放大电路也不能放大直流信号和变化缓慢的信号。

二、多级放大电路的动态分析

在多级放大电路中,前一级的输出电压可以看成是后一级的输入电压,后一级的输入电阻可以看成是前一级的负载电阻。图 8-21 所示是多级放大电路的动态参数框图。

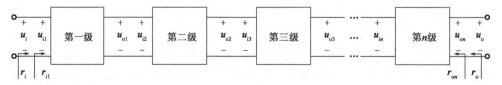

图 8-21　多级放大电路的动态参数框图

1. 电压放大倍数

$$\dot{A}_u = \frac{u_o}{u_i} = \frac{u_{o1}}{u_{i1}} \cdot \frac{u_{o2}}{u_{i2}} \cdot \frac{u_{o3}}{u_{i3}} \cdot \cdots \cdot \frac{u_{on}}{u_{in}} = \dot{A}_{u1} \cdot \dot{A}_{u2} \cdot \cdots \cdot \dot{A}_{un} \qquad (8\text{-}28)$$

式(8-28)表明,多级放大电路的电压放大倍数等于各级放大电路电压放大倍数的乘积。在计算各级放大电路的电压放大倍数时,应当把前一级放大电路的负载电阻当作后一级放大电路的输入电阻来处理。

2. 输入电阻和输出电阻

多级放大电路的输入电阻是第一级放大电路的输入电阻,而多级放大电路的输出电阻是最后一级放大电路的输出电阻。

请完成放大电路的制作与测试,见教材配套工作手册14。

常用集成门电路的参数测试

项目 9

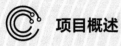 **项目概述**

数字电子技术是电子技术的重要分支之一,主要研究各种逻辑门电路、集成器件的功能及其应用。在信息化时代,模拟信号数字化以后,信息储存的容量、信息传输的安全性及准确率都得到了很大的提升。集成逻辑门是数字电路的基本逻辑元件,是数字电路的基础,它的电性能决定了各种中、大规模标准模块电路的基本电性能。在本项目中,通过对常用集成门电路的参数测试的技能训练以及数制、码制、逻辑函数、逻辑门电路等相关知识的学习,读者可以了解数字电路基本概念和基本分析方法等理论知识,以及集成门电路测试的实践技能。

 学习清单

知识清单	1. 理解数制的概念,掌握不同数制的特点。 2. 理解码制的概念,了解几种常用的十进制编码。 3. 掌握几种基本逻辑关系。 4. 理解逻辑运算的基本定律。 5. 掌握基本逻辑门电路
能力清单	1. 能进行数制之间的相互转化。 2. 能运用逻辑运算的基本定律进行简单的逻辑运算。 3. 能使用不同的方法表示逻辑函数,并会进行逻辑函数的化简。 4. 能进行常用集成门电路的参数测试。 5. 学习活动完成后能按照管理规定清理现场
素质清单	1. 在完成学习活动的过程中,树立团队协作的意识,安全、规范操作意识和吃苦耐劳的劳动精神。 2. 逐步形成分析、解决电路问题的能力。 3. 培养勤于思考、自主学习的习惯

 微课堂自主学习

请同学们扫描二维码观看教学视频,完成课前预习。

学习活动1　区分数制与码制

一、常用数制

我们在小学阶段最开始学习的就是10以内的加法,之后是两位数的加法,在两位数加法的学习中,老师经常会说要注意"逢十进一",像这样按进位的原则进行计数的方法称为进位计数制,简称数制或进制。平时用得最多的就是十进制,其他进制如:1周7天,七进制;1年12个月,十二进制;1小时60分钟,六十进制;1公斤=2斤,1时辰=2小时,逢二进一,就是二进制。在计算机语言中常用八进制和十六进制。由此也可以推断出:每种进制的进位都遵循一个规则,那就是N进制,逢N进一。

基数:数制所使用数码的个数称为基数。例如:二进制的基数为2,十进制的基数为10。

位权:数制中某位上的1所表示的数值大小称为位权。例如:十进制的123(即一百二十三),1的位权是100,2的位权是10,3的位权是1。二进制中的1011,从左往右第一个1的位权是8,0的位权是4,第二个1的位权是2,第三个1的位权是1。

1. 十进制(Decimal system)

(1)当所表示的数据是十进制时,可以无须加标注,即十进制数576可以表示为$(576)_{10}=576$。

(2)特点如下:

①由10个不同的数码0、1、2、…、9和一个小数点组成。

②采用"逢十进一"的运算规则。

例如:$(213.71)_{10}=2\times10^2+1\times10^1+3\times10^0+7\times10^{-1}+1\times10^{-2}$。

2. 二进制(Binary system)

(1)表示:$(101.01)_2$。

(2)特点如下:

①由两个不同的数码0、1和一个小数点组成。

②采用"逢二进一、借一当二"的运算规则。

3. 八进制(Octal system)

(1)表示:$(107.4)_8$。

(2)特点如下:

①由8个不同的数码0、1、2、3、4、5、6、7和一个小数点组成。

②采用"逢八进一、借一当八"的运算规则。

4. 十六进制(Hexadecimal system)

(1)表示:$(2A5)_{16}$。

(2)特点如下:

①由 16 个不同的数码 0、1、2、…、9、A、B、C、D、E、F 和一个小数点组成,其中 A~F 分别代表十进制数 10~15。

②采用"逢十六进一、借一当十六"的运算规则。

计算机内部一律采用二进制表示数据信息,而不是常用的十进制。采用二进制的原因有以下几个:

①二进制码在物理上最容易实现。由于计算机由逻辑电路组成,逻辑电路通常只有两种状态,如开关的接通和断开、三极管的饱和与截止、电压的高与低等。这两种状态正好可以用二进制的两个数码"1"和"0"表示,若采用十进制,则需 10 个数码表示,实现起来比较困难。

②可靠性高,运算简单。用两种状态表示两个数码,数码在传输和处理中不容易出错,因而电路实现更加可靠。而且二进制数的运算规则比较简单,无论是算术运算还是逻辑运算都容易实现。

③逻辑性强。计算机不仅能进行数值运算,还能进行逻辑运算。二进制的两个数码"1"和"0"恰好可以代表逻辑运算中的"真"(True)和"假"(False)。

二、数制转换

十进制符合人们的计数习惯且表示数字的位数也较少;二进制适合用于计算机和数字系统,表示和处理信号;八进制、十六进制表示较简单且容易与二进制转换。因此,在实际工作中,经常会遇到各种数制之间的转换问题。

1. 各进制转换为十进制

法则:各位乘权求和。

(1)二进制转换为十进制

二进制转换为十进制时,只要写出二进制的按权展开式,然后将各项数值按十进制相加,就可得到等值的十进制数。

将二进制数 $(101.01)_2$ 转换为十进制数。

解:$(101.01)_2 = 1 \times 2^2 + 0 \times 2^1 + 1 \times 2^0 + 0 \times 2^{-1} + 1 \times 2^{-2} = (5.25)_{10}$

其中 2^2、2^1、2^0、2^{-1}、2^{-2} 为权,2 为其计数基数。

虽然一个数用二进制表示要比用十进制表示位数多得多,但因二进制只有 0、1 两个数码,适合数字电路状态的表示。例如:用二极管的开和关表示 0 和 1,用三极管的截止和饱和表示 0 和 1,电路实现起来比较容易。

(2)八进制转换为十进制

八进制转换为十进制时只要写出八进制的按权展开式,然后将各项数值按十进制相加,就可得到等值的十进制数。

将八进制数 $(107.4)_8$ 转换为十进制数。

解：$(107.4)_8 = 1 \times 8^2 + 0 \times 8^1 + 7 \times 8^0 + 4 \times 8^{-1} = (71.5)_{10}$

其中 8^2、8^1、8^0、8^{-1} 为权，每位的权是 8 的幂次方，8 为其计数基数。

八进制较之二进制表示简单，且容易与二进制进行转换。

(3) 十六进制转换为十进制

十六进制转换为十进制时只要写出十六进制的按权展开式，然后将各项数值按十进制相加，就可得到等值的十进制数。

将十六进制数 $(BA3.C)_{16}$ 转换为十进制数。

解：$(BA3.C)_{16} = B \times 16^2 + A \times 16^1 + 3 \times 16^0 + C \times 16^{-1}$
$= 11 \times 16^2 + 10 \times 16^1 + 3 \times 16^0 + 12 \times 16^{-1}$
$= (2979.75)_{10}$

其中 16^2、16^1、16^0、16^{-1} 为权，每位的权是 16 的幂次方，16 为其计数基数。

十六进制较之二进制表示简单，且容易与二进制进行转换。

2. 十进制转换为各进制

法则：小数部分乘基顺序取整，整数部分除基逆续取余。

以十进制转换为二进制为例，其他各进制转换方式相同。十进制转换为二进制分为小数部分转换和整数部分转换，转换后再合并。

以十进制数 $(35.325)_{10}$ 转换成二进制数为例。

(1) 小数部分转换——乘 2 取整法

基本思想：将小数部分不断地乘 2 取整数，直到达到一定的精确度。

将十进制的小数部分 0.325 转换为二进制的小数可表示如下：

$0.325 \times 2 = 0.65$

$0.65 \times 2 = 1.3$

$0.3 \times 2 = 0.6$

$0.6 \times 2 = 1.2$

可见，小数部分乘 2 取整的过程不一定使最后的乘积为 0，这时可以按一定的精度要求近似值。本题中精确到小数点后 4 位，则 $(0.325)_{10} = (0.0101)_2$。

(2) 整数部分转换——除 2 取余法

基本思想：将整数部分不断地除以 2 取余数，直到商为 0。

将十进制整数部分 35 转换为二进制整数可表示为 $(35)_{10} = (100011)_2$，最后结果为 $(35.325)_{10} = (100011.0101)_2$。

3. 二进制转换为八进制、十六进制

（1）二进制转换为八进制

二进制数转换为八进制数的方法是从小数点开始，分别向左、向右将二进制数按每 3 位一组分组（不足 3 位的补 0），然后写出与每一组等值的八进制数。

将 $(11001.110101)_2$ 转换为八进制数。
解：$(011\ 001.110\ 101)_2 = (31.65)_8$

（2）二进制转换为十六进制

二进制数转换为十六进制数的方法是从小数点开始，分别向左、向右将二进制数按每 4 位一组分组（不足 4 位的补 0），然后写出与每一组等值的十六进制数。

将 $(11001.110101)_2$ 转换为十六进制数。
解：$(0001\ 1001.1101\ 0100)_2 = (19.D4)_{16}$

八进制与十六进制之间的转换可以通过二进制做中介。

三、码制

计算机技术最初使用纯粹是为了计算，后来 ASCII 码的引入使得文本成为计算机新的处理对象。所以，数字系统中的信息共有两类：一类是数值信息，是进行科学计算用的，这就是数制；另一类是文字符号信息，是给文字符号信息编码的方法，这就是码制。所谓码制，就是编码的方法。编码，通俗地讲，就是起名字。数字系统只能识别 0 和 1 两种不同的状态，只能识别二进制数。实际传递和处理的信息很复杂，因此，为了使二进制数码能表示更多、更复杂的信息，把 0、1 按一定的规律编制在一起表示信息，这个过程称为编码。我们用具有一定位数的二进制数码的组合来给各个信息起名字。用 N 表示信息的个数，用 n 表示二进制码的位数，它们之间的关系为 $2^{n-1} < N \leqslant 2^n$。

1. BCD 码

最常见的编码为二—十进制编码。所谓二—十进制编码是用 4 位二进制数表示 0~9 的 10 个十进制数，也称为 BCD 码（Binary-Coded Decimal）。4 位二进制数码的组合共有 16 种，从其中任意拿出 10 种，并任意地分配给十进制数的 10 个数码，那么将有很多种组合，所以这种起名字的方法有很多种，其中的几种比较有规律，便于记忆和使用，从而比较常用。表 9-1 中列出了几种常用的 BCD 码。

(1) 8421 码

观察表 9-1 中的 8421 码这一列,如果规定各位的位权从左至右依次为 8、4、2、1,把 8421 码看成二进制数,这个二进制数所对应的十进制数,正好就是 8421 码所表示的十进制数码。因为有这样简单的对应关系,所以 8421 码是最容易记忆的一种 BCD 代码。8421 码不是二进制数,而是十进制数的 10 个数码 0、1、2、3、4、5、6、7、8、9 的一种名字而已。

(2) 5421 码

观察表 9-1 中的 5421 码这一列,如果规定各位的位权从左至右依次为 5、4、2、1,将各位的值相加,正好就是所表示的十进制数码。

(3) 2421 码

观察表 9-1 中的 2421 码这一列,如果规定各位的位权从左至右依次为 2、4、2、1,将各位的值相加,正好就是所表示的十进制数码。

(4) 余 3 码

观察表 9-1 中的余 3 码这一列,如果规定各位的位权从左至右依次为 8、4、2、1,把它看成二进制数,这个二进制数所对应的十进制数码,比这个余 3 码所表示的十进制数码正好多 3,余 3 码就是从这个角度来命名的。

几种常用的 BCD 码　　　　　　　　　　　　　表 9-1

十进制数	8421 码	5421 码	2421 码	余 3 码
0	0000	0000	0000	0011
1	0001	0001	0001	0100
2	0010	0010	0010	0101
3	0011	0011	0011	0110
4	0100	0100	0100	0111
5	0101	1000	1011	1000
6	0110	1001	1100	1001
7	0111	1010	1101	1010

把十进制数 78 分别表示为 8421 码、5421 码、2421 码的形式。

解:$(78)_{10} = (0111\ 1000)_{8421}$

$(78)_{10} = (1010\ 1011)_{5421}$

$(78)_{10} = (1101\ 1110)_{2421}$

2. 格雷码

格雷码(Gray Code)是一种典型的循环码。循环码有两个特点:

(1) 相邻性:是指任意两个相邻的代码中仅有 1 位取值不同。
(2) 循环性:是指首尾的两个代码也具有相邻性。

凡是满足这两个特性的编码都称为循环码。在时序逻辑电路中采用循环码编码时,不仅可以有效地防止波形出现毛刺,还可以提高电路的工作速度。十进制数 0~15 的 4 位二进制格雷码见表9-2。

格雷码　　　　　　　　　表9-2

二进制数				格雷码			
b_3	b_2	b_1	b_0	G_3	G_2	G_1	G_0
0	0	0	0	0	0	0	0
0	0	0	1	0	0	0	1
0	0	1	0	0	0	1	1
0	0	1	1	0	0	1	0
0	1	0	0	0	1	1	0
0	1	0	1	0	1	1	1
0	1	1	0	0	1	0	1
0	1	1	1	0	1	0	0
1	0	0	0	1	1	0	0
1	0	0	1	1	1	0	1
1	0	1	0	1	1	1	1
1	0	1	1	1	1	1	0
1	1	0	0	1	0	1	0
1	1	0	1	1	0	1	1
1	1	1	0	1	0	0	1
1	1	1	1	1	0	0	0

显然,格雷码符合循环码的两个特性,因此它是一种循环码。例如:5 和 6 的两个代码分别为 0111 和 0101,只有次低位取值不同;首尾的 0 和 15 的两个代码分别为 0000 和 1000,也只有最高位取值不同。

3. ASCII 码

ASCII 码是美国信息交换标准代码(American Standard Code for Information Interchange)的简称,是目前国际上通用的一种字符码。ASCII 码采用 7 位二进制编码表示十进制的 10 个数码、英文大小写字母、运算符、控制符以及特殊符号。计算机输出到打印机的字符码就采用 ASCII 码。表 9-3 是 ASCII 码表。

ASCII 码表

表 9-3

$b_3b_2b_1b_0$	000	001	010	011	100	101	110	111
0000	NUL	DLE	SP	0	@	P	`	p
0001	SOH	DC1	!	1	A	Q	a	q
0010	STX	DC2	"	2	B	R	b	r
0011	ETX	DC3	#	3	C	S	c	s
0100	EOT	DC4	$	4	D	T	d	t
0101	ENQ	NAK	%	5	E	U	e	u
0110	ACK	SYN	&	6	F	V	f	v
0111	BEL	ETB	'	7	G	W	g	w
1000	BS	CAN	(	8	H	X	h	x
1001	HT	EM	)	9	I	Y	i	y
1010	LF	SUB	*	:	J	Z	j	z
1011	VT	ESC	+	;	K	[	k	{
1100	FF	FS	,	<	L	\	l	|
1101	CR	GS	-	=	M	]	m	}
1110	SO	RS	.	>	N	↑	n	~
1111	SI	US	/	?	O	←	o	DEL

学习活动 2　探索逻辑函数

一、逻辑函数概述

逻辑代数是用于分析和设计逻辑电路的数学工具。它也可以用来描述数字电路的结构和特征。逻辑变量是逻辑代数中的变量,通常用大写字母表示。当逻辑变量作为输入,它们之间用各种逻辑运算符连接起来所形成的比较复杂的逻辑代数的运算结果作为输出,就称为逻辑函数,写作

$$Y = F(A,B,C,\cdots) \tag{9-1}$$

逻辑变量的取值只有两个:0 和 1。这里的 0 和 1 不表示数量的大小,只表示对立的两种逻辑状态。例如:用 1 和 0 表示电路的忙和闲、电灯的亮和灭、事件的真和假、事物的是和非、信号的高和低、开关的开和关等。因此,通常把 1 称为逻辑 1,把 0 称为逻辑 0,即所谓二值逻辑函数。

二值逻辑函数的基本逻辑关系只有三种:逻辑乘、逻辑加、逻辑非。相应地,在逻辑代数中只有三种基本运算:与运算、或运算、非运算。这三种基本运算反映了逻辑电路中最基本的逻辑关系,其他复杂的逻辑关系都可以通过这三种基本运算来实现。

1. 逻辑与(乘)运算

若决定某一事件的所有条件都成立,这件事就发生,否则这件事就不发生,这样的逻辑关系称为逻辑与。逻辑与运算的符号可以用"&"或"·"表示,常用符号为"·",此符号也可省略。

图 9-1 中电灯亮的条件是开关 A 和 B 都闭合。若用 $A=1$,$B=1$ 表示开关闭合,$A=0$,$B=0$ 表示开关断开,$Y=1$ 表示电灯亮,$Y=0$ 表示电灯灭,可以列出输入变量 A、B 各种取值的组合与输出变量 Y 的一一对应关系,如表 9-4 所示。这样的表称为真值表。

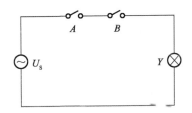

图 9-1 开关串联控制灯泡亮灭的电路

逻辑与真值表　　　　　　　　　　　　　　　　　　　　表 9-4

A	B	Y
0	0	0
0	1	0
1	0	0
1	1	1

从表 9-4 中可以看出,输出变量 Y 与输入变量 A、B 是对应的函数关系,故称 Y 是 A、B 的逻辑函数。表 9-4 中只要输入变量中有一个为 0,输出逻辑函数就为 0;只有当全部输入变量均为 1 时,输出逻辑函数才为 1。当逻辑关系用表达式来表示时,称为逻辑函数表达式。

逻辑与的表达式为 $Y = A \cdot B = AB$,读作 Y 等于 A 与 B。

如果串联开关的数量为 n 个,逻辑与的表达式可以推广到多输入变量的一般形式:

$$Y = A \cdot B \cdot C \cdot D \cdots = ABCD\cdots \tag{9-2}$$

2. 逻辑或(加)运算

若决定某一事件的条件中有一个或一个以上成立,这件事就发生,否则就不发生,这样的逻辑关系称为逻辑或。逻辑或运算的符号可以用"|"和"+"表示。

图 9-2 中只要开关 A 或 B 闭合,电灯 Y 就会亮。逻辑或的真值表如表 9-5 所示。由表可知,只要 $A=1$ 或 $B=1$,$Y=1$。

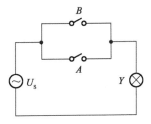

图 9-2 开关并联控制灯泡亮灭的电路

逻辑或真值表 表9-5

A	B	Y
0	0	0
0	1	1
1	0	1
1	1	1

逻辑或的表达式为 $Y = A + B$,读作 Y 等于 A 或 B(或 Y 等于 A 加 B)。

当输入变量为 n 个时,逻辑或的表达式可推广到多输入变量的一般形式:

$$Y = A + B + C + \cdots \tag{9-3}$$

3. 逻辑非运算

发生某事件的条件是该条件成立时,事件不发生;条件不成立时,事件反而发生,这样的逻辑关系称为逻辑非。

图 9-3 中,开关 A 闭合,电灯 Y 熄灭;开关 A 断开,电灯 Y 亮。其真值表如表 9-6 所示,其逻辑函数表达式为 $Y = \bar{A}$,读作 Y 等于 A 非。

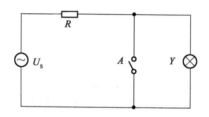

图 9-3 单开关控制灯泡亮灭的电路

逻辑非真值表 表9-6

A	Y
0	1
1	0

4. 复合逻辑运算

在实际逻辑运算中,上述三种基本运算是很少单独出现的。复杂的逻辑关系往往是由与、或、非三种逻辑运算组合来实现的。最常用的复合逻辑运算有与非、或非、与或非、异或、同或等。

与非逻辑是将输入变量 A、B 先进行与运算,然后将结果取反,其实质是与运算和非运算的组合;或非逻辑可以看成是对 A、B 进行先或后非运算组合。

与或非逻辑是输入变量 A、B 之间和 C、D 之间先进行与运算,然后将两个运算的结果取或非,因此可以把与或非运算看成是与、或和非逻辑运算的组合。

异或逻辑是当输入变量 A、B 不同时,输出 Y 为 1,否则为 0。异或逻辑也可以用与、或、非的逻辑运算的组合表示为 $Y = A \oplus B = A\bar{B} + \bar{A}B$

同或逻辑与异或逻辑相反,当 A、B 相同时,$Y = 1$,否则为 0。同或逻辑可以用公式表示为

$Y = A \odot B = AB + \bar{A}\bar{B}$。

可以看出,异或逻辑和同或逻辑互为反运算,即二变量的同或非逻辑运算可以实现异或逻辑运算,二变量的异或非逻辑运算可以实现同或逻辑运算:$A \odot B = \overline{A \oplus B}$。

5. 逻辑代数的基本定律

逻辑代数是一门完整的学科,它与普通代数一样,有一些用于运算的定律。这些定律反映了逻辑运算的基本规律,是简化逻辑函数、分析和设计逻辑电路的基本公式。表9-7列出了逻辑代数的基本定律。

逻辑代数基本定律 表9-7

0-1律	重叠律	互补律	交换律	结合律	分配律	否定律
$0 + A = A$	$A + A = A$	$A + \bar{A} = 1$	$A + B = B + A$	$A + (B + C) = (A + B) + C$	$A \cdot (B + C) = A \cdot B + A \cdot C$	$\bar{\bar{A}} = A$
$0 \cdot A = 0$	$A \cdot A = A$	$A \cdot \bar{A} = 0$	$A \cdot B = B \cdot A$	$A \cdot (B \cdot C) = (A \cdot B) \cdot C$	$A + B \cdot C = (A + B) \cdot (A + C)$	—
$1 + A = 1$	—	—	—	—	—	—
$1 \cdot A = A$	—	—	—	—	—	—

这些基本公式的正确性,都可以用真值表证明。如果等式成立,那么将任何一组变量的取值代入公式两边所得的结果应该相等,因此,等式两边所对应的真值表也必然相同。

需要说明的是,在逻辑函数运算中,不能使用普通代数中的移项规则。例如:$AB + A = A$,绝不能写成 $AB = A - A$。同样,也不能使用倍乘和乘方规则。例如:$A + A = A$,不能写成 $A + A = 2A$;$A \cdot A = A$,而不是 $A \cdot A = A^2$。

在逻辑函数运算中,运算的先后次序应遵循先算括号里的内容,然后依次进行非、与、或运算。

6. 逻辑代数的三个基本定理

在逻辑代数中,有三个重要的基本定理,它们是代入定理、反演定理和对偶定理。

(1) 代入定理

在任何逻辑代数等式中,若等式两边所有出现某一变量的位置都代以一个逻辑函数,则等式仍然成立,这就是代入定理。

逻辑代数等式中的任意逻辑变量的可能取值只能是0或1,所以,无论将0还是1代入逻辑代数等式中,等式都一定成立。因此,可以把代入定理看作是无须证明的公理。

(2) 反演定理

对原函数取反函数的过程称为反演。对于任意一个逻辑函数 Y,若将其中所有的"·"换成"+","+"换成"·","0"换成"1","1"换成"0",原变量换成反变量,反变量换成原变量,则得到的结果即为原函数的反函数,这个规律称为反演定理。

(3) 对偶定理

对于任意一个逻辑函数 Y,若将其中所有的"·"换成"+","+"换成"·","0"换成"1","1"换成"0",则得到一个新逻辑式 Y^*,Y^* 称为 Y 的对偶式,或者说 Y 和 Y^* 互为对偶式。若两个逻辑式相等,则它们的对偶式也相等,这就是对偶定理。

为了证明两个逻辑式相等,可以通过证明它们的对偶式相等来完成,因为有些情况下证明它们的对偶式相等更加容易。基本定律中每个定律所给出的两个公式互为对偶式。

7. 正逻辑和负逻辑

前面我们曾用真值表来描述逻辑运算,在真值表中用"1"表示逻辑"真",用"0"表示逻辑"假",而没有指明这个"1"和"0"的相对于地电势的实际电压电平。在实际应用中的逻辑门,用高电平 H 代表逻辑"1",低电平 L 代表逻辑"0",这种约定的逻辑关系,称为正逻辑。反之,假定用逻辑门的低电平 L 代表"1",而用较高的电平 H 代表"0",那么,我们称这样约定的逻辑关系为负逻辑。必须指出:这里所谓正逻辑或负逻辑,其正负并不意味着对地零电势,而仅仅是指代表 1、0 的相对高低电平。为了讨论方便,我们约定,除非另作说明,下面讨论的逻辑电路均对正逻辑而言。

二、逻辑函数的化简

1. 逻辑函数的变换

一个逻辑函数确定以后,其表示逻辑关系的真值表是唯一的,但可以利用逻辑代数的基本规则和定理对其进行变换。常见的几种变换方式如下:

$$F = A\bar{B} + BC \quad \text{与或式}$$
$$= (A + B)(\bar{B} + C) \quad \text{或与式}$$
$$= \overline{\overline{A\bar{B}} \cdot \overline{BC}} \quad \text{与非-与非式}$$
$$= \overline{\overline{A + B} + \overline{\bar{B} + C}} \quad \text{或非-或非式}$$
$$= \overline{\overline{A\bar{B} + B\bar{C}}} \quad \text{与或非式}$$

由此可见,公式法化简的结果并不是唯一的。若两个结果形式(项数、每项中变量数)相同,则二者均正确,可以验证二者逻辑相等。

2. 最小项和最小项表达式

(1) 最小项

若一个具有 n 个变量的逻辑函数的"与项"包含全部 n 个变量,每个变量以原变量或反变量的形式出现,且仅出现一次,则这种"与项"被称为最小项。

对 2 个变量 A、B 来说,可以构成 4 个最小项:$\overline{AB}$、$\overline{A}B$、$A\overline{B}$、AB;对 3 个变量 A、B、C 来说,可构成 8 个最小项:$\overline{ABC}$、$\overline{AB}C$、$\overline{A}B\overline{C}$、$\overline{A}BC$、$A\overline{BC}$、$A\overline{B}C$、$AB\overline{C}$ 和 ABC;同理,对 n 个变量来说,可以构成 2^n 个最小项。

最小项通常用符号 m_i 表示,i 是最小项的编号,是一个十进制数。确定 i 的方法是:首先将最小项中的变量按顺序 A、B、C、D、… 排列好,然后将最小项中的原变量用 1 表示,反变量用 0 表示,这时最小项表示的二进制数对应的十进制数就是该最小项的编号。例如:对三变量的最小项来说，ABC 的编号是 7，符号用 m_7 表示，$A\bar{B}C$ 的编号是 5，符号用 m_5 表示。

（2）最小项表达式

若一个逻辑函数表达式是由最小项构成的与或式，则这种表达式称为逻辑函数的最小项表达式，也称为标准与或式。例如：$F = \bar{A}BC\bar{D} + AB\bar{C}D + ABCD$ 是一个四变量的最小项表达式。对一个最小项表达式，可以采用简写的方式，例如：

$$F(A,B,C) = \bar{A}B\bar{C} + A\bar{B}C + ABC = m_2 + m_5 + m_7 = \sum m(2,5,7)$$

要写出一个逻辑函数的最小项表达式，可以有多种方法，但最简单的方法是先给出逻辑函数的真值表，再将真值表中能使逻辑函数取值为 1 的各个最小项相或。

已知三变量逻辑函数 $F = AB + BC + AC$，写出 F 的最小项表达式。

解：首先列出 F 的真值表，如表 9-8 所示，将表中能使 F 为 1 的最小项相或可得

$$F = \bar{A}BC + A\bar{B}C + AB\bar{C} + ABC = \sum m(3,5,6,7)$$

表9-8　$F = AB + BC + AC$ 真值表

A	B	C	$F = AB + BC + AC$
0	0	0	0
0	0	1	0
0	1	0	0
0	1	1	1
1	0	0	0
1	0	1	1
1	1	0	1
1	1	1	1

3. 化简

逻辑函数的表达式和逻辑电路是一一对应的，表达式越简单，用逻辑电路去实现也越简单。

在传统的设计方法中，通常以与或表达式定义最简表达式，其标准是表达式中的项数最少，每项所含变量也最少。这样用逻辑电路去实现时，用的逻辑门最少，每个逻辑门的输入端也最少。另外，还可提高逻辑电路的可靠性和速度。

在现代设计方法中，多采用可编程的逻辑器件设计逻辑电路。设计并不一定要追求最简单的逻辑函数表达式，而是追求设计简单方便、可靠性好、效率高。但是，逻辑函数的化简仍是需要掌握的重要基础技能。

逻辑函数的化简方法有多种,最常用的方法是逻辑代数化简法和卡诺图化简法。

(1)逻辑代数化简法

逻辑代数化简法就是利用逻辑代数的基本公式和规则对给定的逻辑函数表达式进行化简。常用的逻辑代数化简法有吸收法、消去法、并项法、配项法。

①吸收法。利用公式 $A + AB = A$,吸收多余的与项进行化简。

利用吸收法对 $F = \bar{A} + \bar{A}BC + \bar{A}BD + \bar{A}E$ 进行化简。

解:$F = \bar{A} + \bar{A}BC + \bar{A}BD + \bar{A}E = \bar{A} \cdot (1 + BC + BD + E) = \bar{A}$

②消去法。利用公式 $A + \bar{A}B = A + B$,消去与项中多余的因子进行化简。

利用消去法对 $F = A + \bar{A}B + \bar{B}C + \bar{C}D$ 进行化简。

解:$F = A + \bar{A}B + \bar{B}C + \bar{C}D = A + B + \bar{B}C + \bar{C}D$

$= A + B + C + \bar{C}D = A + B + C + D$

③并项法。利用公式 $A + \bar{A} = 1$,把两项并成一项进行化简。

利用并项法对 $F = A\overline{BC} + AB + A \cdot (\overline{\overline{BC} + B})$ 进行化简。

解:$F = A\overline{BC} + AB + A \cdot (\overline{\overline{BC} + B})$

$= A \cdot (\overline{BC} + B + \overline{\overline{BC} + B}) = A$

④配项法。利用公式 $A + \bar{A} = 1$,把一个与项变成两项再和其他项合并进行化简。

利用配项法对 $F = A\bar{B} + \bar{B}C + B\bar{C} + A\bar{B}$ 进行化简。

解:$F = A\bar{B} + \bar{B}C + B\bar{C} + A\bar{B}$

$= A\bar{B} \cdot (C + \bar{C}) + \bar{B}C \cdot (A + \bar{A}) + B\bar{C} + A\bar{B}$

$= A\bar{B}C + A\bar{B}\bar{C} + A\bar{B}C + \bar{A}\bar{B}C + B\bar{C} + A\bar{B}$

$= A\bar{B} \cdot (C + 1) + \bar{A}C \cdot (B + \bar{B}) + B\bar{C}(\bar{A} + 1)$

$= A\bar{B} + \bar{A}C + B\bar{C}$

有时对逻辑函数表达式进行化简，可以几种方法并用，综合考虑。

化简 $F = \bar{A}BC + AB\bar{C} + A\bar{B}C + ABC$。

解：$F = \bar{A}BC + AB\bar{C} + A\bar{B}C + ABC$

$= \bar{A}BC + ABC + AB\bar{C} + ABC + A\bar{B}C + ABC$

$= AB \cdot (C + \bar{C}) + AC \cdot (B + \bar{B}) + BC \cdot (A + \bar{A})$

$= AB + AC + BC$

在这个例子中就使用了配项法和并项法两种方法。

（2）卡诺图化简法

①卡诺图。

卡诺图是按相邻性原则排列起来的最小项方格图。变量的个数不同，卡诺图中方格数目也不同，若函数有 n 个变量，卡诺图中就有 2^n 个小方格，每个小方格表示一个最小项。相邻性原则是：卡诺图中相邻的两个小方格代表的最小项只有一个因子互反，其余相同。按照上述原则，下面介绍二变量卡诺图、三变量卡诺图、四变量卡诺图的画法。

a. 二变量卡诺图。设变量为 A、B，因为有两个变量，共有 $2^2 = 4$ 个最小项，卡诺图应有 4 个小方格，图 9-4 所示为二变量卡诺图，由图 9-4a)可以看出小方格代表的最小项由方格外面行变量和列变量的取值形式决定，若原变量用 1 表示，反变量用 0 表示，则行、列变量取值对应的十进制数为该最小项的编号，图 9-4a)也可表示为图 9-4b)的形式。

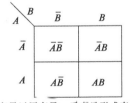 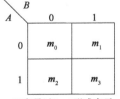

a)变量以原变量、反变量形式表示　　　b)变量以0、1形式表示

图 9-4　二变量卡诺图

b. 三变量卡诺图。设三个变量为 A、B、C，共有 $2^3 = 8$ 个最小项，按照卡诺图的构成原则，可得图 9-5 所示的三变量卡诺图。

a)变量以原变量、反变量形式表示　　　b)变量以0、1形式表示

图 9-5　三变量卡诺图

c. 四变量卡诺图。设 4 个变量为 A、B、C、D，共有 $2^4=16$ 个最小项，同理，可得图 9-6 所示的四变量卡诺图。

AB\CD	$\bar{C}\bar{D}$	$\bar{C}D$	CD	$C\bar{D}$
$\bar{A}\bar{B}$	$\bar{A}\bar{B}\bar{C}\bar{D}$	$\bar{A}\bar{B}\bar{C}D$	$\bar{A}\bar{B}CD$	$\bar{A}\bar{B}C\bar{D}$
$\bar{A}B$	$\bar{A}B\bar{C}\bar{D}$	$\bar{A}B\bar{C}D$	$\bar{A}BCD$	$\bar{A}BC\bar{D}$
AB	$AB\bar{C}\bar{D}$	$AB\bar{C}D$	$ABCD$	$ABC\bar{D}$
$A\bar{B}$	$A\bar{B}\bar{C}\bar{D}$	$A\bar{B}\bar{C}D$	$A\bar{B}CD$	$A\bar{B}C\bar{D}$

a) 变量以原变量、反变量形式表示

AB\CD	00	01	11	10
00	m_0	m_1	m_3	m_2
01	m_4	m_5	m_7	m_6
11	m_{12}	m_{13}	m_{15}	m_{14}
10	m_8	m_9	m_{11}	m_{10}

b) 变量以 0、1 形式表示

图 9-6　四变量卡诺图

② 用卡诺图表示逻辑函数。

既然任何一个逻辑函数都可以写成最小项表达式，而卡诺图中的每一个小方格代表逻辑函数的一个最小项，因此可以用卡诺图表示逻辑函数。具体的做法如下：

步骤 1：根据逻辑函数变量的个数，画出相应变量的卡诺图。

步骤 2：将逻辑函数写成最小项表达式。

步骤 3：在逻辑函数包含的最小项对应的方格中填入 1，其余的填入 0 或空着。

这种用卡诺图表示逻辑函数的过程，也称为将逻辑函数"写入"卡诺图中。

用卡诺图表示逻辑函数 $L = AB + A\bar{C}$

解：函数 L 有 3 个变量，画出三变量卡诺图。

将 L 写成最小项表达式：

$$L = AB + A\bar{C} = AB(C+\bar{C}) + A(B+\bar{B})\bar{C}$$
$$= ABC + AB\bar{C} + AB\bar{C} + A\bar{B}\bar{C}$$
$$= ABC + AB\bar{C} + A\bar{B}\bar{C}$$
$$= m_7 + m_6 + m_4$$

在逻辑函数包含的 3 个最小项 m_4、m_6、m_7 对应的方格中填入 1，其余的空着，如图 9-7 所示。

A\BC	00	01	11	10
0				
1	1		1	1

图 9-7　学中练 9-13 卡诺图

③化简。

化简的依据：卡诺图中的小方格是按相邻性原则排列的，可以利用公式消去互反因子，保留相同的变量，达到化简的目的。2 个相邻的最小项合并可以消去一个变量，4 个相邻的最小项合并可以消去 2 个变量，8 个相邻的最小项合并可以消去 3 个变量，2^n 个相邻的最小项合并可以消去 n 个变量。

利用卡诺图化简逻辑函数，关键是确定能合并哪些最小项，即将可以合并的最小项用一个圈圈起来，这个圈称为卡诺圈，画卡诺圈应注意以下几点：

a. 卡诺圈中包含的“1”格越多越好，但个数必须为 $2^n(n=0,1,2,\cdots)$ 个。

b. 卡诺圈的个数越少越好。

c. 一个“1”格可以被多个卡诺圈公用，但每个卡诺圈中至少要有一个“1”格没有被其他卡诺圈用过。

d. 不能漏掉任何一个“1”格。

用卡诺图化简逻辑函数的方法如下：

a. 用卡诺图表示逻辑函数。

b. 将相邻的“1”格用卡诺圈圈起来，合并相邻的最小项。

c. 从卡诺图“读出”最简式。

下面举例说明化简的方法。

学中练 9-14

用卡诺图化简逻辑函数 $L=(A,B,C)=\sum m(0,1,2,5)$。

解：(1) 画出三变量卡诺图，并用卡诺图表示逻辑函数 L。

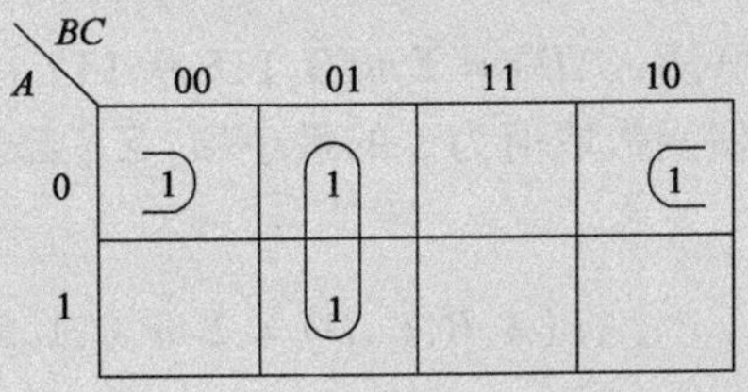

图 9-8　学中练 9-14 卡诺图

(2) 将相邻的“1”格用卡诺圈圈起来，如图 9-8 所示，合并相邻的最小项。

$$m_1+m_5=\bar{A}\bar{B}C+A\bar{B}C=\bar{B}C$$

$$m_0+m_2=\bar{A}\bar{B}\bar{C}+\bar{A}B\bar{C}=\bar{A}\bar{C}$$

(3) 从卡诺圈“读出”最简式，即将每个卡诺圈的合并结果进行逻辑加，得到逻辑函数的最简与或表达式：

$$L(A,B,C)=\bar{A}\bar{C}+\bar{B}C$$

在熟练掌握卡诺图的化简方法之后，第(2)步可直接写出合并结果，即每个卡诺图行变量和列变量取值相同的，为合并的结果。

(3) 具有无关项的逻辑函数的化简

在前面讨论的逻辑函数中,变量的每一组取值都有一个确定的函数值与之相对应,而在某些情况下,有些变量的取值是不允许出现或不会出现的,或某些变量的取值不影响电路的逻辑功能,上述这些变量组合对应的最小项称为约束项或任意项,约束项与任意项统称无关项,具有无关项的逻辑函数称为有约束条件的逻辑函数。例如:十字路口的信号,A、B、C 分别表示红灯、绿灯和黄灯,1 表示灯亮,0 表示灯灭,正常工作时只能有一个灯亮,所以变量的取值只能为

$$
\begin{array}{ccc}
A & B & C \\
0 & 0 & 1 \\
0 & 1 & 0 \\
1 & 0 & 0
\end{array}
$$

其余几种变量组合 000,011,101,110,111 是不允许出现的,对应的最小项 $\bar{A}\bar{B}\bar{C}$,$\bar{A}BC$,$A\bar{B}C$,$AB\bar{C}$,ABC 则为无关项。约束条件的表示形式为

$$\bar{A}\bar{B}\bar{C} + \bar{A}BC + A\bar{B}C + AB\bar{C} + ABC = 0$$

即

$$m_0 + m_3 + m_5 + m_6 + m_7 = 0$$

具有约束条件的逻辑函数的表示形式有两种,一种为

$$L(A,B,C,D) = \Sigma m(0,1,5,9,13) + \Sigma d(2,7,10,15)$$

式中,Σm 部分为使函数取值为 1 的最小项,Σd 部分为无关项。

另一种形式为

$$L(A,B,C,D) = \Sigma m(0,1,5,9,13)$$

$$\Sigma d(2,7,10,15) = 0$$

具有无关项的逻辑函数的化简:因为无关项不会出现或对函数值没有影响,所以其取值可以为 0,也可以为 1,在化简时可以充分利用这一特点,使化简的结果更为简单。在卡诺图中无关项对应的小方格用"×"或"φ"表示。

用卡诺图化简逻辑函数
$$L(A,B,C,D) = \Sigma m(0,1,2,5,9) + \Sigma d(3,6,8,11,13)$$
解:(1) 画出四变量卡诺图,将函数写入卡诺图中。
(2) 合并相邻的最小项。考虑约束条件时,用两个卡诺图将相邻的"1"格圈起来,无关项作"1"格使用,如图 9-9a) 所示,化简结果为

$$L = \bar{A}\bar{B}D + \bar{A}CD + B\bar{C}D$$

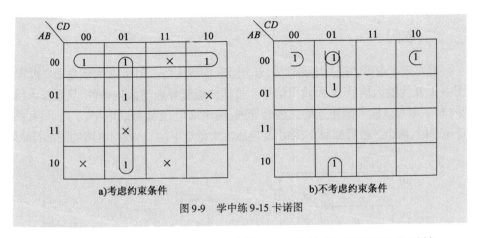

图9-9 学中练9-15卡诺图

利用无关项化简逻辑函数时应注意,需要的无关项当作"1"格处理,不需要的应丢掉。

学习活动3 分析逻辑门电路

数字电路中通常用输入信号表示"条件",用输出信号表示"结果",条件与结果之间的因果关系称为逻辑关系,能实现逻辑关系的数字电路就称为逻辑门电路。基本的逻辑关系有与逻辑、或逻辑、非逻辑,与之相应的基本逻辑门电路有与门电路、或门电路、非门电路。在数字电路中,通常用电势的高、低去控制门电路,输入信号与输出信号只有两种状态:高电平状态和低电平状态。规定用"1"表示高电平状态,用"0"表示低电平状态,即正逻辑。

一、与门

能实现与逻辑功能的电路称为与门电路,简称与门。门电路可以由分立元器件(如二极管、三极管、MOS管和继电器等)组成,也可以由集成电路组成。由二极管组成的与门电路如图9-10所示,由于二极管具有单向导电性,而且二极管在导通状态下的电阻值远小于线性电阻R的电阻值,在A、B两个输入端中只要有任意一个为低电平(0),对应二极管都会导通,使Y点的电平与A点电平近似,即输出电平为低电平(0),即使另一个输入端为高电平(1),也会由于电压反向偏置而处于截止状态,不能拉高Y点电平。只有A、B都为高电平时,两个二极管都截止,Y点输出才为高电平(1)。这样A、B两个输入端和输出端Y之间就形成与门的逻辑关系。与门电路的图形符号如图9-11所示。

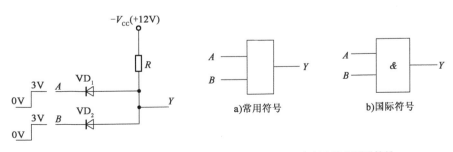

图9-10 由二极管组成的与门电路　　　　　图9-11 与门电路的图形符号

二、或门

能实现或逻辑功能的电路称为或门电路,简称或门。图9-12所示是由二极管组成的或门电路,图中 A、B 为输入信号,Y 为输出信号。根据二极管导通与截止条件,只要输入信号有一个为高电平(1),则与该输入端相连的二极管导通,输出端电压就为高电平(1)。只有两个输入信号都为低电平时,两个二极管都截止,输出端电压才为低电平(0)。或门电路的图形符号如图9-13所示。

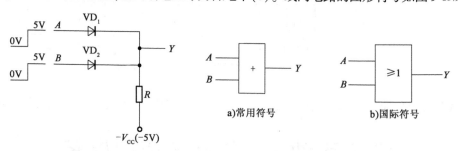

图9-12　由二极管组成的或门电路　　　　图9-13　或门电路的图形符号

三、非门

能实现非逻辑功能的电路称为非门电路,简称非门。图9-14所示是由三极管组成的非门电路。非门电路的图形符号如图9-15所示。

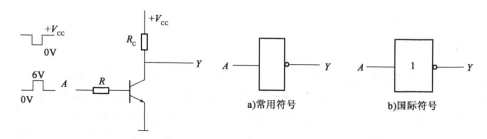

图9-14　由三极管组成的非门电路　　　　图9-15　非门电路的图形符号

四、与非门

以上介绍的三种门电路是最基本的逻辑门电路,将这些基本的逻辑门电路适当地组合起来,能构成多种复合逻辑门电路。以下来学习一下复合逻辑门——与非门。

与非门的逻辑结构图和图形符号分别如图9-16、图9-17所示,在一个与门后串接一个非门就构成一个与非门。

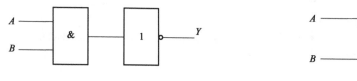

图9-16　与非门的逻辑结构图　　　　　　图9-17　与非门的图形符号

五、或非门

或非门的逻辑结构图和图形符号如图 9-18、图 9-19 所示,在一个或门后串接一个非门就构成一个或非门。

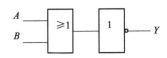
图 9-18　或非门的逻辑结构图

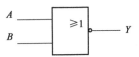
图 9-19　或非门的图形符号

六、异或门

图 9-20 所示为异或门的逻辑结构图,图 9-21 所示为异或门的图形符号。

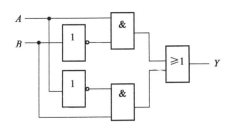
图 9-20　异或门的逻辑结构图

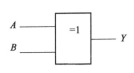
图 9-21　异或门的图形符号

七、与或非门

与或非门的逻辑结构图和图形符号如图 9-22、图 9-23 所示。与或非门通常由两个或多个与门和一个或门,后接一个非门串联而成。

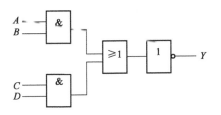
图 9-22　与或非门的逻辑结构图

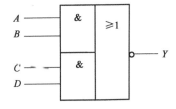
图 9-23　与或非门的图形符号

以上讨论的各种逻辑门电路是由单个分立元器件(如二极管、三极管、电阻等)连接而成的。在集成电路技术迅猛发展和广泛应用的当今社会,分立元器件门电路已很少使用,大量使用的是集成逻辑门电路,无论功能多强大、结构多复杂的集成逻辑门电路,都是以分立元器件门电路为基础,经改造演变而来的。

八、集成逻辑门

集成逻辑门电路(简称集成门电路)是把构成门电路的元器件和连线都制作在一块半导体基片上,再封装起来而构成的。

集成门电路若是以三极管为主要元件,输入端和输出端都是三极管,则这种电路称为三极管-三极管逻辑电路,简称 TTL 电路。TTL 电路具有体积小、耗电少、工作可靠、性能好、速度高等优点。

(1)产品系列

TTL 集成逻辑门电路现在主要的系列有 74 系列(标准中速)、74H 系列(高速)、74S 系列(肖特基超高速)、74LS 系列(低功耗肖特基)和 74AS 系列(先进的肖特基)等。其中,74LS 系列为现代主要应用的产品。

(2)外形封装

TTL 集成逻辑门电路通常采用双列直插式外形封装,如图 9-24 所示。

图 9-24　TTL 集成逻辑门电路双列直插式外形封装

TTL 集成逻辑门电路通常是双列直插式外形,根据功能不同,有 8~24 个引脚,引脚编号判读方法是把凹槽标志置于左方,引脚向下,左下第一个引脚表示 1 号引脚,按逆时针自下而上的顺序排列。

如图 9-25 所示,74LS00 是四输入与非门,内含四个与非门,每个与非门均有两个输入端外引线和一个输出端外引线。图中 A、B 为各与非门的输入端,Y 为输出端。其中 A_1、B_1、Y_1、A_2、B_2、Y_2 等均以下标的数字区分不同的与非门;如图 9-26 所示,74LS04 是六反相器,内含有六个非门。

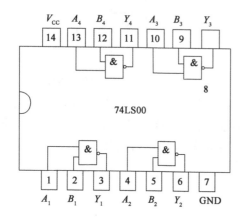

图 9-25　74LS00 集成逻辑门电路引脚

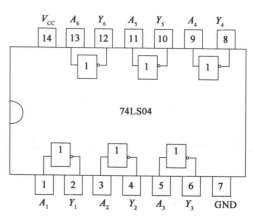

图 9-26　74LS04 集成逻辑门电路引脚

(3) 常用型号

按现行国家标准,TTL 集成逻辑门电路的型号由五部分构成,以 CT74LS04CP 为例说明型号的意义。

第一部分:字母 C 表示国标,该产品符合中国国家标准。

第二部分:字母 T 表示 TTL 电路。

第三部分:器件系列和品种代号,74 表示国际通用 74 系列,LS 表示低功耗肖特基系列,04 为品种代号。

第四部分:字母表示器件工作温度,C 为 0~70℃,G 为 -25~70℃,L 为 -25~85℃,E 为 -40~85℃,R 为 -55~85℃。

第五部分:字母表示器件封装,P 为塑料双列直插式封装,J 为黑瓷双列直插式封装。

CT74LS××CP 可简称为 74LS×× 或 LS××。

74LS 系列集成门电路是应用广泛的通用数字逻辑门电路,它包含各种 TTL 电路和其他逻辑功能的电路,常用的 74LS 系列集成门电路在表 9-9 中列出。

常用的 74LS 系列集成门电路　　　　　　　　表 9-9

型号	名称	功能
74LS00	四 2 输入与非门	$Y=\overline{AB}$
74LS01	四 2 输入与非门	$Y=\overline{AB}$
74LS02	四 2 输入或非门	$Y=\overline{A+B}$
74LS04	六反相器	$Y=\overline{A}$
74LS08	四 2 输入与门	$Y=AB$
74LS10	三 3 输入与非门	$Y=\overline{ABC}$
74LS11	三 3 输入与门	$Y=ABC$
74LS14	六反相器	$Y=\overline{A}$
74LS20	双 4 输入与非门	$Y=\overline{ABCD}$
74LS21	双 4 输入与门	$Y=ABCD$
74LS27	三 3 输入或非门	$Y=\overline{A+B+C}$
74LS30	8 输入与非门	$Y=\overline{ABCDEFGH}$
74LS32	四 2 输入或门	$Y=A+B$
74LS86	四 2 输入异或门	$Y=A\oplus B$
74LS136	四 2 输入异或门	$Y=A\oplus B$

请完成常用集成门电路的参数测试,见教材配套工作手册 15。

参 考 文 献

[1] 童诗白. 模拟电子技术基础[M]. 2版. 北京:高等教育出版社,1988.
[2] 华成英. 模拟电子技术基本教程[M]. 北京:清华大学出版社,2006.
[3] 康华光. 电子技术基础:模拟部分[M]. 5版. 北京:高等教育出版社,2006.
[4] 孙肖子. 模拟电子电路及技术基础[M]. 2版. 西安:西安电子科技大学出版社,2008.
[5] 王兆奇. 电工基础[M]. 3版. 北京:机械工业出版社,2015.
[6] 陈小虎. 电工电子技术:多学时[M]. 3版. 北京:高等教育出版社,2011.
[7] 秦曾煌. 电工学[M]. 北京:高等教育出版社,1998.
[8] 康华光. 电子技术基础:数字部分[M]. 5版. 北京:高等教育出版社,2006.
[9] 阎石. 数字电子技术基础[M]. 5版. 北京:高等教育出版社,2006.
[10] 杨静生,邢迎春. 电工电子技术基础[M]. 大连:大连理工大学出版社,2006.
[11] 刘守义,钟苏. 数字电子技术[M]. 3版. 西安:西安电子科技大学出版社,2012.
[12] 王兆安,刘进军. 电力电子技术[M]. 5版. 北京:机械工业出版社,2009.
[13] 席时达. 电工技术[M]. 2版. 北京:高等教育出版社,2000.
[14] 吕国泰,白明友. 电子技术[M]. 5版. 北京:高等教育出版社,2019.
[15] 宋奇吼,李学武. 城市轨道交通供电[M]. 北京:中国铁道出版社,2015.
[16] 许翏,王淑英. 电气控制与PLC应用[M]. 北京:机械工业出版社,2009.
[17] 华平,唐春林. 城市轨道交通车辆电气控制[M]. 2版. 北京:机械工业出版社,2015.
[18] 谢晓雷. 谈数字电子技术的应用与发展[J]. 大众标准化,2019(16):21-23.
[19] 路红娟. 电力系统中的电子电工技术应用[J]. 电子测试,2019(4):135-136.

| 班级 | | 姓名 | | 实训时间 | | 学号 | | 组号 | |

工作手册1　电路中电压、电势的测量

一、技能目标

（1）学会测量电路中各点电势和电压的方法，理解电势的相对性和电压的绝对性。
（2）学会电路电势图的绘制方法。
（3）掌握直流稳压电源、直流电压表的使用方法。

二、原理说明

在一个确定的闭合电路中，各点电势的大小因所选的电势参考点的不同而不同，但任意两点之间的电压（即两点之间的电势差）是不变的，这一性质称为电势的相对性和电压的绝对性。据此性质，我们可用一台电压表来测量电路中各点的电势及任意两点间的电压。

若以电路中的电势值作为纵坐标，电路中各点位置（电阻或电源）作为横坐标，将测量到的各点电势在该坐标平面中标出，并把标出点按顺序用直线连接，就可得到电路的电势图，每一段直线即表示该两点电势的变化情况。而且，任意两点之间的电势差，即为该两点之间的电压。

在电路中，电势参考点可任意选定，对于不同的参考点，所绘出的电势图是不同的，但各点位置电势变化的规律却是一样的。

三、设备与器件

实验工作台（含直流稳压电源、常用仪表等）（实训图1）（一台）

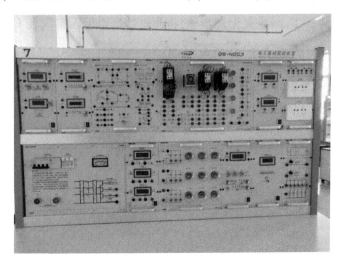

实训图1　实验工作台

直流稳压电源(一台)
数字万用表(一个)
1kΩ、510Ω、330Ω 电阻(若干)
基尔霍夫定律实验电路板(一块)
连接导线(若干)
以上设备和器件的技术参数可按实训室的要求进行选取。

四、实训内容

实验电路如实训图 2 所示,图中的电源 U_{S1} 用恒压源 Ⅰ 路 0～30V 可调电源输出端,并将输出电压调到 6V,U_{S2} 用 Ⅱ 路 0～30V 可调电源输出端,并将输出电压调到 12V。

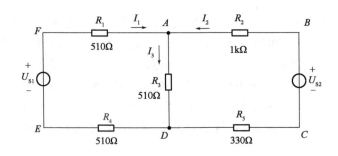

实训图 2　实验电路图

1. 测量电路中各点电势

以实训图 2 中的 A 点作为电势参考点,分别测量 B、C、D、E、F 各点的电势。

用数字万用表的黑表笔端插入 A 点,红表笔端分别插入 B、C、D、E、F 各点进行测量,将测量数据记入实训表 1 中。

以 D 点作为电势参考点,重复上述步骤,将测得数据也记入实训表 1 中。

2. 测量电路中相邻两点之间的电压值

在实训图 2 中,测量电压 U_{AB}:将数字万用表的红表笔端插入 A 点,黑表笔端插入 B 点,读数字万用表读数,记入实训表 1 中。按同样方法测量 U_{BC}、U_{CD}、U_{DE}、U_{EF} 及 U_{FA},将测量数据也记入实训表 1 中。

电路中各点电势和电压数据(单位:V)　　　　　　　　　　实训表 1

电势参考点	U_A	U_B	U_C	U_D	U_E	U_F	U_{AB}	U_{BC}	U_{CD}	U_{DE}	U_{EF}	U_{FA}
A	0											
D				0								

五、注意事项

（1）实验电路中使用的电源 U_{S1} 和 U_{S2}，应先将输出电压调好后，再接入电路中，并防止电源输出端短路。

（2）使用数字万用表测量电势时，将黑表笔端插入参考电势点，红表笔端插入被测各点。若显示正值，则表明该点电势为正（即该点电势高于参考点电势）；若显示负值，则表明该点电势为负（即该点电势低于参考点电势）。

（3）使用数字万用表测量电压时，将红表笔端插入被测电压参考方向的正（+）端，将黑表笔端插入被测电压参考方向的负（-）端。若显示正值，则表明电压参考方向与实际方向一致；若显示负值，则表明电压参考方向与实际方向相反。

六、分析与思考

（1）电势参考点不同，各点电势是否相同？任意两点之间的电压是否相同？为什么？

（2）在测量电势、电压时，为何数据前会出现"±"号，它们各表示什么？

七、实训总结

（1）根据实验数据，分别绘制出电势参考点为 A 点和 D 点时的电势图。

（2）根据电路参数计算出各点电势和相邻两点之间的电压值，并将其与实验数据相比较，对误差做必要的分析。

（3）回答分析与思考问题。
（4）写出实训总结报告。

| 班级 | | 姓名 | | 实训时间 | | 学号 | | 组号 | |

工作手册2　电路定律的验证

一、技能目标

(1) 加深对基尔霍夫定律的理解。
(2) 学会运用基尔霍夫电流定律和基尔霍夫电压定律。
(3) 正确并熟练使用电压表、电流表、万用表和稳压电源。
(4) 进一步理解参考方向的概念。

二、设备与器件

实验工作台(含直流稳压电源、常用仪表等)(一台)
直流稳压电源(一台)
数字万用表(一个)
1kΩ、510Ω、330Ω 电阻(若干)
基尔霍夫定律实验电路板(一块)
连接导线(若干)
以上设备和器件的技术参数可按实训室的要求进行选取。

三、实训内容

(1) 调节双路直流稳压电源,使得一路输出为12V,另一路输出为6V。
(2) 按实训图3正确连接电路。

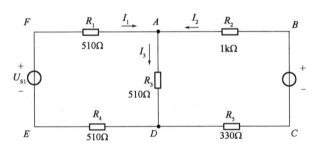

实训图3　验证基尔霍夫定律电路图

(3) 经指导教师检查无误后接通电源,用数字万用表测电压及各支路电流,并将测量结果填入实训表2中。注意测量电流时电流表应串联在电路中,测量电压时电压表应并联在电路中。

基尔霍夫电压、电流定律测量值				实训表2
电流(mA)	$I_{R_1}=$	$I_{R_2}=$	$I_{R_3}=$	A 点电流代数和 =
	$I_{R_4}=$	$I_{R_3}=$	$I_{R_5}=$	D 点电流代数和 =
电压(V)	$U_{R_1}=$	$U_{R_3}=$	$U_{R_4}=$	A 点电压代数和 =
	$U_{R_2}=$	$U_{R_3}=$	$U_{R_5}=$	D 点电压代数和 =

四、注意事项

(1)所有需要测量的电压值,均以电压表测量的读数为准。

(2)使用指针式仪表时,要特别关注指针的偏转情况,及时调换表的极性,防止指针打弯或损坏仪表。

(3)测定电压、电流时,不仅要读出数值,还要判断实际方向,并与设定的参考方向进行比较,若不一致,则该数值前加"-"号。

五、分析与思考

(1)根据仪表的准确度、测量手段和方法分析产生误差的原因。

(2)参考方向是怎样定义的?与实际方向区别是什么?

(3)测量电压、电流时,如何判断数值前的正、负号?负号的意义是什么?

(4)用数字万用表直流毫安挡测各支路电流时,什么情况下可能出现毫安表指针反偏,应如何处理?在记录数据时应注意什么?若用直流数字毫安表进行测量,则会有什么显示?

六、实训总结

(1)根据实验数据,分析实训电路中各段电压和各支路电流的关系。

(2)回答分析与思考问题。

(3)写出实训总结报告。

班级		姓名		实训时间		学号		组号	

工作手册3　机械式万用表的制作

一、技能目标

(1) 通过万用表组装实验,进一步熟悉万用表的结构、工作原理和使用方法。
(2) 了解电路理论的实际应用,进一步学会分析电路。

二、原理说明

万用表主要是由表头、测量电路和转换装置三部分组成。

表头用来指示被测电量的数值,通常为磁电式微安表。表头是万用表的关键部分,万用表的灵敏度、准确度及指针回零等大都取决于表头的性能。表头的灵敏度是以满刻度的测量电流来衡量的,满刻度偏转电流越小,灵敏度越高。一般万用表表头灵敏度为 10～100pA。

测量电路的作用是把被测的电量转换成符合表头要求的微小直流电流,它通常包括分流电路、分压电路和整流电路。分流电路将被测大电流通过分流电阻变成表头所需要的微小电流,分压电路将被测的高电压通过分压电阻转换成表头所需的低电压,整流电路将被测的交流电,通过整流转换成所需的直流电。

万用表的各种测量种类及量程的选择是靠转换装置来实现的,转换装置通常由转换开关、接线柱、插孔等组成。转换开关有固定触点和活动触点,它们位于不同位置,接通相应的触点,构成相应的测量电路。

三、设备与器件

MF-47万用表套件(一套)
电烙铁(内热式,30W,锥头)(一支)
焊锡、松香等(若干)

四、实训内容

(1) 研究电路图,弄清楚电路的工作原理以及元器件的种类、规格。
MF-47型指针式万用表电路结构图如实训图4所示。

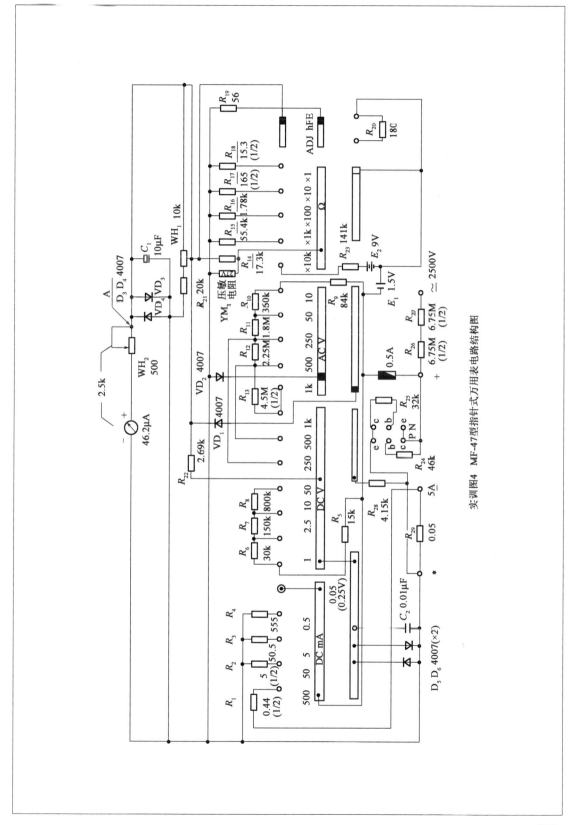

实训图4 MF-47型指针式万用表电路结构图

(2)读取色环电阻的电阻值,并做记录。

色环标示法主要应用在圆柱形的电阻器上,如碳膜电阻器、金属膜电阻器、金属氧化膜电阻器、熔断丝电阻器、绕线电阻器等。在早期,一般当电阻的表面不足以用数字表示时,就会用色环标示法来表示电阻的电阻值、公差、规格。色环主要分为两部分,第一部分的每一条色环等间距,自成一组,以便和第二部分的色环区分。色环电阻根据色环数一般分为四色环电阻和五色环电阻。四色环电阻的识别:第一、二环分别代表两位有效数的电阻值,第三环代表倍率,第四环代表误差。五色环电阻的识别:第一、二、三环分别代表三位有效数的电阻值,第四环代表倍率,第五环代表误差。第五条色环为黑色,一般表示该电阻器为绕线电阻器;第五条色环为白色,一般表示该电阻器为熔断丝电阻器。

(3)观察印制电路板。

印制电路板如实训图5所示。

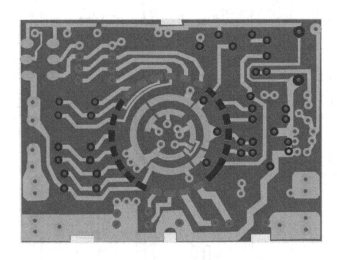

实训图5　MF-47万用表印制电路板

(4)焊接电路板。

①右手持电烙铁,左手用尖嘴钳或镊子夹持元件或导线。焊接前,电烙铁要充分预热。烙铁头刃面上要吃锡,即带上一定量焊锡。

②将烙铁头刃面紧贴在焊点处,电烙铁与水平面约成60°角,以便熔化的锡从烙铁头流到焊点上。烙铁头在焊点处停留的时间控制在2~3s内。

③抬开烙铁头,左手仍持元件不动,待焊点处的锡冷却凝固后,才可松开左手。

④用镊子转动引线,确认不松动,然后用偏口钳剪去多余的引线。

(5)检查电路是否有误,是否焊接牢固,电路无误且焊接牢固即可进行下一步。

(6)装上电池,测量电阻、电压,并做记录。

注意电池的正负方向,将两节电池连好。

(7)如果电路板焊接效果不理想,需要对其进行调试。

五、注意事项

(1)电阻的读数方向要一致,色环不清楚时要用万用表测定电阻值后再装。

(2)电烙铁插头最好使用三极插头,要使外壳妥善接地,使用前,应认真检查电源插头、电源线有无损坏,并检查烙铁头是否松动。

(3)在使用电烙铁的过程中,不能用力敲击,要防止跌落。烙铁头上焊锡过多时,可用布擦掉,不可乱甩,以防烫伤他人。

(4)焊接过程中,烙铁不能到处乱放,不焊时,应将烙铁放在烙铁架上。注意电源线不可搭在烙铁头上,以防烫坏绝缘层而发生事故。

(5)使用结束后,应及时切断电源,拔下电源插头。冷却后,再将电烙铁收回工具箱。

六、分析与思考

(1)万用表安装完成后,进行测量,如果表头没有任何反应,应该从哪几个方面寻找原因?

(2)万用表安装完成后,测量电压时,发现指针反偏,应该如何处理?

(3)万用表安装完成后,测量电压时,发现测出的电压示值不准,应该如何处理?

七、实训总结

(1)回答分析与思考问题。

(2)写出实训总结报告(用制作好的万用表测量自选电阻的电阻值以及简单电路的电压,并将测量结果写入报告中)。

班级		姓名		实训时间		学号		组号	

工作手册4　单一参数的交流电路参数测量

一、技能目标

(1) 研究电阻、感抗、容抗与频率的关系,测定它们随频率变化的特性曲线。
(2) 学习使用信号源、频率计、交流毫伏表和示波器。

二、设备与器件

信号源(电压有效值为2V,频率在1~50kHz范围内可调)(一台)
交流毫伏表(一台)
电阻(300Ω、1kΩ)、电感元件(10mH)、电容元件(0.01μF)(若干)
示波器(一台)
导线(若干)

三、实训内容

测量电路如实训图6所示,图中 $r=300\Omega, R=1\text{k}\Omega, L=10\text{mH}, C=0.01\mu\text{F}$。选择信号源正弦波输出作为输入电压 u,调节信号源输出电压幅值,并用交流毫伏表测量,使输入电压 u 的有效值 $U=2\text{V}$,并保持不变。

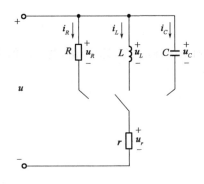

实训图6　测量电路

用导线分别接通 R、L、C 三个元件,调节信号源的输出频率,从1kHz逐渐增至20kHz (用频率计测量),用交流毫伏表分别测量 U_R、U_L、U_C 和 U_r,将实验数据记入实训表3中,并通过计算得到各频率点的 R、X_L 和 X_C。

R、L、C 元件的阻抗频率特性实验数据　　　　　实训表 3

	频率 f(kHz)	1	2	5	10	15	20
R(kΩ)	U_r(V)						
	I_R(mA) $= U_r/r$						
	U_R(V)						
	$R = U_R/I_R$						
X_L(kΩ)	U_r(V)						
	I_L(mA) $= U_r/r$						
	U_L(V)						
	$X_L = U_L/I_L$						
X_C(kΩ)	U_r(V)						
	I_C(mA) $= U_r/r$						
	U_C(V)						
	$X_C = U_C/I_C$						

四、注意事项

交流毫伏表属于高阻抗电表,测量前必须先调零。

五、分析与思考

(1) 如何用交流毫伏表测量电阻 R、感抗 X_L 和容抗 X_C？它们的大小和频率有何关系？

(2) 什么是频率特性？高通滤波器、低通滤波器和带通滤波器的幅频特性有何特点？如何测量？

六、实训总结

(1) 根据实验数据,分析 R、L、C 元件的阻抗频率特性。

(2) 回答分析与思考问题。
(3) 写出实训总结报告。

工作手册5　RLC电路参数测量及电路的谐振研究

一、技能目标

(1)加深对电路发生谐振的条件、特点的理解,掌握电路品质因数(电路 Q 值)、通频带的物理意义及其测定方法。

(2)学习用实验方法绘制 RLC 串联电路不同 Q 值下的幅频特性曲线。

(3)熟练使用信号源、频率计和交流毫伏表。

二、原理说明

实训图7所示的 RLC 串联电路中,电路复阻抗 $Z = R + \mathrm{j}\left(\omega L - \dfrac{1}{\omega C}\right)$,当 $\omega L = \dfrac{1}{\omega C}$ 时,$Z = R$,$\dot{U}$ 与 $\dot{I}$ 同相,电路发生串联谐振,谐振角频率 $\omega_0 = \dfrac{1}{\sqrt{LC}}$,谐振频率 $f_0 = \dfrac{1}{2\pi\sqrt{LC}}$。

实训图7电路中,若 $\dot{U}$ 为激励信号,$\dot{U}_R$ 为响应信号,其幅频特性曲线如实训图8所示。当 $f = f_0$ 时,$A = 1$,$U_R = U$;当 $f \neq f_0$ 时,$U_R < U$,当呈带通特性。当 $A = 0.707$,即 $U_R = 0.707U$ 时,所对应的两个频率 f_L 和 f_H 分别为下限频率和上限频率,$f_H - f_L$ 为通频带。通频带的宽窄与电阻 R 有关,不同电阻值的幅频特性曲线如实训图9所示。

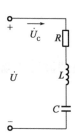

实训图7　RLC 串联电路

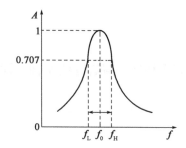

实训图8　RLC 串联电路幅频特性曲线

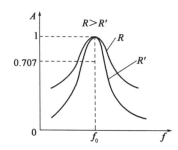

实训图9　不同电阻值的幅频特性曲线

电路发生串联谐振时，$U_R = U$，$U_L = U_C = QU$，Q 称为品质因数，它与电路的参数 R、L、C 有关。Q 值越大，幅频特性曲线越尖锐，通频带越窄，电路的选择性越好，在恒压源供电时，电路的品质因数、选择性与通频带只取决于电路本身的参数，而与信号源无关。在本实验中，用交流毫伏表测量不同频率下的电压 U、U_R、U_L、U_C，绘制 RLC 串联电路的幅频特性曲线，并根据 $\Delta f = f_H - f_L$ 计算出通频带，根据 $Q = \dfrac{U_L}{U} = \dfrac{U_C}{U}$ 或 $Q = \dfrac{f_0}{f_H - f_L}$ 计算出品质因数。

三、设备与器件

交流信号源（输出电压有效值为 1V，频率在 500Hz~10kHz 范围内可调）（一台）
交流毫伏表（一台）
电阻（51Ω）、电感（9mH）、电容（0.033μF）（各一个）
以上设备和器件的技术参数可按实训室的要求进行选取。

四、实训内容

（1）按实训图 10 连接电路。用交流毫伏表测电压，令交流信号源输出有效值为 1V，并保持不变。图中 $L = 9\text{mH}$，$R = 51\Omega$，$C = 0.033\mu\text{F}$。

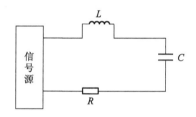

实训图 10　实验电路

（2）测量 RLC 串联电路谐振频率。调节信号源正弦波输出电压频率，由小逐渐变大，并用交流毫伏表测量电阻 R 两端电压 U_R，当 U_R 的读数为最大时，读得频率计上的频率值即为电路的谐振频率 f_0，并测量此时的 U_C 与 U_L 值（注意及时更换毫伏表的量程），将测量数据记入自拟的数据表格中。

（3）测量 RLC 串联电路的幅频特性

在上述实验电路的谐振点两侧，调节信号源正弦波输出频率，按频率递增或递减 500Hz（或 1kHz），依次各取 7 个测量点，逐点测出 U_R、U_L 和 U_C 值，记入实训表 4 中。

测量数据一　　　　　　　　　　　　　　　　　　　　　　　实训表 4

$f(\text{kHz})$														
$U_R(\text{V})$														
$U_L(\text{V})$														
$U_C(\text{V})$														

(4)在上述实验电路中,改变电阻值,使 $R = 100\ \Omega$,重复步骤(1)、(2),将幅频特性数据记入实训表5中。

测量数据二　　　　　　　　　　　　　　　　　实训表5

$f(\text{kHz})$												
$U_R(\text{V})$												
$U_L(\text{V})$												
$U_C(\text{V})$												

五、注意事项

(1)应在靠近谐振频率附近多取几个测试频率点;在改变频率时,应调整信号输出电压,使其维持在1V不变。

(2)在测量 U_L 和 U_C 数值前,应将毫伏表的量程增大至大约10倍,而且在测量 U_L 与 U_C 时,将交流毫伏表的"+"端接电感与电容的公共点。

六、分析与思考

(1)根据步骤(1)、(3)的元件参数值,估算电路的谐振频率,自拟测量谐振频率的数据表格。

(2)改变电路的哪些参数可以使电路发生谐振,电路中 R 的数值是否影响谐振频率?

(3)如何判别电路是否发生谐振?测试谐振点的方案有哪些?

(4)电路发生串联谐振时,为什么输入电压 u 不能太大,如果信号源输出 1V 的电压,电路谐振时,用交流毫伏表测 U_L 和 U_C,应该选择用多大的量程?为什么?

(5)要提高 RLC 串联电路的品质因数,电路参数应如何改变?

七、实训总结

(1)电路谐振时,比较输出电压 U_R 与输入电压 U 是否相等,U_L 和 U_C 是否相等,试分析原因。

(2)根据测量数据,绘出不同 Q 值的三条幅频特性曲线。

(3)计算出通频带与 Q 值,说明不同 R 值对电路通频带与品质因数的影响。

(4)对两种不同的测 Q 值的方法进行比较,分析误差原因。

(5)回答分析与思考问题。
(6)写出实训总结报告。

班级		姓名		实训时间		学号		组号	

工作手册6　荧光灯照明电路的安装及功率因数的提高

一、技能目标

（1）了解荧光灯的结构及工作原理，能根据原理图安装荧光灯照明电路。
（2）学会提高感性负载功率因数的方法。
（3）通过测量荧光灯照明电路所消耗的功率，学会使用功率表。

二、原理说明

1. 荧光灯的结构及工作原理

荧光灯电路主要由荧光灯管、镇流器、辉光启动器等元件组成，如实训图11所示。灯管两端有灯丝，管内充以氩气或氖气及少量水银，管内壁涂一层荧光粉，当管内产生弧光放电时，水银蒸气受激发辐射大量紫外线，管壁上的荧光粉在紫外线的激发下辐射出白色荧光，这就是荧光灯的发光原理。

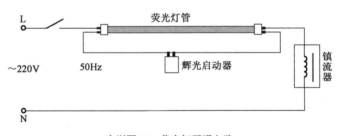

实训图11　荧光灯照明电路

2. 功率因数

由于镇流器的感抗较大，荧光灯照明电路的功率因数是比较低的，通常在0.5左右。过低的功率因数对供电方和用户来说都是不利的，一般可以并联合适的电容器来提高电路的功率因数。

3. 功率表的使用

功率表用于测量电路的有功功率，应注意正确选用功率表的电压、电流和功率量程，正确接线和读数。在本次实验中，由于电路功率因数较低，因此宜选用低功率因数的功率表来测量功率。

三、设备与器件

荧光灯照明电路实验板(一块)
交流电流表(三台)
万用表(一台)
单相功率表(一台)
电容器组单元板(一块)

四、实训内容

(1)在熟悉了荧光灯工作原理的前提下,不带电操作,依次将荧光灯管、辉光启动器、镇流器连接成如实训图 12 所示的电路,检验线路无误后,闭合开关,荧光灯正常工作。用万用表、交流电流表、功率表测量荧光灯在额定电压下的等效参数,把测量结果记入实训表 6 中。

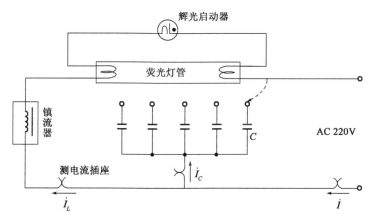

实训图 12　荧光灯提高功率因数电路图

测量数据　　　　　　　　　　　　　　　　　　　　　　　实训表 6

电容(μF)	项目			
	$I(A)$	I_R 或 $I_L(A)$	$I_C(A)$	$\cos\varphi$
1				
2.2				
3.2				
4.7				
5.7				
6.9				

测量电压使用万用表交流电压挡;测量电流时把交流电流表连上测电流插头,分别插入对应的测电流插座,以保证安全和方便;测量功率时把功率表电流线圈串联到总路测电流插座后,将电压线圈并联到电源两端。

(2)在电路中并联接入不同电容,按实训表6中所给数值,将电容从小到大逐渐增加,并测量相应的电压、电流、功率,记入实训表6中。

五、注意事项

(1)在实验中认真检查实训电路,镇流器规格应与荧光灯管规格相符。特别注意,接线时不要把镇流器短接,以免烧坏荧光灯管。功率表的电压、电流线圈接线应符合要求,量程选择应正确。

(2)荧光灯启动时的电流较正常工作时的电流大,在做启动实验时应注意电流表的量程,观察指针偏转情况,勿使之过载。

六、分析与思考

(1)荧光灯照明电路并联电容器的电容大小对电路的功率因数有何影响?

(2)提高电路的功率因数有何意义?

七、实训总结

(1)根据实验数据,总结电容大小对电路的功率因数的影响。

(2)回答分析与思考问题。
(3)写出实训总结报告。

班级		姓名		实训时间		学号		组号	

工作手册7　三相交流电路电压、电流的测量

一、技能目标

(1)掌握三相负载星形连接、三角形连接的方法,验证这两种接法下线电压和相电压及线电流和相电流之间的关系。

(2)充分理解三相四线制供电系统中中性线的作用。

二、设备与器件

交流电压表(一台)

交流电流表(　　台)

万用表(一台)

三相自耦变压器(一台)

三相灯组负载(220V,15W 白炽灯)(九个)

以上设备和器件的技术参数可按实训室的要求进行选取。

三、实训内容

1.三相负载的星形连接

按实训图13连接电路,三相负载采用星形连接,经三相自耦变压器接通三相对称电源,将三相自耦变压器的旋钮置于三相自耦电压输出为0的位置(即逆时针旋到底的位置),然后旋转旋钮,调节三相调压器的输出,使输出的三相线电压为220V。测量线电压和相电压,并记录数据。

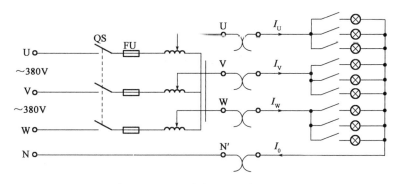

实训图13　三相负载星形连接电路图

(1)在有中性线的情况下,测量三相负载对称和不对称时的各相电流、中性线电流和各相电压,将数据记入实训表7中,并记录各灯的亮度。

(2)在无中性线的情况下,测量三相负载对称和不对称时的各相电流、各相电压和电源中性点 N 到负载中性点 N′的电压 $U_{NN'}$,将数据记入实训表7中,并记录各灯的亮度。

负载星形连接实验数据　　　　　　　　　　　实训表7

中性线连接	每相灯数			负载相电压(V)			电流(A)				$U_{NN'}$(V)	亮度比较
	U	V	W	U_U	U_V	U_W	I_U	I_V	I_W	I_N		
有	1	1	1								—	
	1	2	1								—	
	1	断开	2								—	
无	1	断开	2								—	
	1	2	1								—	
	1	1	1								—	
	1	短路	3								—	

2.三相负载三角形连接

按实训图14连接电路,三相负载采用三角形连接。调节三相调压器的输出电压,使输出的三相线电压为220V。测量三相负载对称和不对称时的各相电流、线电流和各相电压,将数据记入实训表8中,并记录各灯的亮度。

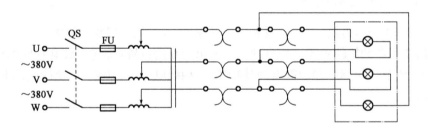

实训图14　三相负载三角形连接电路图

负载三角形连接实验数据　　　　　　　　　　　实训表8

每相灯数			相电压(V)			线电流(A)			相电流(A)			亮度比较
U-V	V-W	W-U	U_{UV}	U_{VW}	U_{WU}	I_U	I_V	I_W	I_{UV}	I_{VW}	I_{WU}	
1	1	1										
1	2	3										

四、注意事项

(1)每次接线完毕,同组同学应自查一遍,然后由指导教师检查后,方可接通电源,必须严格遵守先接线、后通电,先断电、后拆线的实验操作原则。

(2)星形连接的三相负载作短路实验时,必须首先断开中性线,以免发生短路事故。

(3)测量、记录各电压、电流时,注意分清它们是哪一相、哪一线,防止记错。

五、分析与思考

(1)三相负载根据什么原则作星形或三角形连接?本实验为什么将三相电源线电压设定为220V?

(2)三相负载按星形或三角形连接时,它们的线电压与相电压、线电流与相电流有何关系?当三相负载对称时又有何关系?

(3)请说明在三相四线制供电系统中中性线的作用,中性线上能安装熔断器吗?为什么?

六、实训报告

(1)根据实验数据,负载为星形连接时,$U_L = \sqrt{3}\, U_P$在什么条件下成立?负载为三角形连接时,$I_L = \sqrt{3}\, I_P$在什么条件下成立?

(2)依据实验数据和观察到的现象,总结三相四线制供电系统中中性线的作用。

(3)三角形连接的三相不对称负载能否正常工作?实验是否能证明这一点?

(4)根据三相不对称负载三角形连接时的实验数据,画出各相电压、相电流和线电流的相量图,并证实实验数据的正确性。

(5)回答分析与思考问题。
(6)写出实训总结报告。

工作手册 8 三相交流电功率的测量

一、技能目标

(1) 学会用功率表测量三相交流电路功率的方法。
(2) 掌握功率表的接线和使用方法。

二、原理说明

1. 三相四线制供电,负载星形连接(即"Y"接法)

对于三相不对称负载,用三个单相功率表测量,测量电路如实训图 15 所示,三个单相功率表的读数分别为 W_1、W_2、W_3,则三相功率 $P = W_1 + W_2 + W_3$,这种测量方法称为三瓦特表法;对于三相对称负载,用一个单相功率表测量即可,若功率表的读数为 W,则三相功率 $P = 3W$,这种测量方法称为一瓦特表法,如实训图 16 所示。

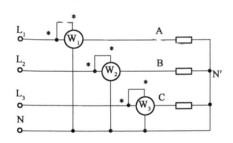
实训图 15 三瓦特表法测三相功率电路

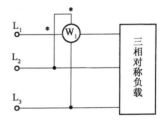
实训图 16 一瓦特表法测三相功率电路

2. 三相三线制供电

三相三线制供电系统中,无论三相负载是否对称,也无论负载是"Y"接法还是"△"接法,都可用二瓦特表法测量三相负载的有功功率。测量电路如实训图 17 所示。

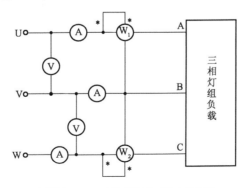
实训图 17 二瓦特表法测三相功率电路

若两个功率表的读数分别为 W_1、W_2，则三相功率 $P = W_1 + W_2 = U_L I_L \cos(30° - \varphi) + U_L I_L \cos(30° + \varphi)$，其中 φ 为负载的阻抗角（即功率因数角），两个功率表的读数与 φ 有下列关系：

(1) 当负载为纯电阻，$\varphi = 0$，$W_1 = W_2$，两个功率表读数相等；

(2) 当负载功率因数 $\cos\varphi = 0.5$，$\varphi = \pm 60°$，一个功率表的读数为零；

(3) 当负载功率因数 $\cos\varphi < 0.5$，$|\varphi| > 60°$，一个功率表的读数为负值，该功率表指针将反方向偏转，这时应将功率表电流线圈的两个端子调换（不能调换电压线圈端子），而读数应记为负值。对于数字式功率表将出现负读数。

三、设备与器件

三相交流电源（一台）
交流电压表、电流表、功率表（各三台）
三相灯组负载（220V，15W 白炽灯）（九个）
以上设备和器件的技术参数可按实训室的要求进行选取。

四、实训内容

1. 三相四线制供电，测量负载星形连接（即"Y"接法）的三相功率

(1) 用一瓦特表法测定三相对称负载三相功率，实验电路如实训图 18 所示，线路中的电流表和电压表用以监视三相电流和电压，不要超过功率表电压和电流的量程。经指导教师检查后，接通三相电源开关，将调压器的输出由 0V 调到 380V（线电压），按实训表 9 的要求进行测量及计算，并将数据记入表中。

(2) 用三瓦特表法测定三相不对称负载三相功率，本实验用一个功率表分别测量每相功率，实验电路如实训图 18 所示，步骤与 (1) 相同，将数据记入实训表 9 中。

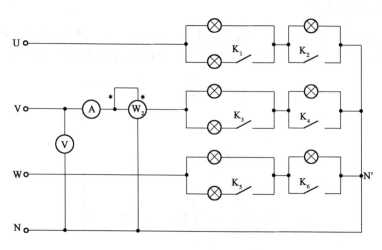

实训图 18　三相四线制测量电路

三相四线制负载星形连接数据   实训表9

负载情况	开关情况	测量数据			计算值
		$P_1(W)$	$P_2(W)$	$P_3(W)$	$P(W)$
"Y"接法对称负载	$K_1 \sim K_6$ 闭合				
"Y"接法不对称负载	K_1、K_2、K_4、K_5、K_6 闭合,K_3 断开				

2. 三相三线制供电,测量三相负载功率

(1)用二瓦特表法测量三相负载"Y"接法的三相功率,实验电路如实训图19所示,经指导教师检查后,接通三相电源,调节三相调压器的输出,使线电压为220V,按实训表10的内容进行测量计算,并将数据记入表中。

(2)将三相灯组负载改成"△"接法,重复(1)的测量步骤,并将数据记入实训表10中。

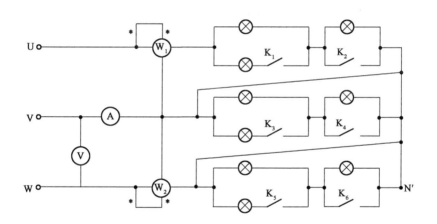

实训图19 三相三线制测量电路

三相三线制三相负载功率数据   实训表10

负载情况	开关情况	测量数据		计算值
		$P_1(W)$	$P_2(W)$	$P(W)$
"△"接法三相不对称负载	$K_1 \sim K_6$ 闭合			
"△"接法三相对称负载	K_1、K_2、K_4、K_5、K_6 闭合,K_3 断开			

五、注意事项

每次测量完毕,均需将三相调压器旋钮调回零位,如改变接线,均需新开三相电源,以确保人身安全。

六、分析与思考

测量功率时为什么在线路中通常都接有电流表和电压表?

七、实训总结

(1)根据实验数据,分析三瓦特表法和二瓦特表法测量功率的不同之处。

(2)回答分析与思考问题。
(3)写出实训总结报告。

| 班级 | | 姓名 | | 实训时间 | | 学号 | | 组号 | |

工作手册9　单相变压器特性测试

一、技能目标

(1)学会单相变压器特性的测试方法。
(2)通过实践操作,进一步理解单相变压器的运行特性。

二、设备与器件

交流电压表(一台)
交流电流表(一台)
功率表、功率因数表(各一台)
可调电阻箱(一台)
开关组件(一台)
单相变压器(一台)
以上设备和器件的技术参数可按实训室的要求进行选取。

三、实训内容

1. 空载实验

空载实验接线图如实训图20所示。

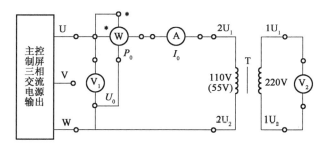

实训图20　空载实验接线图

实验时,变压器低压线圈 $2U_1$、$2U_2$ 接电源,高压线圈 $1U_1$、$1U_2$ 开路。A、V_1、V_2 分别为交流电流表、交流电压表。其中用一台电压表,交替观察变压器的一次绕组、二次绕组电压读数。W 为功率表,需注意电压线圈和电流线圈的同名端,避免接错线。

(1)未合上主电源前,将调压器旋钮按逆时针方向旋转到底,并合理选择各仪表量程。
(2)合上交流电源总开关,即按下"绿色"按钮开关,顺时针调节调压器旋钮,使变压器空载电压 $U_0 = 1.2 U_N$。

(3)然后,逐次降低电源电压,使电源电压在(0.5~1.2)U_N的范围内;测取变压器的U_0、I_0、P_0,共取6~7组数据,记录于实训表11中。其中$U=U_N$的点必须测,且在该点附近测的点应密些。为了计算变压器的变化,在U_N以下测取一次绕组电压的同时测取二次绕组电压,填入实训表11中。

(4)测量数据以后,断开三相电源,以便为下次实验做好准备。

空载实验数据记录表　　　　　　　　　　　　　　　实训表11

序号	实 验 数 据			计算数据
	$U_0(V)$	$I_0(A)$	$P_0(W)$	$\cos\varphi_2$
1				
2				
3				
4				
5				
6				
7				

2. 负载实验

负载实验接线图如实训图21所示。变压器T低压线圈接电源,高压线圈经过开关S接到负载电阻R上。R选用可调电阻。开关S采用双刀双掷开关,电压表、电流表、功率表(含功率因数表)的选择同空载实验。

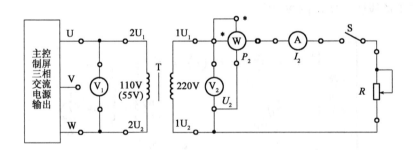

实训图21　负载实验接线图

(1)未合上主电源前,将调压器调节旋钮逆时针旋转到底,S断开,负载电阻值调节到最大。

(2)合上交流电源,逐渐升高电源电压,使变压器输入电压$U_1=U_N$。

(3)在保持$U_1=U_N$的条件下,合上开关S,逐渐增加负载电流,即减小负载电阻R的值,从空载到额定负载范围内,测取变压器的输出电压U_2和电流I_2。

(4)测取数据时,$I_2=0$和$I_2=I_{2N}$必测,共取数据6~7组,记录于实训表12中。

| | 负载实验数据记录表 | | | | | | 实训表 12 |
| | ($\cos\varphi_2 = 1, U_1 = U_N$) | | | | | | |

序号	1	2	3	4	5	6	7
$U_2(\text{V})$							
$I_2(\text{A})$							

四、注意事项

在变压器实验中,应注意电压表、电流表、功率表的合理布置。

五、分析与思考

(1)做空载实验时,各仪表应怎样接线才能减小测量误差?

(2)做变压器空载实验时,应注意哪些问题?一般电源加在哪一方比较适合?

六、实训报告

(1)根据实验数据,绘制单相变压器特性曲线。

(2)回答分析与思考问题。
(3)写出实训总结报告。

| 班级 | | 姓名 | | 实训时间 | | 学号 | | 组号 | |

工作手册10　三相异步电动机的点动和连续运行控制电路连接

一、技能目标

(1)熟悉鼠笼型三相异步电动机点动和连续运行控制线路中各电器元件的作用及电路控制过程。

(2)掌握鼠笼型三相异步电动机点动和连续运行控制线路的工作原理、接线方法、调试及故障排除技能。

二、设备与器件

教学实验台主控制屏(一台)
继电接触箱(一台)
鼠笼型三相异步电动机(一台)

三、实训内容

(1)检查各实验设备外观及质量是否良好。

(2)按实训图22 三相异步电动机的点动控制电路接线图进行正确接线,先接主回路,再接控制回路。自己检查无误并经指导教师检查认可后方可合闸通电。

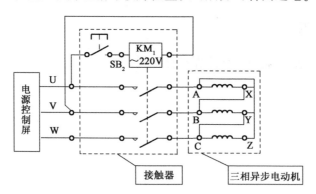

实训图22　三相异步电动机的点动控制电路接线图

①合上控制屏的断路器,缓慢调节三相调压器的旋钮,同时观察电源控制屏的指针式电压表,当电压为220V时,合上"绿色"按钮开关,此时U、V、W输出交流电压。

②按下启动按钮SB_2,观察电动机工作情况,体会点动操作(注意,操作次数不宜过多、过频繁)。

③按下控制屏的"红色"按钮开关,断开U、V、W的输出电压,并断开断路器。

（3）按实训图 23 三相异步电动机的单向连续运行控制电路接线图进行正确接线，自己检查无误并经指导教师检查认可后合闸通电。

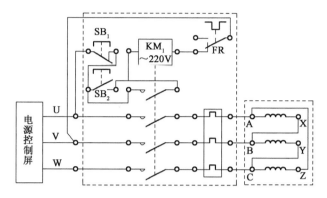

实训图 23　三相异步电动机的单向连续运行控制电路接线图

①合上控制屏的断路器，观察电源控制屏的指针式电压表，当电压为 220V 时，合上"绿色"按钮开关，此时 U、V、W 输出交流电压。

②按下按钮 SB_2，观察电动机工作情况。

③按下停止按钮 SB_1，待电动机完全停转后再次按下启动按钮 SB_2，使电动机工作。

④手动断开热继电器 FR 常闭触点一端导线（模拟线路中热继电器动作），观察 FR 动作对线路的影响。

⑤按下控制屏的"红色"按钮开关，断开 U、V、W 的输出电压，并断开断路器。

四、注意事项

每次接线完毕，同组同学应自查一遍，然后由指导教师检查后方可接通电源，必须严格遵守先接线、后通电，先断电、后拆线的实验操作原则。

五、分析与思考

（1）在实训图 23 中，若自锁常开触点错接成常闭触点，会发生什么现象？

（2）实验线路中是如何实现短路保护、过载保护、欠压保护与失压保护的？

（3）自锁控制线路在长期工作后可能出现失去自锁作用的现象，试结合有关资料分析产生的原因。

六、实训报告

（1）绘制三相异步电动机点动和连续运行控制电路图，并根据实验观察到的现象，总结电路中各电器元件的作用。

（2）回答分析与思考问题。
（3）写出实训总结报告。

班级		姓名		实训时间		学号		组号	

工作手册 11　三相异步电动机的正反转控制电路连接

一、技能目标

(1) 掌握鼠笼型三相异步电动机正反转的工作原理、接线方式及操作方法。
(2) 掌握电气互锁的连接方法及其在控制线路中所起的作用。
(3) 掌握接触器互锁控制的三相异步电动机正反转的控制线路。

二、设备与器件

教学实验台主控制屏(一台)
继电接触箱(一台)
鼠笼型三相异步电动机(一台)

三、实训内容

(1) 检查各实验设备外观及质量是否良好。
(2) 按图 6-34a)、c) 笼型三相异步电动机接触器互锁正反转控制线路进行正确接线,先接主回路,再接控制回路。自己检查无误并经指导教师检查认可方可合闸通电。
(3) 进行电动机由正转到停止到反转的操作过程。
① 热继电器值调到 1.0A。
② 合上漏电保护断路器及开关 Q,引入三相电源。
③ 按下正转启动按钮 SB_2,观察电动机及各接触器的工作情况。
④ 按下停止按钮 SB_1,观察电动机的工作情况。
⑤ 按下反转启动按钮 SB_3,观察电动机及各接触器的工作情况。
⑥ 按下停止按钮 SB_1,切断电动机控制电源。
⑦ 断开开关 Q,切断三相主电源。
⑧ 断开漏电保护断路器,关断总电源。

四、注意事项

每次接线完毕,同组同学应自查一遍,然后由指导教师检查后方可接通电源,必须严格遵守先接线、后通电,先断电、后拆线的实验操作原则。

五、分析与思考

(1) 三相异步电动机的正反转控制线路有没有缺陷?

(2) 若在线路中发生故障,画出故障线路,并分析故障原因。

(3) 在上述实验当中,分析一下是否可以实现电动机"正—反—停"的控制过程。如果可以,看看转换的过程中会出现什么情况,并分析一下原因。

六、实训报告

(1) 绘制三相异步电动机正反转控制电路图,并根据实验观察到的现象,总结电路中各电器元件的作用。

(2) 回答分析与思考问题。
(3) 写出实训总结报告。

班级		姓名		实训时间		学号		组号	

工作手册 12　半导体二极管、三极管的识别和检测

一、技能目标

(1) 掌握二极管、三极管的结构、符号和伏安特性。
(2) 能够使用万用表检测二极管、三极管极性和质量。

二、原理说明

1. 判别二极管极性

检测二极管时利用其单向导电性,给二极管加正向电压,二极管导通,呈现低电阻;给二极管加反向电压,二极管截止,呈现高电阻。

2. 判断二极管质量

检测二极管时,若测得的正向电阻是几百欧,反向电阻是几百千欧,则被测二极管是好的,正向电阻与反向电阻阻值相差越大,说明该二极管性能越好。

3. 判别三极管极性

以 NPN 型三极管为例,在基极和发射极之间加正向电压时,发射结导通,呈现低电阻;在基极和集电极之间加正向电压时,集电结导通,呈现低电阻;否则呈现高电阻,据此可判别出基极。

判别集电极和发射极时,需利用三极管的放大特性,在集电极和发射极之间加正向电压,并且在基极和集电极之间加反向电压时,三极管导通,呈现低电阻;否则呈现高电阻。

4. 判断三极管质量

测量三极管两两电极之间的电阻,若只有发射结和集电结正向电阻低,其他电阻值都很高,一般为几百千欧到无穷大,则被测三极管是好的。

三、设备与器件

1N4148 二极管(一个)
S9014 型三极管(一个)
万用表(一台)

四、实训内容

1. 认识二极管

观察 1N4148 型二极管的外观（实训图 24），可从外形标记上来判断二极管的正、负极，有黑色环一端为负极，另一端就为正极。

实训图 24　1N4148 型二极管的外观

2. 判别二极管极性和质量

如实训图 25 所示，指针万用表置于 $R \times 1k$ 挡，进行调零。取出二极管，用万用表两表笔分别接 1N4148 型二极管的两引脚，交换两表笔测得两次电阻值，并将数据记录到实训表 13 中。观察到一次电阻值约为 $7k\Omega$（正向电阻），另一次电阻值较大（接近无穷大）。根据测量数据，判别二极管引脚极性及其质量好坏。

测量结果记录　　　　　　　　　　　　　　　　　　　　　　　　　实训表 13

元件名称	型号	挡位	测量结果
二极管	1N4148		正向电阻值：　　　　反向电阻值：
三极管	S9014		$R_{BE} =$　　$R_{BC} =$　　$R_{EB} =$　　$R_{CB} =$ $R_{CE} =$　　$R_{EC} =$

3. 认识三极管

观察 S9014 型三极管的外观（实训图 26），切面字符正对自己，引脚向下，其三个引脚按从左到右分别为发射极 E、基极 B、集电极 C。

实训图 25　指针万用表判别 1N4148 型二极管的引脚极性和质量　　　实训图 26　S9014 型三极管的外观

4. 判别三极管极性

如实训图 27 所示,指针万用表转换开关置于 $R \times 1k$ 挡,黑表笔接 S9014 型三极管的中间引脚,红表笔分别接三极管另外两引脚,测量 R_{BE} 和 R_{BC} 值。再固定黑表笔分别接三极管左侧引脚、右侧引脚,红表笔换接另外两引脚,测量电阻值。

实训图 27　指针万用表判别 S9014 型三极管的引脚极性和质量

根据六个电阻值判别三极管引脚极性及其质量好坏。

假定其余的两引脚中的一个是集电极,将黑表笔接到此脚上,红表笔则接到假定的发射极上。用手指把假设的集电极和已测出的基极捏起来(但不要相碰),看表针指示,并记下此电阻值的读数。

然后再做相反假设,即把原来假设为集电极的引脚假设为发射极,进行同样的测试并记下此电阻值的读数。

比较两次读数的大小,若前者电阻值较小,说明前者的假设是对的,则黑表笔接的一个引脚就是集电极,剩下的一个引脚便是发射极。

五、注意事项

(1) 用万用表测量电阻之前,一定要先将表笔短接调零。
(2) 读电阻值时,注意找准所对应的刻度盘,注意乘倍数。

六、分析与思考

(1) 二极管、三极管在电路中一般起什么作用?

(2)如何测量三极管的放大倍数?

(3)如何使用数字万用表判别二极管、三极管的极性?

七、实训总结

(1)回答分析与思考问题。
(2)写出实训总结报告。

班级		姓名		实训时间		学号		组号	

工作手册 13　直流稳压电源的制作

一、技能目标

(1) 进一步认识并分析单相桥式整流电路和电容滤波电路。
(2) 观察电路的输出电压波形,掌握直流稳压电源的组成及作用。
(3) 能够按照实验电路图焊接并测量电路参数。
(4) 熟练使用示波器观察电路波形。

二、设备与器件

模拟电路实验箱(一个)
变压器 220V/15V(一台)
整流桥 KBP2A(一个)
电解电容(C_1 10μF、C_4 47μF)(各一个)
0.33μF 电容(C_2、C_3)(两个)
78L12 集成稳压器(一个)
万用表(一台)
示波器(一台)
通用电路板(一块)
电烙铁(一支)
连线、焊锡(若干)
以上设备和器件的技术参数可按实训室的要求进行选取。

三、实训内容

(1) 直流稳压电源实验电路如实训图 28 所示,先观察准备好的元器件,找到图中对应的器件,在通用电路板上布置好位置,然后按照电路图完成电路焊接连线。

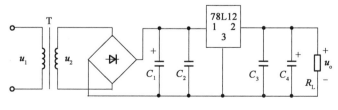

实训图 28　直流稳压电源实验电路

(2)焊接完成后,进行电路检查:检查元器件有无错装、漏装,连线是否正确;对照电路图按顺序检查线路是否连接完整无误;检查焊点焊接质量,判断有无虚焊、脱焊;检查二极管、电容极性是否接错;用万用表检查元器件引脚间有无短路和接触不良。

(3)确认电路连接无误后,接通电源,观察电路是否出现异常现象(有无冒烟、是否发烫等),发现异常进行故障排除。如果正常,测试电路参数,将负载电阻调至1.15kΩ,用示波器观察并记录变压器二次电压 U_2、整流电路输出电压 U_3、滤波电路输出电压 U_4 以及稳压电路输出电压 U_o 的波形,并测量 U_2、U_3、U_4、U_o 的大小,记录在实训表14中。

实训表14　　记录数据

电压	大小(V)	波形
U_2		
U_3		
U_4		
U_o		

四、注意事项

(1)电路连接完成后认真检查连线,确认无误后再开启电源。
(2)测量时,将示波器的探头钩子钩住导线插头,探头的黑夹子接地测量波形。
(3)在观察波形时,示波器禁止同时采用双通道观察,以免烧坏设备。

五、分析与思考

(1)电路负载电阻减小时,输出电压如何变化?

(2)整流输出电压值与变压器二次电压值有什么关系,与万用表测量的结果有什么关系?

(3)试分析桥式整流电路中二极管 VD_2 断开时的负载波形。

六、实训总结

(1)回答分析与思考问题。
(2)写出实训总结报告。

| 班级 | | 姓名 | | 实训时间 | | 学号 | | 组号 | |

工作手册 14　放大电路的制作与测试

一、技能目标

（1）掌握共发射极放大电路的结构和原理。
（2）能够按照实验电路图正确地焊接、制作、调试共发射极放大电路。
（3）能够正确使用仪器仪表进行放大电路的参数测量及波形观察。

二、原理说明

1．电路结构

实验采用的电路如实训图 29 所示，这个电路采用的是共发射极接法，称为分压偏置放大电路，和基本共发射极放大电路结构类似，只是多了一个基极偏置电阻 R_{B2}、发射极电阻 R_E 和发射极电容 C_E。

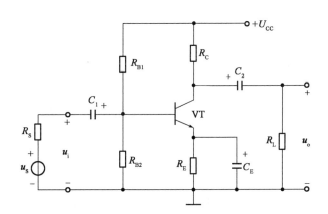

实训图 29　共发射极分压偏置放大电路

该电路的直流通路、交流通路如实训图 30 所示。在直流通路中，对于节点 B，可以列出基尔霍夫电流定律方程 $I_1 = I_{BQ} + I_2$，选择合适的电路参数，要求使 $I_2 \gg I_{BQ}$，则 $I_1 \approx I_2$，因此基极对地电势 $U_B \approx \dfrac{R_{B2}}{R_{B1} + R_{B2}} U_{CC}$，从上述表达式可以看出，当电阻 R_{B1}、R_{B2} 和电源电压 U_{CC} 确定以后，U_B 基本保持不变，与环境温度无关。这样当电路工作的环境温度变化时，可以保证静态工作点稳定不变。

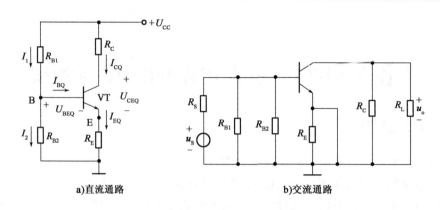

a) 直流通路　　　　　　　　　　b) 交流通路

实训图 30　分压偏置放大电路的直流通路和交流通路

2. 电路分析

(1) 静态分析

该电路的静态工作点可通过以下表达式进行计算：

$$U_B \approx \frac{R_{B2}}{R_{B1}+R_{B2}} U_{CC}$$

$$I_{CQ} \approx I_{EQ} = \frac{U_E}{R_E} = \frac{U_B - U_{BEQ}}{R_E} \approx \frac{U_B}{R_E}$$

$$I_{BQ} = \frac{I_{CQ}}{\beta}$$

$$U_{CEQ} = U_{CC} - I_{CQ}R_C - I_{EQ}R_E \approx U_{CC} - I_{CQ}(R_C + R_E)$$

(2) 动态分析

实训图 31 所示是分压偏置放大电路的微变等效电路，根据微变等效电路可以得到放大电路的电压放大倍数、输入电阻和输出电阻。

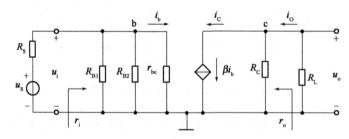

实训图 31　分压偏置放大电路的微变等效电路

$$\dot{A}_u = \frac{\dot{U}_o}{\dot{U}_i} = -\frac{\beta R'_L}{r_{be}} = -\frac{\beta(R_C /\!/ R_L)}{r_{be}}$$

$$R_i = \frac{\dot{U}_i}{\dot{I}_i} = R_{B1} /\!/ R_{B2} /\!/ r_{be}$$

$$R_o = R_C$$

三、设备与器件

电阻(R_{B1} 51kΩ、R_{B2} 24kΩ、R_E 1kΩ、R_C 5.1kΩ、R_L 5.1kΩ)(各一个)
变阻器 680kΩ(一个)
电解电容(C_1 10μF、C_2 10μF、C_E 0.22μF)(各一个)
C9031 型三极管(一个)
万用表(一台)
示波器(一台)
信号发生器(一台)
交流毫伏表(一台)
通用电路板(一块)
电烙铁(一支)
连线、焊锡、松香(若干)
以上设备和器件的技术参数可按实训室的要求进行选取。

四、实训内容

1. 放大电路的制作

实验电路如实训图 32 所示,观察分析电路,用万用表测量三极管的电流放大系数,估算静态工作点以及电压放大倍数。根据原理图,在通用电路板上焊接电路。焊接完成后,进行电路检查。

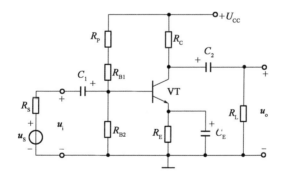

实训图 32 实验电路图

2. 静态工作点的测量和调试

确认电路无误后,将变阻器调至最大值,接通 12V 直流电源,观察电路是否出现异常现象,如果没有异常,按照计算进行静态工作点的调节,调节变阻器,将集电极电流 I_C 调节到 50μA。测量电路的静态值,填入实训表 15 中。

静态工作点数据				实训表 15
参数	$U_B(V)$	$U_E(V)$	$U_C(V)$	$I_{CQ}(mA)$
理论值				
实测值				

3. 测量电压放大倍数

从信号发生器输入 2mV,1kHz 的正弦交流电,放大电路的输出端接示波器,观察示波器显示的输出电压波形,当波形无失真现象时,用交流毫伏表测量输出电压,计算电压放大倍数 A_u,将数据填入实训表 16 中。

负载	实测值			理论值	实训表 16
$R_L(k\Omega)$	$U_i(V)$	$U_o(V)$	A_u	A_u	
5.1					

五、注意事项

(1)防止虚焊,焊接好后,稍微用力拉动元件,应没有引脚松动的感觉。
(2)控制电烙铁接触元件的时间,过短容易虚焊,过长会烫坏元件。
(3)焊接完成检查无误方可接通电源。

六、分析与思考

(1)加大输入信号时,输出波形可能出现什么现象?

(2)放大电路的静态与动态测试有何区别?

七、实训总结

(1)回答分析与思考问题。
(2)写出实训总结报告。

班级		姓名		实训时间		学号		组号	

工作手册15　常用集成门电路的参数测试

一、技能目标

(1)熟悉常见TTL集成逻辑门电路的外形和引脚排列规律,并能正确识读其引脚功能。
(2)掌握门电路逻辑功能的测试方法,验证常用逻辑门的逻辑功能。

二、设备与器件

设备与器件清单见实训表17。

设备与器件清单　　　　　　　　　　　实训表17

代号	名称	数量
V_{CC}	直流电源(0~30V可调)	1台
VC9801A$^+$	数字万用表	1台
VC2020A	示波器(信号传输探头两条)	1台
ELB	信号发生器(信号传输线一条)	1台
MBB	面包板	1块
74LS08	集成电路	1片
74LS00	集成电路	1片
74LS32	集成电路	1片
74LS86	集成电路	1片
LED	发光二极管	4个
$S_1 \sim S_8$	拨动开关	8个
其他	起拔器、导线	1个、若干

三、实训内容

1. TTL集成逻辑门电路的外形、引脚识别

(1)外形识别:实训图33a)~d)所示是74LS08、74LS00、74LS32、74LS86的引脚排列图,它们内部都是四2输入门,外形均为14脚,双列直插塑封型。使用器件时,首先要了解每个引脚的作用和每个引脚的物理位置,以保证正确地使用和连线。

(2)引脚排列及功能识别:确定1脚和其他引脚。实训图33 a)~d)中A、B均为输入端,Y为输出端,并以字头数字区分内部的各个门,7脚接地,14脚接电源。

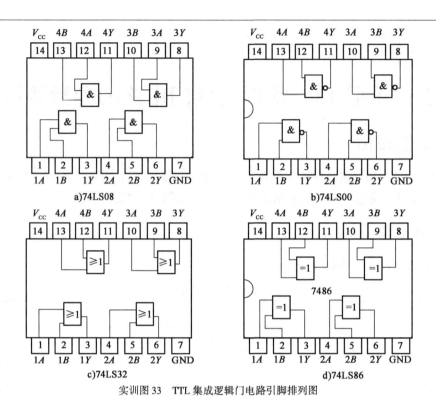

实训图 33　TTL 集成逻辑门电路引脚排列图

2. TTL 集成逻辑门电路逻辑功能测试

(1) 分别将 4 块 TTL 集成逻辑门电路块插入面包板中。

(2) 分别测试其逻辑功能。集成门电路块的输入端 1、2、4、5、9、10、12、13 脚分别接至面包板的任意 8 个拨动开关的插孔；输出端 3、6、8、11 脚分别接至 4 个发光二极管；14 脚接至 +5V 电源；7 脚接 GND。

将输入端 A、B 所连接的拨动开关按实训表 18 设置，观察输出端 Y 所连接的电平显示器的发光二极管的状态。发光二极管亮表示输出为高电平"1"，发光二极管不亮表示输出为低电平"0"，把实验结果填入实训表 18 中。

TTL 集成逻辑门电路逻辑功能测试表　　　　　　　　　　　实训表 18

电路	1A	1B	1Y	2A	2B	2Y	3A	3B	3Y	4A	4B	4Y
74LS08 （与门）	0	0		0	0		0	0		0	0	
	0	1		0	1		0	1		0	1	
	1	0		1	0		1	0		1	0	
	1	1		1	1		1	1		1	1	
74LS00 （与非门）	0	0		0	0		0	0		0	0	
	0	1		0	1		0	1		0	1	
	1	0		1	0		1	0		1	0	
	1	1		1	1		1	1		1	1	

续上表

电路	1A	1B	1Y	2A	2B	2Y	3A	3B	3Y	4A	4B	4Y
74LS32（或门）	0	0		0	0		0	0		0	0	
	0	1		0	1		0	1		0	1	
	1	0		1	0		1	0		1	0	
	1	1		1	1		1	1		1	1	
74LS86（异或门）	0	0		0	0		0	0		0	0	
	0	1		0	1		0	1		0	1	
	1	0		1	0		1	0		1	0	
	1	1		1	1		1	1		1	1	

3. 实训完毕，用起拔器拔出集成块

四、注意事项

（1）接插集成块时，要认清定位标记，不得插反。

（2）电源电压使用范围为4.5～5.5V，实验中要求使用$V_{CC}=5V$。电源极性绝对不允许接错。

（3）闲置输入端处理方法：

①悬空，相当于正逻辑"1"，对于一般小规模集成电路的数据输入端，实验时允许闲置输入端悬空处理，但易受外界干扰，导致电路的逻辑功能不正常。因此，对于接有长线的输入端，中规模以上的集成电路和使用集成电路较多的复杂电路，所有控制输入端必须按逻辑要求接入电路，不允许悬空。

②直接接电源电压V_{CC}（也可以串入一个1～10kΩ的固定电阻）或接至某一固定电压（$2.4V \leq V \leq 4.5V$）的电源上，或与输入端为接地的多余与非门的输出端相接。

③若前级驱动能力允许，可以与使用的输入端并联。

（4）输入端通过电阻接地，电阻值的大小将直接影响电路所处的状态。当$R \leq 680\Omega$时，输入端相当于逻辑"0"；当$R \geq 4.7k\Omega$时，输入端相当于逻辑"1"。对于不同系列的器件，要求的电阻值不同。

五、分析与思考

（1）集成门电路的输出端可以并联使用吗？为什么？

（2）集成门电路的输出端可以直接接地或者直接接5V的电源吗？为什么？

六、实训总结

（1）按照实验结果记录数据。

（2）写出实训总结报告。

实训报告